Wilhelm Begemann

Die Bedeutung des schwachen Präteritums der germanischen Sprachen

Verlag
der
Wissenschaften

Wilhelm Begemann

Die Bedeutung des schwachen Präteritums der germanischen Sprachen

ISBN/EAN: 9783957008596

Auflage: 1

Erscheinungsjahr: 2016

Erscheinungsort: Norderstedt, Deutschland

Hergestellt in Europa, USA, Kanada, Australien, Japan
Verlag der Wissenschaften in Hansebooks GmbH, Norderstedt

ZUR BEDEUTUNG

DES

SCHWACHEN PRÄTERITUMS

DER

GERMANISCHEN SPRACHEN

VON

WILHELM BEGEMANN.

ERGÄNZUNG ZU DES VERFASSERS SCHRIFT:

DAS SCHWACHE PRÄTERITUM DER GERMANISCHEN SPRACHEN.

BERLIN

WEIDMANNSCHE BUCHHANDLUNG

1874.

Vorwort.

Als ich vor fast einem jare meine untersuchungen über das
schwache präteritum der öffentlichkeit übergab, vermutete
ich nicht, dass ich über denselben gegenstand noch eine
zweite monographie zu schreiben haben würde. der inhalt der
vorligenden ergänzung beschäftigt sich nun freilich nur zum
kleinsten teile mit dem präteritum selbst, da ich die bei der
bildung desselben in betracht kommenden fragen bereits
in der ersten schrift zimlich erschöpfend behandelt habe.
es war jetzt mein bestreben, die bedenken derjenigen zu
beseitigen, welche aus der verschidenheit der bedeutungen
des participiums und präteritums einen einwand gegen meine
erklärung entnemen zu können glauben, daher der titel
„Zur bedeutung des schwachen präteritums“. der ursprünglichen bedeutung des participiums ist ein besonderer abschnitt, der zweite, gewidmet, die ergebnisse desselben
werden auch für die allgemeine sprachwissenschaft von
einigem interesse sein, denn wenn auch im einzelnen die
dort erörterten erscheinungen nicht unbekannt waren, so
sind sie doch in einem solchen zusammenhange noch nie
betrachtet worden. erst der dritte abschnitt wendet sich
dem schwachen präteritum zu, doch auch hier wird ein

grosser teil des raumes durch das eranische participialperfectum in anspruch genommen, dessen historische entwickelung für mich von bedeutung war; ich hoffe, auch
dise an sich zimlich vollständige und abgeschlossene darstellung wird manchem nicht unwillkommen sein. der schluss
des buches, wenig mer als zwei bogen, greift noch einmal
auf die formelle bildung der participia und präterita zurück:
ich glaube jetzt bewisen zu haben, dass dise verbalformen
bei der *ja*-classe ursprünglich vom präsens ganz unabhängig
waren. eine fortgesetzte und erschöpfende vergleichung
der westgermanischen dialecte, wie sie von mir begonnen
ist, wird zu interessanten und wichtigen ergebnissen für
die geschichte der sprache füren, schon jetzt glaube ich
behaupten zu dürfen, dass die nördliche und südliche gruppe
im allgemeinen dem altertümlichen treuer gebliben sind,
wärend bei den in der mitte stehenden Franken mit der
fortschreitenden politischen bewegung auch die sprache
flüssiger wurde. andauernde berürung mit fremden musste
disen process beschleunigen, darum sehen wir bei den nach
westen vorgeschobenen Rheinfranken die geläufigste regelmässigkeit in der bildung der uns zunächst interessirenden
formen: im Isidor sind mit ausname von *hapta chirista
chihôrda bichnâda* und den unregelmässigen d. i. altertümlichen *mahta wista scolda bigunsta chiworahta* sämmtliche
präterita (und participia) mit dem schablonenhaften *-ida*
(*-it, -idêr*) gebildet. Müllenhoff und Scherer verlegen den
Isidor in den bereich der hofschule Karls des Grossen, der
einfluss fremder gelerten könnte das streben nach grösserer
gleichmässigkeit der formen gefördert haben.

Um für die bedeutungen der perfectparticipia eine breitere grundlage zu gewinnen, habe ich im ersten abschnitte über den wechsel activer und passiver bedeutung überhaupt gehandelt. ich bitte disen teil, obwol er volle sechs bogen umfasst, nur als einleitung zu betrachten, denn er enthält eine reihe von einzeluntersuchungen, welche mer oder weniger lose an einander gehängt und bestimmt sind, das gegenseitige verhältniss von activität und passivität resp. den übergang von der ersten zur zweiten an der hand sicherer tatsachen darzulegen. die lange episode über die *ja*-verba im sanskrit und im gotischen ergab sich aus meiner abweichenden auffassung, die *ô*- und *ai*-verba schlossen sich dann naturgemäss an. zu der anmerkung auf seite 41 habe ich eine kleine berichtigung zu geben, da mir nachträglich in meinen notizen aus Notker noch zwei conjunctivformen mit -*êe* aufgestossen sind: *uolgêe* (Ar. 515ᵃ 516ᵃ); an meiner ansicht von der ursprünglichen quantität des ersten *e* wird dadurch nichts geändert: *ê* ist aus *ei* contrahirt und *habêe* steht für *habeie*, erst formen wie *habêie* würden in betracht zu ziehen sein, doch solche existiren bei Notker nicht.

Was den inhalt des ersten abschnittes im allgemeinen betrifft, so war mein bestreben nicht im entferntesten auf eine erschöpfende darstellung des wechsels von activität und passivität gerichtet, ich habe das gegeben, was ich an notizen von früher her besass und was mir sonst grade zur hand war oder leicht erreicht werden konnte; meine ehemaligen sprachvergleichenden studien haben mir dabei gute dienste geleistet. wenn ich nun trotz des wenig umfassenden materials gewagt habe, am schlusse des abschnittes eine schematische aufstellung der bedeutungsweehsel zu geben, so wird man das nicht gar zu ungerechtfertigt finden dürfen, denn für alle von mir aufgestellten kategorien habe ich belege gelifert und die beständige widerker derselben übergänge scheint mir die richtigkeit genügend zu erhärten. zur besseren orientirung über das gebotene material habe ich ein ausfürliches inhaltsverzeichniss voraus geschickt.

Es ligt mir nun noch ob, der öffentlichen besprechungen zu gedenken, welche meiner ersten monographie bisher zu teil geworden sind. ich habe deren drei gelesen und glaube nicht, dass ich irgend eine andere übersehen habe. die erste erschin von Braune (Literarisches Centralblatt, 1873 Nr. 52), die zweite von Sievers (Jenaer Literaturzeitung, 1874 Nr. 2), die dritte von Wilmanns (Zeitschrift für das Gymnasialwesen, 1874 Nr. 5). die beiden ersteren erklären sich gegen meine ansicht, der letztere aber hält es für erwisen, dass das präteritum wirklich nicht mit *tun* zusammengesetzt sei. da ich auch unter der hand vilfach beistimmung gefunden habe, so wird man es verzeihlich finden, wenn ich vorläufig auf das urteil von Wilmanns als das des gereifteren mannes mer gewicht lege als auf die meinung der beiden jüngeren herren, zumal da Wilmanns durch seine eingehende berichterstattung über die beiden hauptabschnitte meines buches zeigt, dass er aufmerksam gelesen und geprüft hat, wärend Braune und Sievers, namentlich der letztere, auf meine eigentliche beweisfürung gar nicht eingehen und also schon dadurch den mangel einer gründlichen prüfung erkennen lassen. auch in den sonstigen recensionen der beiden herren — und sie schreiben nicht wenige — habe ich öfter gründlichkeit und mässigung des urteils vermisst.

Herr Sievers schlägt einen zimlich arroganten ton an und gibt sich mir gegenüber das ansehen der gereiften autorität. obwol älter als er würde ich doch wirkliche belerungen von ihm, wie von jedermann, mit der grössten bereitwilligkeit entgegennemen, leider aber enthält seine anzeige meines buches nur allgemeine redensarten und kecke behauptungen, welche natürlich wissenschaftlich nicht den geringsten wert haben. den gänzlichen mangel an gründen sucht herr Sievers durch stramme haltung d. h. durch eine gewisse energie der diction zu ersetzen, aber — phrasen bleiben phrasen. über nebendinge, deren ausfürlichere erörterung ich mir ausdrücklich vorbehalten habe, macht er worte genug, warum verschweigt er uns die gründe, weshalb mein beweis, welchen ich aus den lautlichen schwirigkeiten bei *mahta brâhta* u. ä. entnommen habe, „entschieden missglückt" sein soll? sollte herr Sievers meinen ausfürungen gegenüber wirklich noch im ernste leugnen wollen, dass *mahta brâhta* usw. in die altgermanische zeit zurück reichen? er müsste dann doch erst mich im einzelnen widerlegen und neue lautgesetze entdecken, nach denen alle die von der zusammensetzungstheorie erforderten lautveränderungen eingetreten sein könnten, denn dass die bisher versuchten erklärungen sämmtlich unzureichend sind, habe ich durch alle einzelnen sprachen hindurch nachgewisen. es ist in der tat naiv, dass herr Sievers sich einbildet, ein blosses wort von ihm genüge, um die resultate meiner gründlichen untersuchungen umzustossen. der einzige scheingrund

gegen meine herleitung des präteritums aus dem participium
wird von der abweichenden bedeutung beider hergenommen,
der zweite und dritte abschnitt diser jetzigen schrift werden
herrn Sievers beleren, dass jener einwand ein nichtiger ist.
wenn herr Sievers gleich in den einleitenden worten „aufs
Entschiedenste verneinen zu müssen“ glaubt, dass ich zur
lösung der schwirigkeiten, welche die bildung der schwachen
präterita darbietet, etwas beigetragen habe, so ist dis eine
arge entstellung des waren sachverhalts. die richtigkeit
meiner ansicht wird grade durch die tatsache glänzend bestätigt, dass bei der herleitung aus dem participium alle
schwirigkeiten nicht nur sofort verschwinden, sondern sogar
als ganz natürliche erscheinungen sich darstellen. nur das
gotische *-êdum* bleibt als rätselhaft zurück, da aber *mahtêdum brâht-êdum þâht-êdum kunþ-êdum viss-êdum iddj-êdum*
tatsächlich *-êdum* zeigen und hier überall, wie ich streng
bewisen habe, von einer entstehung aus *-dêdum* nicht die
rede sein kann, so müssen wir *-êdum* als speciell gotische
pluralendung anerkennen. ich bin nicht verpflichtet dasselbe
zu erklären, sondern es genügt, wenn ich seine existenz
nachweise, auf alle fälle aber ist dise einzige und nur secundäre schwirigkeit, die ich nicht beseitigen kann, ein
unschuldiger waisenknabe im vergleich mit den ganz un-
überwindlichen schwirigkeiten, welche aus der zusammensetzungstheorie erwachsen. zum schlusse begeistert sich herr
Sievers sogar zu der dreisten insinuation, dass ich die
neueren ansichten über lautgeschichte vernachlässigt und
nur aus Bopp's und Grimm's schriften geschöpft hätte; die
frivole leichtfertigkeit einer solchen verdächtigung übersteigt

denn doch das mass des erlaubten in bedenklichem grade. zalreiche citate aus nicht wenigen neueren und neuesten schriften legen zeugniss ab, dass ich nicht bei Bopp und Grimm stehen gebliben bin, herr Sievers hat also offenbar nur eine flüchtige durchblätterung für gut befunden und dann in den tag hinein abgeurteilt. es wirft dis ein eigentümliches licht auf den wert der recension des herrn Sievers!

Auch herr Braune gibt sich den anschein, als verstände er alles besser, aber auch ihm kann ich den vorwurf der flüchtigkeit und übereilung des urteils nicht ersparen, obwol er wenigstens den versuch macht gründe vorzubringen. wie wenig sorgfältig er gelesen hat, beweist schon der eine umstand, dass er in bezug auf das verhältniss des got. *brannida* zu dem ahd. *branta* einen satz als mir zugehörig anfürt, welcher an der betreffenden stelle meines buches (s. 143) in einem citate aus Bopp's Vocalismus enthalten ist. einem aufmerksamen leser passirt so etwas natürlich nicht. der herr recensent tadelt hier also eine ansicht Bopp's, welche ich allerdings für richtig halte. ich habe die frage eingehend erörtert und namentlich das alter von *zalta qualta salta* u. ä. durch die vergleichung mit den altsächsischen angelsächsischen und altnordischen formen gesichert, so dass *zelita quelita selita* unzweifelhaft als die jüngeren sich darstellen. und dise eingehende untersuchung (s. 142—154) glaubt herr Braune mit einer simplen verweisung auf die slavischen verba auf -*iti* entkräften zu können? es ist in der tat naiv! vorher behauptet herr Braune, mein „einziger Einwand“ gegen die identificirung von got. *-dédum* mit ahd. *tátum* sei die anname, dass ein altes *neritátum* neben selbständigem *tátum* nicht hätte verstümmelt werden können, er erlaubt sich dann die bescheidene anfrage, ob ich denn nicht die romanischen futurund conditionalformen kenne. ich habe die ere denselben vorgestellt zu sein, aber ich frage zurück: weiss denn herr Braune nicht, dass die germanischen sprachen ein ganz anderes betonungsprincip haben? ein französisches *punirávons* ist doch wesentlich verschiden von einem deutschen *neri-tá'tum*, wie dises zu *neri-tum* hätte werden sollen durch gänzliche verschweigung der langen und betonten stammsilbe, das ist und bleibt ein problem. übrigens ist es gar nicht war, dass dis meinerseits als ein beweis gegen *-dédum* = *tátum* benutzt wird, ich stelle vilmer meinen beweis für *-d-édum* mit deutlichen worten (s. 22) erst für den folgenden abschnitt in aussicht. wenn nun herr Braune gar zu behaupten wagt, es sei mein „einziger" einwand gegen *-dédum*, so weiss ich nicht, was ich dazu sagen soll. freilich habe ich an keiner stelle meines buches eine specielle aufzälung meiner gründe gegen *-dédum* d. i. gegen die zusammensetzung gegeben, aber dem aufmerksamen leser kann es doch nicht entgehen, dass irer mer sind als ein halbes dutzend; ich werde sie nachher zusammen stellen. kurz vorher sagt herr Braune: „Ein Hauptbeweis für die Zusammensetzung wird aber immer die got. Endung *-dédum* bleiben". wo sind denn die anderen beweise? richtiger muss es heissen: einzig und allein das got. *-dédum* deutet auf zusammensetzung hin, alles andere spricht entschiden dagegen und weist mit zwingender notwendigkeit auf zusammenhang mit dem participium. ein beweis aber ist dises scheinbare -*dédum* gar nicht, denn wenn schon die ungleichheit von *nasida* und *nasidédum* die endungen -*a* -*édum* vermuten lassen könnte, so wird dise anname durch *mahta mahtédum kunpa kunpédum vissa vissédum* etc. glänzend bestätigt und durch das auf keine weise weg zu künstelnde *uldj-a uldj-édum* zu voller gewissheit erhoben; die einzige stütze der zusammensetzung bricht damit zusammen. über die lautlichen schwirigkeiten bei *mahta kunpa* etc. setzt sich herr Braune nach der bisherigen weise leicht hinweg, er meint es seien „im Vergleich zu der Masse der schwachen Präterita" nur äusserst wenige und nimt wie Leo Meyer seine zuflucht zu einer „Angleichung an das Participium", „denn dass sich im Sprachbewusstsein ein gewisses Gefühl der Zusammengehörigkeit dieser Formen bildete, kann man ohne Bedenken annehmen". wann und wie soll denn dises secundäre gefül der zusammengehörigkeit entstanden sein? das suffix des participiums war ursprünglich *t*, das angebliche hülfswort des präteritums aber hatte *dh*, da war doch sicherlich erst eine zimlich lange zeit erforderlich, ehe das *t* des participiums mit dem *dh* zusammen gefallen war, und dann bedurfte es wider noch einiger zeit zur ausbildung jenes gefüls; ausserdem konnte ja nach herrn Braune's eigener meinung schwerlich ein zusammenhang zwischen den beiden formen entstehen, denn die bedeutung des participiums ist „eine rein passivische", „wir können deshalb unmöglich daraus die activischen Präterita ableiten". also eine ursprüngliche zusammengehörigkeit ist wegen der verschidenheit der bedeutungen

unmöglich, aber eine spätere anlehnung des „activischen" präteritums an das „rein passivische" participium hält herr Braune für denkbar? wo bleibt da die
consequenz? die angleichung ist überhaupt ein ganz vager
notbehelf, wie soll man sich den verlauf derselben vorstellen?
existirten erst formen wie *magda magdêdum kunnda kunn-
dêdum braggda braggdêdum þagkda þagkdêdum* und gingen
dann nach ausbildung des hysterogenen gefüls der zusam-
gehörigkeit in *mahta mahtêdum kunþa kunþêdum* etc. über?
oder bildete man gleich *mahta mahtêdum kunþa kunþêdum*
mit unverständlichem *-têdum -þêdum* für *-dêdum?* das
erstere ist undenkbar und widerspricht den historischen
tatsachen, da die formen mit *t (þ, ss)* erweislich urger-
manisch sind. das zweite ist nicht minder undenkbar, denn
es würde schon für die älteste erreichbare zeit gänzliche
bedeutungslosigkeit des hülfsverbums voraussetzen: so lange
-dêdum verstanden wurde, konnte doch sicher kein mensch
daran denken, statt der bedeutungsvollen *mag-dêdum braggdêdum þagk-dêdum þugk-êdum kunn-dêdum* ganz sinnlose
mahtêdum brâhtêdum þâhtêdum þûhtêdum kunþêdum zu
bilden, und noch dazu einem participium zu liebe, dessen
bedeutung nach der meinung des herrn Braune eine durchaus abweichende war. zu allen disen erwägungen hat sich
herr Braune, wie es scheint, nicht die zeit genommen, ausserdem vergisst er, dass auch der gewönliche singularis got.
nasida ahd. *nerita* noch einer erklärung bedürftig ist; also
selbst die hypothetische angleichung löst noch nicht einmal
alle schwirigkeiten. die geringe zal der angeblich unregelmässigen präterita hätte er übrigens lieber nicht betonen

sollen, denn erstlich sind es gar nicht so wenige — im
gotischen allein 18 und aus den übrigen sprachen kommen
noch einige hinzu — und zweitens weisen sich die sogenannten unregelmässigkeiten in allen sprachen bei näherer
betrachtung fast immer als altertümlichkeiten aus. dis ist
auch bei den in rede stehenden präteritis der fall, wie ich
im zweiten abschnitte meines buches unwiderleglich bewisen habe. nach meinem dafürhalten ist jede künstelei
und jedes herumbugsiren um die einer theorie entgegen-
stehenden schwirigkeiten durchaus unstatthaft, die möglichkeit der überwindung derselben ist eben der prüfstein
für die richtigkeit der theorie, bleiben unüberwindliche
schwirigkeiten bestehen, dann ist sie aufzugeben, denn man
darf nicht die tatsachen nach der theorie zustutzen, sondern
dise muss vilmer jenen angepasst werden. bleiben wir in
bezug auf das präteritum bei den tatsachen stehen, so haben
wir als ergebniss fest zu halten, dass bereits die ältesten
nachweisbaren präterita — d. h. die unzweifelhaft noch urgermanischen — völlige identität des stammes mit dem participium zeigen, es ist ganz unmethodisch die hier in betracht
kommenden formen wegen irer geringeren zal leichthin
bei seite zu schieben, die entscheidung ist nach dem inneren
werte zu treffen, und dass in diser beziehung das altertüm-
liche vor der späteren schablone den vorzug verdient, kann
keinen augenblick in frage kommen. die altertümlichen
formen werden mit der zeit naturgemäss immer seltener
und die schablonenhaften immer zalreicher, also ist es kein
wunder, dass präterita wie *mahta bauhta kunþa* und participia wie *mahts bauhts kunþs* bedeutend in der minorität

sind, der durch ir hohes alter gesicherte sprachwissenschaftliche wert wird hierdurch nicht beeinträchtigt. wenn also
von den ältesten zeiten an präteritum und participium den
engsten formellen zusammenhang zeigen, so muss zunächst
von hier aus eine erklärung versucht werden, erst wenn
dis sich als unmöglich erweist, haben wir uns nach etwas
anderem umzusehen. durch das gewönliche got. *-dêdum*
und dessen anklang an *dêds* dürfen wir uns nicht beirren
lassen, denn wie in den participien *maht-s bauht-s* das *t*
unzweifelhaft älter ist als das *d* in *nasid-s habaid-s salbôd-s*,
so müssen wir von vorn herein auch das *t* von *maht-a mahtêdum* für älter halten als das *d* von *nasid-a nasid-êdum*,
um so mer da die lautverhältnisse verbieten, das *t* hier aus
d entstehen zu lassen, wärend der übergang von *t* zu *d*
derselbe ist wie im participium. es ist klar und kann von
niemand geleugnet werden, dass von seiten der form alle
sprachlichen tatsachen für meine deutung sprechen: alle
lautlichen schwirigkeiten sind mit einem schlage gehoben,
das beständige zusammengehen von präteritum und participium erklärt sich von selbst, sogar das widerspenstige
iddj-a iddj-êdum fügt sich ganz einfach und natürlich. aber
die bedeutung! herr Braune spricht hier zwar ser entschiden, jedoch one genügende sachkenntniss, wenn er behauptet: „Dass im ältesten Germanisch die Participia auf
-tas so ganz allgemein eine activische Bedeutung gehabt
haben könnten, wie es zur Bildung der Präterita erforderlich wäre, ist rein undenkbar“. der zweite abschnitt der
vorligenden schrift wird ihn eines besseren beleren, übrigens
hätte ihn schon ein ganz flüchtiger blick in die einzelnen

sprachen zeigen können, dass die bedeutung der participia keineswegs „eine rein passivische" ist. nach dem, was ich im dritten abschnitte über das cranische participialpräteritum zusammengestellt habe, und gegenüber der schlagenden analogie aus dem ungarischen am schlusse des buches wird herr Braune wol nicht mer zu behaupten wagen, dass die herleitung des präteritums aus dem participium der bedeutung wegen unmöglich sei; auch seine ansicht vom participium wird er ein wenig modificiren müssen.

Die gründe, welche mich zur verwerfung der composition des präteritums gefürt haben, stelle ich hier übersichtlich zusammen. damit ein jeder sich leicht orientiren kann, füge ich verweisungen auf meine beiden schriften hinzu, wobei ich die erste mit P^1, die zweite mit P^2 bezeichnen werde. gegen die zusammensetzung und für herleitung aus dem participium sprechen:

1) die tatsache, dass ausserhalb des gotischen nirgends auch nur die geringsten spuren einer zusammensetzung zu entdecken sind;

2) die tatsache, dass in sämmtlichen germanischen sprachen seit den ältesten zeiten der engste formelle zusammenhang zwischen participium und präteritum besteht;

3) die unmöglichkeit, den singular got. *nasida* ahd. *nerita* aus der zusammensetzung zu erklären;

4) die unmöglichkeit, die uralten präterita *mahta brâhta þâhta kunþa vissa* etc. aus den hypothetischen grundformen *magda braggda þagkda kunnda* entstehen zu lassen;

5) die tatsache, dass die zu den uralten stämmen *maht- brâht- þâht- kunþ- viss-* etc. gehörigen plurale *mahtêdum brâhtêdum þâhtêdum kunþêdum vissêdum* niemals ein *-dêdum* gehabt haben können;

6) die tatsache, dass das defective präteritum *iddja iddjêdum* deutlich die endungen *-a -êdum* zeigt;

7) die ganz besonders schwer wigende tatsache, dass bei der herleitung aus dem participium alle schwirigkeiten als ganz natürliche erscheinungen sich darstellen und überhaupt alles in der schönsten ordnung ist.

ad 1) diser grund könnte für sich allein allerdings wol nichts entscheiden, um so mer gewinnt er in verbindung mit den übrigen an bedeutung, zumal da in allen dialecten (mit ausname des altnordischen) das in anspruch genommene hülfswort selbständig im gebrauch ist, wärend es grade dem gotischen felt. ich habe (*P*[1], s. 22 f.) die vermutung aufgestellt, dass das ablautende präteritum *tâtum* erst im westgermanischen aus dem hauptwort *tât* entnommen ist, da auffallender weise gotisch und nordisch im mangel des verbums zusammen treffen, überdis ist die form von *tâtum* als eines ursprünglich selbständigen präteritums unerklärlich. ich halte auch jetzt noch an jener vermutung fest.

ad 2) dise tatsache ist bekannt genug und gebürend von mir hervor gehoben worden (*P*[1], s. 31. 100 ff.), man beachte namentlich, dass grade auch bei den scheinbar unregelmässigen d. i. alten bildungen die genaueste übereinstimmung herscht (*P*[1], s. 32. 119. 124 f. 129. 152); hierfür gibt nur die anname einer engen verwantschaft eine wirklich befridigende erklärung, an ein zufälliges zusammentreffen ist gar nicht zu denken (vgl. *P¹*, s. 103 ff.) und eine spätere bewusste angleichung ist nur eine ganz vage aushülfe, wie ich vorher gezeigt habe.

ad 3) dass die versuche, die gewönliche singularform zu erklären, sämmtlich verfelt sind, weil sie den sonstigen sprachlichen tatsachen durchaus widersprechen, habe ich bewisen (*P¹*, s. 8 ff.): weder *nasidad nasidast nasidad* noch *nasidida nasidides nasidida* sind möglich, die ersteren wären natürlich unverändert gebliben, die anderen sind deshalb unstatthaft, weil ein altgermanisches *dida dides dida* nicht existirt hat, namentlich ganz sicher kein *dides* (*P¹*, s. 11 ff.). das im altsächsischen neben *dâdi (dêdi)* erscheinende *dedôs* ist im gegenteil eine nachamung des älteren *neridôs* (s. 14 f.), also kann *neridôs* nicht aus *neridedôs* und demnach auch got. *nasidês* nicht aus *nasididês* entstanden sein. Scherer vermutete wegen des felens der endung *t* in *nasidês*, dass der singular auf der zusammensetzung mit einem alten aorist *dhâm dhâsi dhât* beruhe, hieraus wäre im germanischen *da dâs da* geworden (vgl. *P¹*, s. 7). da in den germanischen sprachen von derartigen aoristen nicht die geringste spur zu entdecken ist, so ist dise vermutung weiter nichts als eine küne hypothese, ausserdem aber lautet ja im sanskrit die zweite person gar nicht *dhâsi* sondern *dhâs* resp. *ádhâs* mit dem secundären personalsuffix; aus *dhâs* hätte *da* werden müssen wie aus *dhâm* und *dhât*, also ist auch Scherer's erklärungsversuch als missglückt zu betrachten. es wird uns nichts weiter übrig bleiben

als herübername der präsensendung zuzugeben, anlenung
an das schwache *ô*-präsens ist onehin wegen der altfränkisch-
alemannischen pluralendungen das warscheinlichste (vgl.
P², s. 177 ff.), nur die III. plur. wegen ires *-ôn* statt *-ônt*
möchte dagegen sprechen, doch kann auch die analogie
des starken präteritums hier wirksam gewesen sein, wie
ja in den übrigen dialecten durchgängig die endungen der
starken form angetreten sind. mag man aber darüber denken
wie man will, so vil scheint mir fest zu stehen, dass die
zusammensetzungstheorie schon an den singularformen vollständig scheitern muss: got. *nasida nasidês nasida* stimmen
so genau überein mit ahd. *nerita neritôs nerita (-dês = -tôs*
wie *dagê = tagô)*, dass wir zweifelsone die altgermanische
form vor uns haben, weder im gotischen noch in den anderen dialecten lassen sich spuren irgend einer volleren zusammengesetzten bildung auffinden. meine herren recen-
senten (Wilmanns ausgenommen) beachten dise aus der
einzal sich ergebende schwirigkeit gar nicht, obwol dieselbe
im ersten abschnitte meines buches eingehend erörtert wird,
schweigen ist aber natürlich keine widerlegung.

ad 4) die beweise hierfür sind im zweiten abschnitte
meines buches enthalten, wo gotisch (*P¹*, s. 45—59) altnordisch (s. 60 f.) altsächsisch (s. 61 f.) angelsächsisch (s. 62 f.)
althochdeutsch und mittelhochdeutsch (s. 63 f.) der reihe
nach vorgefürt werden; es ergibt sich mit absoluter sicherheit, dass *mahta brâhta þâhta þûhta* etc. altgermanische
formen sein müssen, denn weder im gotischen noch in
irgend einem der anderen dialecte lassen sie sich erklären.
die zusammenstellung einiger diser präterita mit iren prä-

sensstämmen aus den verschidenen dialecten genügt, um die warheit erkennen zu lassen: gotisch *briggan þagkjan þugkjan: brâhta þâhta þûhta*, althochdeutsch *bringan denkan dunkan: brâhta dâhta dûhta*, mittelhochdeutsch *bringen denken dunken: brâhte dâhte dûhte*, neuhochdeutsch *bringen denken dünken: brachte dachte däuchte* (oder *dünkte*); altsächsisch *brengian thenkian thunkian; brâhta thâhta thûhta*, mittelniderländisch *bringhen denken dunken: brochte dachte dochte*, neuniderländisch *brengen denken dunken: brocht docht docht*, altfrisisch *brenga (bringa, branga, brendsa* etc.) *thanka (thenzia, tensa* etc.) *thinka (tinsa): brochte tochte tuchte*, mittelniderdeutsch *bringen denken dunken: brachte (brochte) dachte duchte*, neuniderdeutsch *bringen denken dünken: bracht (brocht, bröcht) dacht ducht(dücht)*; angelsächsisch *bringen þencean (þencan) þincean (þyncan): bròhte þôhte þûhte*, englisch *bring think: brought thought;* altnordisch *þykkja: þôtta.* können tatsachen deutlicher sprechen? die vollste übereinstimmung herscht in allen germanischen dialecten, überall sind dise (und die änlich gebildeten) präterita mit den erkennbaren bildungs- und lautgesetzen unvereinbar, wer kann da zweifeln, dass wir altgermanische formen vor uns haben? und disen überwältigenden verhältnissen gegenüber will herr Sievers noch got. *brâhta þâhta þûhta* aus *braggda* (oder *braggida* wie *gaggida) þagkida þugkida* entstehen lassen und das hohe alter der formen leugnen? villeicht überrascht er uns bei einer anderen gelegenheit mit dem beweise für die möglichkeit und warscheinlichkeit der erforderlichen lautwandlungen im gotischen sowol wie in den übrigen dialecten, bis dahin wird er mir schon gestatten müssen, meinen beweis für den vorgotischen character jener präterita als vollständig gelungen zu betrachten. von besonders eclatanter beweiskraft sind ags. *cûđe ûđe* altn. *kunna unna* neben got. *kunþa (unþa)*, denn ags. *đ* = altn. *nn* = got. *nþ* stehen immer nur da einander gegenüber, wo indogermanisches *nt* gilt; schon dise wenigen präterita würden genügen, die zusammensetzungstheorie über den haufen zu werfen. auch *vissa* ist von grosser bedeutung (*P¹*, s. 167 ff.).

ad 5) hier gelten im allgemeinen dieselben erwägungen wie bei 4, die stämme sind vorgotisch und es kann von einer entstehung aus *-dêdum* nicht die rede sein. die endung *-êdum* löst sich deutlich ab, was übrig bleibt, ist mit dem singularstamme und dem der übrigen dialecte identisch. überdis ist es an sich im höchsten grade unwarscheinlich, dass neben *nasidêdum habaidêdum salbôdêdum*, welche im falle der zusammensetzung doch kaum missverstanden werden konnten, solche entstellungen des bedeutungsvollen *-dêdum* vollzogen sein sollten. nimt man dis zu den lautlichen unmöglichkeiten hinzu, so kann es nicht zweifelhaft sein, dass vilmer *nasidêdum habaidêdum salbôdêdum* erst später den anschein der zusammensetzung gewonnen haben, nachdem das zwischen vocalen stehende ursprüngliche *t* in *d* erweicht worden war.

ad 6) wenn schon die präterita *mahta mahtêdum þâhta þâhtêdum kunþa kunþêdum vissa vissêdum* die endungen *-a -êdum* deutlich erkennen lassen, so müssen bei *iddj-a iddj-êdum* alle zweifel schwinden. man hat dem armen unschuldigen *iddja* deshalb übel mitgespilt, aber warum besitzt es auch die dreistigkeit, der theorie sich nicht fügen zu wollen! dafür muss es in der zwangsjacke büssen. doch sprachliche tatsachen lassen sich nicht massregeln, *iddja* bleibt *iddja* und *iddjêdum* bleibt *iddjêdum:* die endungen *-a -êdum* lassen sich nicht wegdeuteln, sie bestehen in alle ewigkeit. dis ist die glänzendste bestätigung meiner ansicht und zugleich ein nicht tot zu machender zeuge gegen das vermeintliche *-dêdum.* die erklärungsversuche habe ich im zweiten abschnitte meines buches ausfürlich besprochen (*P*[1], s. 67 ff.), sie sind sämmtlich verfelt, weil sie eben der sprache gewalt antun. was sagen herr Sievers und herr Braune zu *iddja iddjêdum?* sie schweigen darüber.

ad 7) diser punct bedarf keiner weiteren erörterung, jeder kann sich von der tatsache leicht überzeugen. sicherlich ist sie keine schlechte stütze meiner ansicht.

Zu disen hauptgesichtspuncten kommen dann noch manche einzelheiten, welche sich meiner erklärung vil leichter fügen. dahin gehören zunächst althochdeutsche präterita wie *trôsta dursta lusta liuhta rihta* u. ä., deren angebliche kürzung aus *trôstita durstita lustita liuhtita rihtita* nichts weniger als warscheinlich ist (*P*[1], s. 162 ff. *P*[2], s. 166 f. 175 f.), ich fasse sie einfach als *trôst-a durst-a lust-a liuht-a riht-a.* die abhängigkeit des präteritums vom präsens ist erst im neuhochdeutschen zur vollen ausbildung gelangt, eben so verhält sich das englische zum angelsächsischen; in beiden sprachen haben nur wenige verba an den alten formen fest gehalten, die grosse merzal bildet ir präteritum nach der schablone. ferner erklären sich mir die rätselhaften präterita ahd. *onsta consta bigunsta* alts. *onsta consta bigonsta*

farmansta ganz von selbst (*P²*, s. 180 f.). ganz einfach und
verständlich sind auch für mich *wiss-a* und *miss-a* (*P¹*,
s. 167 ff.), deren angebliche vorstufen *wista* und *mista* ser
bedenklich sind, da der übergang von *st* zu *ss* in den älteren
germanischen sprachen unerwisen ist*) und speciell im
alemannisch-bairischen das mit got. altn. *vissa* übereinstim-
mende *wissa* tatsächlich die ältere form ist (*P¹*, s. 167).
für mich hat auch die erscheinung nichts auffallendes, dass
die sogenannten rückumgelauteten präterita (und participia)
beständig one bindevocal erscheinen, besonders die von
t-stämmen wie *hafta santa wanta* u. ä.: die endung *-a* ist
an die alten stämme getreten, erst später wurde *-ita* her-
schend, daher dann mit präsensumlaut *heftita sentita* (*P¹*,
s. 142 ff. *P²*, s. 166 ff.).

Die im vorworte meiner ersten schrift vorgetragene
auffassung von den lautverschiebungen erregt das miss-
fallen der herren Sievers und Braune, warscheinlich weil

---

*) Er wird behauptet in got. *miþvissei gakviss gaviss usstass
hrassaba* altn. *hlass* u. a., aber ich finde keine bildung, wo nicht
antritt eines s-suffixes und assimilation von *ts þs ds* zu *ss* weit
einfacher und natürlicher wäre, im angelsächsischen sehen wir
hiervon die deutlichsten spuren (*P¹*, s. 168 f.). der abfall des
auslautenden *t* im ags. *is* für *ist* ist ein wesentlich anderer vorgang als verflachung des *st* zu *ss* im inlaut. die wörter mit *st*
für angebliches *t + t* oder *þ + t* oder *d + t* erklären sich auch vil
einfacher durch anname eines *st*-suffixes, also *blôstreis beist gilstr*
für *blôt-st-reis beit-st gild-st-r* wie *an-st-s alabrun-st-s trau-st-i
maih-st-us gram-st raur-st-v* u. a. (*P¹*, s. 58), der übergang von
dental + *t* zu *st* ist und bleibt im germanischen problematisch,
da, wo wir vor unseren augen jene laute zusammen treten sehen,
findet der vorgang niemals statt. dass *môsta* und *vissa* sowie die
zweiten personen *krast anabaust* u. ä. hier nicht in betracht
kommen können, habe ich gezeigt (*P¹*, s. 54 ff. 167 ff.).

sie iren eigenen in den wesentlichsten puncten schnurstracks entgegen läuft. rhetorische exclamationen machen jedoch auf mich keinen eindruck und die untersuchungen der neuesten zeit auf disem gebiete haben mich in meiner ansicht nur bestärkt, sowol die arbeiten von Paul und Braune in iren beiträgen zur geschichte der deutschen sprache und literatur als die ausfürungen Heinzel's in seiner geschichte der niderfränkischen geschäftssprache. ich bleibe bei der behauptung stehen: es ist bis jetzt noch niemandem gelungen, die althochdeutschen laute den gotisch-niderdeutschen gegenüber als die jüngeren zu erweisen. ich darf mich hier auf eine sprachwissenschaftliche autorität berufen, auf Pott, welcher (Etymol. Forschgn. II 2, s. 57 anm.) über disen gegenstand folgende meinung abgibt: „Innerhalb des Germanismus berechtigt indess, so viel ich einsehe, nichts, die Ahd. Stufe gleichsam als durch die Gothische hindurchgegangen und somit als in drittem Abstande vom Sanskrit und von den classischen Sprachen zu betrachten. Weit gefehlt, als müsse das Ahd. in diesem Betracht dem Goth. u. s. w. subordinirt sein: bin ich vielmehr des Glaubens, beide verhalten sich zu einander nur coordinirt, und gingen, unabhängig von einander, jedes für sich ihren Weg unmittelbar von dem Primitivzustande aus“. ich unterschreibe dis wort für wort. wer hat nun ferner bewisen, dass die laute des sanskrit und der ihm näher verwanten sprachen überall älter sein müssen als die entsprechenden in den germanischen sprachen? so lange diser beweis nicht mit zweifelloser sicherheit erbracht ist, füle ich mich völlig berechtigt zu der zweiten behauptung:

die laute der germanischen sprachen können zum teil älter sein als die der urverwanten. wenn ich also die vermutung ausspreche, dass im ahd. *puocha* das anlautende *p* älter sein möge als das *φ* im gr. *φηγός*, so kann nur selbstgefälliger hochmut darin etwas „abenteuerliches" erblicken, denn das gr. *φ* entsteht vor unseren augen unzälige male aus *π*, ja so weit wir die griechische sprache zurück verfolgen können, entsteht es nur aus *π*, einige wenige fälle ausgenommen, wo es aus *v* verhärtet zu sein scheint; meine ansicht steht also im vollsten einklange mit den griechischen lautgesetzen. dass die mediae aspiratae im sanskrit erweicht seien und an altertümlichkeit den griechischen nachstehen, ist die meinung von achtbaren gelerten, wärend andere die verhärtung der griechischen laute behaupten; ich schliesse mich jenen an und füre z. b. skr. *bhárâmi* auf *párâmi* zurück neben gr. *φέρω* für *πέρω* == ahd. *piru*. die cranischen sprachen haben hier *b*, vom altbactrischen und altpersischen an bis zum neupersischen, eben so die slavischen und germanischen sprachen mit ausname des bairischen und alemannischen. wenn nun heute, mer als 1000 jare nach der abfassungszeit der benedictinerregel sowie der übrigen ältesten alemannischen und bairischen denkmäler, in Oberdeutschland immer noch die anlautende media wie eine tenuis klingt und die überliferung für die zwischenzeit den ununterbrochenen fortgang dises verhältnisses bekundet, sollte es da nicht gestattet sein, denselben laut auch für eine geraume frühere zeit in anspruch zu nemen? die überliferten sprachlichen tatsachen füren, wie mir scheint, mit notwendigkeit darauf hin, denn in den ältesten denkmälern herscht mit wenigen ausnamen durchaus *p*, später schwanken *p* und *b*, schliesslich hat das *b* der gemeinhochdeutschen schriftsprache den sig davon getragen, die aussprache ist jedoch davon unberürt gebliben und vile namen zeigen noch heute *p* (vgl. Weinhold, Bair. Gram. § 121; Alem. Gram. § 148). es kann nun wol keinem zweifel unterligen, dass in den ältesten erreichbaren zeiten das anlautende *p* schärfer articulirt wurde d. h. dass es eine von der media sich bestimmt und deutlich abhebende tenuis war. das fast beständige *p* z. b. in der benedictinerregel und in den hymnen*) gegenüber dem im inlaut über-

---

*) Die wenigen beispile von anlautendem *b* in der benedictinerregel gibt Seiler (Paul-Braune, Beiträge I, s. 418), sie erklären sich alle, mit ausname von *bibun* (98), durch leicht erkennbare äussere einwirkungen. auch die hymnen haben nur wenige anlautende *b* und dise sind ebenfalls leicht begreifliche erweichungen: neben 15maligem *pist* habe ich 3mal *bist* (2, 5 bis; 6, 2) notirt, ausserdem *kabuntane* (1, 11) *kabeote* (17, 1) und *unbilibanlicheru* (26, 2). wärend in der benedictinerregel die inlautenden *p* (*bp pp*) neben den *b* fast verschwindend in der minorität sind, haben die hymnen etwa 36 *p* zwischen vocalen neben etwa 66 *b* zwischen vocalen, *pp* in *insueppe* (15, 5), *mb* in *simbulum* (1, 1. 2) *simblum* (8, 2; 17, 2; 23, 3; 24, 12) *simbligemu* (10, 1) *lambes* (1, 5; 12, 2; 21, 1) *chlimbanter* (2, 3) *kamburo* (3, 4) *unamba* (4, 5) *umbiuurft* (26, 5), *lb* in *selbaz* (1, 7) *selbo* (2, 5; 4, 1; 24, 13), *rb* in *erbe* (26, 11), *rp* in *arsterpe* (20, 7) *derpan* (21, 4). im auslaut hat die benedictinerregel 5mal *p* (vgl. Seiler, s. 420), dem gegenüber habe ich in meinen eigenen sammlungen etwa 30mal *b* notirt. die hymnen haben an diser stelle fast nur *p*: *lop* (1, 1; 5, 3; 6, 5; 9, 4; 12, 1; 19, 11; 22, 1; 23, 1; 24, 12; 25, 9) *lopsanc* (25, 9) *loplichiu* (26, 4) *kip* (2, 9) *gip* (16, 2) *lip* (5, 4; 20, 4. 6. 7 bis; 22, 3) *apanstigamu* (3, 4) *apanstohem* (8, 5) *lamp* (7, 10; 21, 4); disen 24 fällen gegenüber nur 3mal *b*: *lob* (13, 1) *lobafter* (17, 2) *abanstigan* (23, 4). die Monseer fragmente können nicht in betracht kommen, da sie zu ser unter dem ein-

wigenden *b* weist mit sicherheit auf einen scharf ausgeprägten unterschid in der articulation hin, zumal da die in der benedictinerregel merfach auftretende schreibung *bp* doch nur einen mittellaut zwischen *p* und *b* bezeichnen kann. man hält jetzt wol zimlich allgemein das inlautende *b* für unverschoben, also für älter als das seltener erscheinende *p*, dise auffassung halte ich unbedenklich für falsch, denn wenn grade in den ältesten denkmälern *p* am häufigsten erscheint und mit der zeit immer seltener wird, so spricht dise tatsache doch deutlich genug. entscheidend sind die bairischen denkmäler, welche nach Steinmeyer's beobachtung (Zs. f. d. phil. IV, s. 88) in ältester und älterer zeit im inlaut fast ausschliesslich *p* zeigen und erst im zweiten viertel des elften jarhunderts *b* die oberhand gewinnen lassen, später ist *p* fast ganz verschwunden. es war natürlich, dass die alte tenuis im inlaut früher erweicht wurde. der bairische dialect leistete länger widerstand als der alemannische und dieselbe eigentümlichkeit hat sich, wie es scheint, im anlaut widerholt, denn nach Tobler (Zs. f. vgl. sprf. XXII,

---

flusse der fränkischen vorlage stehen. auch die keronischen und die verwanten glossen zeigen keinen reinen dialect, übrigens haben sie grade im inlaut vil häufiger *p* als *b*, eine erscheinung, welche Steinmeyer (Zeitschr. f. d. phil. IV, s. 89) so erklärt, dass die glossen „nicht ursprünglich alemannisch sind, sondern auf bairische grundlage zurückweisen". den beweis dafür werden wir bei der ausgabe der glossen erwarten dürfen, ich bezweifle, dass er sich mit sicherheit wird füren lassen, die inlautenden *p* wenigstens können nicht als argument gelten, denn auch die inlautenden *k* sind verhältnissmässig zalreich, sowol zwischen vocalen als nach *n r l*; ich halte dise eigenheiten für altertümlich, denn dass im alemannisch-bairischen auch im inlaut ursprünglich überall *p* und *k* gesprochen wurde, scheint mir unzweifelhaft.

s. 130) ist in der Schweiz „ein deutliches *p* statt *b*" ser
selten, wärend in Baiern wirkliche — aber unaspirirte —
tenuis nach dem urteile der sachverständigen gesprochen
wird. für das übrige alemannische gebiet nimt auch
Birlinger (Die alem. Sprache, s. 126. 142) die media in
anspruch im gegensatze zum bairischen, nur wo alemannisch
und bairisch in einander übergehen, im oberen Inntal, da
hätten auch die Alemannen „harte und weiche *p*" (s. 125).
erwägen wir weiter, dass bei Notker inlautende *p* sich
kaum noch finden und dass im anlaut der bekannte wechsel
zwischen *p* und *b* eingetreten ist, so ergibt sich daraus eine
fortschreitende erweichung mit sicherheit. man hat vilfach
eine gemachte regel darin erblicken wollen, aber der grund
hat doch one frage in der sprache selbst gelegen: die alte
tenuis war erweicht und in zusammenhangender rede
nach vorhergehenden vocalen und liquiden oder nasalen
meist zur media geworden, im anfange der rede und nach
anderen consonanten hatte sich die härtere aussprache gehalten. vorboten der erweichung sind schon die fälle in
der benedictinerregel, in den hymnen und in anderen denkmälern. in den älteren handschriften der werke Notker's
wird die regel am sorgfältigsten beobachtet, ausnamen in
zimlich grosser anzal gibt es überall und zwar nach beiden
seiten hin, beweis genug, dass die aussprache schwankend
war. im anfange des satzes haben die älteren handschriften
fast immer die tenuis, eben so ser häufig innerhalb des
satzes nach vocalen und liquiden oder nasalen, wenn die satz-
teile loser zusammenhangen; in der handschrift der psalmen,
welche dem 12. jarhundert angehört, sehen wir die erweichung

bedeutend fortgeschritten: sowol im anfange des satzes als auch nach vorhergehender muta ist unendlich oft media gesetzt, wo die ältere vorlage sicherlich noch die tenuis hatte. eine nüchterne betrachtung diser historisch fest stehenden und stufenweise zu verfolgenden entwickelung ergibt für das alemannisch-bairische folgendes resultat: im anlaut wie im inlaut stand ursprünglich überall die tenuis; im inlaut erfolgte zuerst erweichung, im alemannischen schon vor dem zeitpuncte der ältesten denkmäler, im bairischen erst in historischer zeit, in beiden aber schreitet sie vor unseren augen fort; im anlaut zeigen sich zwar auch schon in den ältesten denkmälern spuren der erweichung, aber allgemeiner wird sie erst später; das bairische hat noch heute im anlaut eine hauchlose d. i. weiche tenuis, im alemannischen scheint fast allgemein erweichung zur media eingetreten zu sein.

Ganz analoge verhältnisse keren bei der gutturaltenuis wider: in den ältesten denkmälern ist im anlaut *g* selten, im inlaut schon früh häufiger als *k*, an beiden stellen schwindet *k* immer mer. wenn man also die wenigen medien *b* und *g* im anlaut, welche in den ältesten denkmälern sich zeigen, als unverschoben betrachtet, so ist das nach meiner ansicht ein ganz unmethodisches verfaren. ein laut, welcher zuerst selten und dann fast nur unter bestimmten bedingungen auftritt, später aber unter denselben bedingungen immer häufiger wird, kann nicht altertümlicher sein als derjenige laut, welcher in demselben umfange abnimmt, es ist demnach klar, dass auch jene ältesten *b* und *g* aus *p* und *k* erweicht sind, wie denn ja in der tat meist in denselben wörtern die harten laute ungleich häufiger sind. die dentaltenuis zeigt von den ältesten zeiten an bis auf den heutigen tag im anlaut festen bestand, im inlaut sehen wir später vilfach *d* eintreten durch einwirkung vorhergehender liquida oder nasalis, in älterer zeit gilt auch hier mit wenigen ausnamen die tenuis.

Die denkmäler beginnen mit dem ende des 8. oder dem anfange des 9. jarhunderts und wir sehen um dise zeit die erweichung der inlautenden labialtenuis im alemannischen schon zimlich weit gedihen. erwägen wir nun, dass noch merere jarhunderte erforderlich waren, bis die begonnene bewegung auch im bairischen sich vollzogen hatte, so werden wir mit annähernder sicherheit zurück schliessen dürfen, dass auch im alemannischen eine änliche zeit nötig gewesen war, um dem weicheren laute das übergewicht über den härteren zu verschaffen. ich glaube demnach wenig fel zu gehen, wenn ich anneme, dass im 6. oder 7. jarhundert der bestand der tenues an allen wortstellen noch intact war, im laufe des 7. jarhunderts mag die bewegung begonnen haben, villeicht aber auch schon früher, da derartige umgestaltungsprocesse gewönlich ser lange dauern.

Ungefär in dieselbe zeit muss der übergang der gemeingermanischen tenues in die affricaten *pf ch z* gesetzt werden, doch mag derselbe auch schon früher erfolgt sein. noch früher, also villeicht im 5. jarhundert, hatten die Alemannen und Baiern zwei harte verschlusslaute in jedem organ, welche indess durch den grad der articulation eben

so geschiden waren, wie später tenuis und media. die
nähere erörterung dises verhältnisses muss ich mir für eine
spätere erschöpfende behandlung der ganzen frage vorbehalten.

Wenn also etwa im 5. oder 6. jarhundert die Alemannen und Baiern die tenuis hatten, wo wir im gotischen
des 4. jarhunderts die media finden, so ist es doch in der
tat nicht zu kün, die tenuis noch einige jarhunderte weiter
zurück zu verlegen und anzunemen, dass die Goten (und
die übrigen stämme) schon frürher eine erweichung hatten
eintreten lassen, indem sie die stark aspirirte tenuis zur
einfachen tenuis und dise zur media werden liessen. die
wenigen hochdeutschen namen, welche uns von ausländi-
schen schriftstellern überlifert sind, können doch warlich
den im eigenen bairisch-alemannischen sprachgebiete vor
unseren augen sich entwickelnden tatsachen gegenüber
nicht als beweise dienen, dass die nach ganz einfacher be-
rechnung mindestens bis ins 6. jarhundert zu verfolgenden
laute früher schon einmal den weicheren character gehabt
haben sollten, zu welchem wir sie jarhunderte hindurch
hinstreben sehen. es müsste doch zunächst erst constatirt
werden, dass die überliferte form der namen wirklich die
damalige bairische oder alemannische war.

Dietrich (Aussprache des gotischen, s. 73) fürt einige
gotische namen an, welche anlautendes *c* statt *g* haben:
Creuthungi bei Ammianus Marcellinus, *Cojo* bei Cassiodor,
Caina Theudi-coto bei Jornandes und noch im jare 589
Commundus bei den Westgoten. sollten dise alle nur auf
felerhafter überliferung beruhen? es ist möglich, aber es ist

auch nicht unmöglich, dass sie nachklänge einer uralten tenuis sind, welche nur in vereinzelten namen sich erhalten hatte, sonst aber zur media erweicht war.

Es ist ser zu beklagen, dass von der sprache der Langobarden nur so wenige überbleibsel auf uns gekommen sind, in den geretteten namen und wörtern zeigen sich merfach die althochdeutschen tenues z. b. *Ildipert Sigipert Aripert Anspald Liutprand Agiliup crap morgincap scilpor;* daneben auch die mediae: *Winiberta Berto widriboran morgingap* (vgl. Grimm, Geschichte d. d. spr. s. 479 f.). das material ist zu gering um entscheiden zu können, ob wir hier eine entstehende oder absterbende spracherscheinung vor uns haben, jedesfalls aber reichen die formen weiter zurück als die ältesten bairischen und alemannischen denkmäler, wir können also so vil mit sicherheit constatiren, dass in noch früherer zeit bei einem anderen germanischen stamme dieselben laute existirten. die langobardischen gesetze wurden gegen die mitte des 7. jarhunderts aufgezeichnet, Paulus Diaconus schrib im 8. jarhundert. die namen *Aripert Liutprand Ansprand* erscheinen im 7. und 8. jarhundert, ein früherer könig aber schon heisst *Tato,* dessen gleichstellung mit dem ahd. *-tâto* nahe ligt. diser *Tato* lebte gegen das ende des 5. jarhunderts, er befreite die Langobarden von der herschaft der Heruler, es war also ganz erklärlich, dass sein name in alter form weiter lebte.

So vil vorläufig über das verhältniss der alemannisch-bairischen tenuis zur gemeingermanischen media, die frage ist nach meiner ansicht noch keineswegs abgeschlossen. ich werde später im zusammenhange zeigen, wie auch in den urverwanten sprachen manches darauf hinweist, dass die hochdeutschen tenues älter sind als die dortigen aspiraten und ire stellvertreter. bemerken will ich noch, dass mir sogar die finnischen sprachen in iren germanischen lenwörtern manche bestätigung meiner ansicht zu enthalten scheinen, hier kann ich natürlich nicht darauf eingehen.

Ich habe ferner die ansicht ausgesprochen, dass im ahd. *fatar* das *t* älter sei als das *d* im got. *fadar* und dass jenes *t* seit alter zeit unverändert gebliben sei d. h. dass es dem *t* in skr. *pitá'* gr. *πατήρ* lat. *pater* noch gleich stehe. alle hochdeutschen dialecte zeigen, so weit wir sie zurück verfolgen können, nur *t* in disem worte, der laut besteht also seit mer als 1000 jaren unverändert, wärend die romanischen sprachen das alte *t* längst geschwächt (ital. *padre*) oder beseitigt (frz. *père*) haben; da soll es unmöglich sein, dass derselbe früher schon einmal eine lange zeit unversert überdauert hat? er soll nicht bis in die zeit der Griechen und Römer zurück reichen können? zu den ansichten, welche Paul und Braune in neuerer zeit eifrig vertreten, stimmt die meinige freilich nicht, aber ist sie deshalb „abenteuerlich“? ich glaube, sie kann in diser beziehung mit der spirantentheorie jeden vergleich aushalten. Paul und Braune behaupten also, die indogermanische tenuis sei schon in altgermanischer zeit überall zur tonlosen spirans geworden, dann zur tönenden spirans erweicht, weiter zum tönenden verschlusslaute verdichtet und endlich in Oberdeutschland zum tonlosen verschlusslaute verhärtet. dis fürt, wenn wir die heute in Oberdeutschland an

vilen stellen gesprochene media als letzte stufe hinzufügen,
zu folgender reihe von lautwechseln:

pater: 1) *fatþar* — 2) *faþar* — 3) *fadar* — 4) *fadar* —
5) *fatar* — 6) *våda vadder.*

da *þ* nach der meinung von Paul und Braune bereits spirans sein soll, so habe ich als vorstufe *fatþar* angesetzt, in
welchem *tþ* die affricata bezeichnen soll. dise form mit
der affricata müsste entschiden vorausgesetzt werden, wie
auch Paul (Beiträge I, s. 153 ff.) anzunemen geneigt ist, er
bemerkt Scherer gegenüber ganz richtig, dass es beispile
des directen überganges der media in die weiche spirans
gibt, aber keine für den directen übergang der tenuis in die
harte spirans. mir erscheint der letztere überhaupt kaum möglich, wärend der erstere ganz naturgemäss ist, denn je loser
der verschluss wird, desto leichter hört er ganz auf, aber
da, wo man festen verschluss zu bilden gewont ist, wird
man nicht gleich zur gänzlichen lösung desselben schreiten
und doch gleichzeitig den scharfen hauch beibehalten. so
lange nicht ganz sichere beispile für die directe entstehung
der tonlosen spirans aus dem tonlosen verschlusslaute beigebracht werden, halte ich daran fest, dass die affricata
zwischen beiden steht. *þ* und *đ* sollen in 2 und 3 die ton-
lose und tönende spirans bezeichnen. erwägen wir nun die
historischen tatsachen, so ist zunächst zu constatiren, dass
die formen 1 und 2 nirgends nachgewisen werden können,
faþir oder *fađir* erscheint zwar im altnordischen, aber dass
hier *þ* resp. *đ* bereits spirans gewesen sei, ist eine ganz
unerwisene hypothese von Paul und Braune, auf welche ich
nachher noch zurück kommen werde. die form 3 bietet das

heutige englisch, die form 4 ist die allein nachweisbare für
gotisch, altsächsisch und angelsächsisch (sie herscht heute
in ganz Niderdeutschland Holland Dänemark und Schweden).
die form 5 ist die hochdeutsche seit den ältesten zeiten,
erst später ist die mit 4 identische form 6 auch in Oberdeutschland entstanden, natürlich durch erweichung aus
dem früheren *t*. man siht, Paul und Braune brauchen für
das hochdeutsche 4 vorstufen, welche zum teil gar nicht,
zum teil erst aus neuerer zeit (engl. *father*) nachgewisen
werden können, im älteren hochdeutsch selbst existiren
sie nirgends, wol aber geht die alte hochdeutsche form in
späterer zeit zu der stufe über, welche in den meisten germanischen idiomen heute besteht. und dieselbe weichere form
soll früher schon einmal im hochdeutschen gegolten haben?
und vor ir noch drei andere imaginäre formen? dazu
gehört freilich ein starker glaube, wie ich ihn leider nicht
besitze, ich bleibe vilmer jetzt erst recht bei meiner ansicht, dass ahd. *fatar* ein uraltes *t* bewart hat.

Ich komme jetzt zu der von Paul Braune und Sievers
(wie ich aus seinen recensionen ersehe) vertretenen ansicht,
dass þ bereits im altgermanischen spirans gewesen sei. am
ausfürlichsten äussert sich darüber Paul in seinem disem
ganzen gegenstande gewidmeten aufsatze (Beiträge I, s.
183 ff.), wo er hauptsächlich zwei argumente geltend macht,
welche „entscheidend" dafür sein sollen, dass þ „in der
ältesten zeit, bis zu der wir zurückgehen können, die ge-
wöhnlich geläugnete geltung einer spirans hatte". der erste
punct ist das entstehen einer anderen spirans aus älterem
þ, dagegen ist indessen gleich von vorn herein zu betonen,

dass die in betracht kommenden fälle nur ser gering an zal
sind, dass wir also hier mit ganz sporadischen lautwechseln
zu tun haben, welche für die allgemeingermanische aussprache
des lautes nichts beweisen können. dann aber erklärt sich
der übergang von *þ* zu *f,* welcher hier allein in betracht
kommen kann, auf die allereinfachste weise auch one spirantische natur des *þ:* man versuche nur ein interdentales
t mit vorgestreckter zunge zu sprechen, die zunge nähert
sich dann der oberlippe, der verschluss der zunge mit den
zänen, welcher in diser lage einige anstrengung erfordert,
lockert sich leicht und man hat unmittelbar statt eines interdentalen verschlusslautes eine labio-linguale spirans; dise
wurde dann zur labio-dentalen. derselbe vorgang muss im
äolischen (und wol auch im italischen) statt gefunden haben,
denn in altgriechischer zeit, wo doch φήϱ schon neben ϑήϱ
besteht, ist an spirantischen character des ϑ noch nicht zu
denken (vgl. Curtius, Grundzüge ³, s. 384 ff.). der zweite punct,
den Paul und Braune geltend machen, ist der ausfall des *n*
vor *þ* (*th*) im angelsächsischen, altsächsischen und altnordischen. Paul sagt: „Dieser schwund des nasales tritt sonst noch
ein vor *s* und *f;* vor *h* ist er bereits in einer früheren periode
in allen germanischen dialekten eingetreten. Nirgends
zeigt er sich vor verschlusslauten“. Braune sagt (Beiträge I, s. 55 anm.): „Dass aber das *th,* gleich dem heutigen
engl. *th,* spirans (reibelaut) und nicht etwa tenuis aspirata
war, beweist hinlänglich der umstand, dass im altsächs. (ags.
altfries. altn.) vor den spiranten *s, f, th* (*þ*) ausfall des *n* eintritt“.
beide sprechen bestimmt genug, aber wie ist mir denn? gehen
nicht im altnordischen *nt* und *nk* regelmässig in *tt* und *kk*

über? da hätten wir doch den schönsten beweis, dass nasale auch vor verschlusslauten schwinden können, mit dem „nirgends“ von Paul siht es also bedenklich aus und der ausfall des *n* vor *t k* „beweist hinlänglich“, dass für die spirantische natur des *þ th* der ausfall des *n* eben nichts beweist. ausserdem ist zu beachten, dass für *nþ* im nordischen auch *nn* erscheint und zwar häufiger als *þ d*, dise assimilation spricht doch gewiss weit mer gegen spirans, als der ausfall des *n* dafür. ich sehe mich daher genötigt, fernere und bessere „beweise“ zu verlangen, ehe ich das alte *þ* als spirans anerkennen kann.

Paul hat in seinem aufsatze die gotischen medien *g b d* im inlaut nach vocalen als spiranten darzustellen versucht und sogar vermutet, im anlaut und im inlaut nach consonanten sei früher ebenfalls spirans gesprochen, wärend er für die zeit des Ulfilas hier wenigstens verschlusslaute oder „übergangslaute zwischen verschluss- und reibelauten“ zugibt. nach meiner ansicht ist Paul's hypothese nicht richtig, trotzdem dass einige erscheinungen dafür zu sprechen scheinen. ich kann mich auf eine allgemeine besprechung der frage hier nicht einlassen und beschränke mich auf einige bemerkungen über got. *þ* und *d*. dass die drei lautclassen nicht über einen kamm geschoren werden dürfen, können wir aus dem hochdeutschen und auch aus den übrigen germanischen sprachen lernen, im gotischen sind wir eben so wenig berechtigt, das verhältniss zwischen *þ* und *d* dem der übrigen classen gleich zu stellen. Paul sagt (Beiträge I, s. 148 f.) folgendes: „Für die aussprache der medien als spiranten spricht noch, dass in einem falle *d* = *ð* ist, *baid-*

saiidan Luc. 9, 10, und mehrmals *b* = *q* in *Asabis* Esdr. 2, 41 und *Joseba*. Dagegen kann es nicht sehr ins gewicht fallen, dass zweimal in *Lod* *d* einem *τ* und einmal in *falaig* *g* einem *ϰ* entspricht, so wenig wie man aus dem einmaligen *þeimauþaius* für *Τιμόθεος* auf eine von der des *ϑ* verschiedene aussprache des *þ* schliessen wird. Es können hier abweichungen des griechischen textes oder flüchtigkeiten des übersetzers vorliegen". es ist doch im höchsten grade willkürlich, dass das einmalige *d* für *ϑ* in *Baidsaiidan* für den lautwert des *d* grösseres gewicht haben soll als das zweimalige *d* für *τ* in *Lod*, letzteres findet sich sogar dreimal und darunter zweimal im inlaut: *Lôdis* Luc. 17, 28. 32 und *Lôd* Luc. 17, 29. das beispil *þeimauþaius* mit *þ* für *τ* hätte Paul lieber nicht wälen sollen, da nach Uppström's lesung *t* in der handschrift steht; übrigens las man früher dises *þeimauþaius* an zwei stellen (1 Tim. 1, 2 und in der überschrift), an beiden ist es von Uppström beseitigt. es gibt aber mer als ein halbes dutzend anderer beispile, wo *þ* für *t* eingetreten ist, und dise protestiren laut gegen Paul's spirantentheorie. zunächst steht *Gainnesaraiþ* für gr. *Γεννησαρέτ* (Luc. 5, 1) und *Aileisabaiþ* für *Ἐλισάβετ* (Luc. 1, 5. 7. 13. 24. 36. 40. 41. 57), ausserdem zweimal *Maþþaius* (Mt. 9, 9; Luc. 6, 15) für *Ματθαῖος* neben einmaligem *Matþaius* (Mc. 3, 18). im codex Ambrosianus B lesen wir zweimal *þ* für *t*: *ufblôþeinai* für *ufblôteinai* (2 Cor. 8, 4) *gaþarhiþs* für *gatarhiþs* (Gal. 2, 11); 2 Cor. 12, 7 list cod. B *hnutô*, dagegen cod. A *hnuþô*; Mc. 2, 9 steht *aflêþanda* für *aflêtanda*. mit der anname von schreibfelern kommt man hier nicht aus, obwol Paul damit schnell bei der hand ist, um die *t* in latinisirten gotischen namen zu beseitigen (a. o. s. 150). wenn nun aber nicht bloss die griechischen kirchenhistoriker Socrates und Theodoret *Φριτιγέρνης* schreiben, sondern auch Ammianus Marcellinus und andere *Fritigernus Sintila Fretila Fretimundus* etc. bieten, wofür später *Fridigernus Fridila* etc. erscheinen, so kann doch wol kein zweifel aufkommen, dass den Griechen und Römern das gotische *þ* wenigstens einem *t* änlich klang. wenn später im inlaut *d* dafür eintrat, so steht das ganz im einklange mit derselben erweichung im gotischen selbst, wie wir sie im Lucas bemerken, wo auch im auslaut ser häufig *d* für *þ* steht. ich glaube daher annemen zu müssen, dass *þ* gewissermassen zwischen *t* und *d* in der mitte stand, es war weicher als *t* und härter als *d*, zu dem es immer mer herabsank. die alte germanische tenuis wurde, wie ich glaube, ser scharf articulirt, daher ging sie im althochdeutschen in die affricata über, in den übrigen germanischen sprachen wurde sie weicher und konnte schliesslich in der nordischen gruppe mit dem *þ* zusammen fallen, nachdem dises seinen interdentalen character aufgegeben hatte; die besonders häufig gebrauchten wörter, die pronomina *du den* und die damit verwanten partikeln, wurden erweicht und traten zur media über, im inlaut geschah dis überall. im englischen und isländischen bewarte das *þ* seine alte articulationsstelle und wurde zur spirans, im anlaut zur scharfen (mit ausname von *thou thy* etc.) und im inlaut zur weichen; die erstere ist jedesfalls durch die affricata hindurch gegangen und verhält sich zu dem alten verschlusslaute *þ* wie das *z* im ahd. mhd. *daz* zu dem *t* in *dat;*

z in *zan* ist affricata geblieben. ich bilde mir nicht ein, hierdurch die frage bereits gelöst zu haben, weitere umfassende untersuchungen werden nötig sein.

Nun noch einiges zum ahd. *t*   got. *þ*. die personalendungen des verbums sind überall im althochdeutschen, selbst im Isidor, one ausname *t (nerit habêt salbôt nerrant habênt salbônt)* bis auf den heutigen tag, ist es denkbar, dass früher schon *d d þ tþ* vorher gegangen sind? die endung des präsensparticipiums ist im alemannischen, im bairischen, bei Otfrid, im Tatian *nt* wie in den urverwanten sprachen, ist es denkbar, dass *nd nd nþ ntþ* vorher gegangen sind? zumal da später die erweichung in *nd* allmählich die oberhand gewinnt und im mittelhochdeutschen wie im neuhochdeutschen allein noch gilt? das suffix des perfectparticipiums ist in denselben denkmälern *t*, wider in übereinstimmung mit den urverwanten sprachen, soll auch hier dieselbe scala von lautwandlungen erfolgt sein? man erwäge namentlich bildungen wie *arforahtêr giworahtêr gidâhtêr* u. ä., in denen jeder verständige mann ein altes *t* anerkennt, daneben sollen *gineritêr gisalbôtêr* durch jenes formenlabyrinth sich hindurch gearbeitet haben? die hauptwörter *maht naht* u. ä. neben got. *mahts nahts* hält jeder für alt, und daneben soll das *t* in *giburt arbeit* u. a. durch 4 zwischenformen erst zum alten *t* zurückgekert sein? ich kann an solche probleme nicht glauben und bleibe dabei: das *t* in *fatar nerit gineritêr giburt* ist im hochdeutschen nie verschoben worden, es ist die directe fortsetzung des in den urverwanten sprachen vorhandenen *t, fatar   pater, nerit — facit, gineritêr   habitus* usw. usw. dass ich nach alle dem auch die ausfürungen von Braune (Beiträge I, s. 513 ff.) über den grammatischen wechsel für verfelt halte, ergibt sich von selbst, ich stelle natürlich z. b. *wurtun* und *wortan* direct mit dem lat. *vertere* zusammen, die formen sind uralt und ja tatsächlich erst später in *wurden geworden* erweicht, welche schon in der jüngeren handschrift von Notker's psalmen ser häufig an die stelle der früheren formen mit *t* getreten sind; in den übrigen schriften Notker's habe ich neben unzäligen *wurten wortenêr* nur ein einziges *wurden* (Cap. 296ᵃ) notirt und dises ist jetzt von Steinmeyer in *wurten* verbessert. was den grammatischen wechsel betrifft, so hat wol das gotische denselben bereits verloren, denn da alle übrigen germanischen sprachen in der gutturalreihe daran teil nemen, so wird auch das gotische einst *slahan slôgum slagans* gehabt haben. in der dentalreihe treffen nur noch althochdeutsch und angelsächsisch zusammen, im neuhochdeutschen ist bis auf wenige spuren der grammatische wechsel geschwunden, das streben nach gleichheit hat auch hier zerstörend gewirkt. übrigens sind selbst im gotischen noch anzeichen von einem ehemaligen wechsel vorhanden.

Meine ansicht über den ablaut ist durch die exclamationen und ausrufungszeichen Braune's nicht erschüttert. er hat es natürlich nicht für nötig gehalten, meine bemerkungen über guna und vriddhi im sanskrit in betracht zu ziehen, sonst würde er wol erkannt haben, dass die von mir vertretene kürzung mindestens dieselbe berechtigung hat wie die sonst allgemein angenommene steigerung. ich verweise auf meine ausfürungen über das verhältniss von *ásmi smás* zu *áimi* (*émi*) *imás* und auf das mitgeteilte

urteil von Pott (*P¹*, vorwort s. X f.), hier ziehe ich noch
einige reduplicirte perfecta in betracht und bitte unbefangen
meine ansicht mit der bisherigen zu vergleichen. zunächst
steht fest, dass schon in der indogermanischen zeit einzal
und merzal geschiden waren, die übereinstimmung von skr.
véda (d. i. *váida*) *vidmá* = gr. οἶδα ἴδμεν = got. *vait vitum*
macht dis unzweifelhaft. im sanskrit und im gotischen (resp.
im germanischen) hat das verhältniss fortgedauert, im griechischen sind nur noch geringe spuren davon vorhanden, für
gewönlich hat die angleichung der merzal an die einzal den
unterschid verschwinden lassen. im lateinischen und in den
neueren germanischen sprachen ist ebenfalls gleichmachung
erfolgt, bei uns haben nur noch die alten präterito-präsentia
zum teil das ursprüngliche fortgesetzt, das nhd. *weiss wissen*
überragt an altertümlichkeit weit das lat. *vidi vidimus*. es fragt
sich nun: ist der kurze vocal der merzal oder der diph-
thong der einzal ursprünglicher? die sprachwissenschaft behauptet nach dem vorgange der indischen grammatiker das erstere, sucht man aber nach den beweisen, so felen
dise gänzlich. die kürzung der merzal darf deshalb mit
demselben rechte behauptet werden. ich neme mir dise
freiheit, weil die betrachtung analoger fälle in der merzal
des perfectums jeden unbefangenen dahin füren muss. erwägen wir zuerst perfecta von verben mit innerem *r*, welche in
der einzal *ar* und in der merzal *r* zeigen: neben den singularformen *tatárpa dadárça sasárpa* stehen die pluralformen
tatṛpús dadṛçús sasṛpús. die indischen grammatiker leren
ganz consequent, dass auch hier die wurzelform mit *r* die
ursprünglichere sei, dagegen hat die neuere sprachforschung

sich zu der gewiss richtigeren auffassung bekannt, dass vilmer
dises *r* aus dem *ar* der einzal gekürzt sei. der grund der
kürzung ist auch ganz leicht ersichtlich: die betonung der
endung schwächte den stamm, wärend in der einzal durch
den ton der stamm geschützt wurde. und dem gegenüber
soll nun in *véda* (*váida*) *vidús* ein anderes verhältniss vorligen?
auch sonst zeigt sich überall schwächung in der merzal und
niemand zweifelt daran, dass formen wie *ǵagmús ǵagñús
vividhús viviĉús sushupús ûĉús ûshús îǵús* aus *ǵagamús
ǵagánús vivjadhús vivjaĉús sushvapús uvaĉús uvasús ijaǵús*
gekürzt sind, gegenüber den volleren singularformen. woher
in aller welt nimt man da die berechtigung für die behauptung, dass allein bei den angeblichen *i*- und *u*-wurzeln
in der merzal die ursprüngliche lautgestalt enthalten sei?
es ist auch nicht der geringste grund vorhanden, im gegenteil eine kalte vergleichung der gesammtverhältnisse muss
jede lostrennung von pluralen wie *bibhidús bubhuǵús* von
den übrigen unzweifelhaft gekürzten pluralformen als durchaus willkürlich erscheinen lassen: wenn *dadrçús* aus *du-
darçús* gekürzt ist, so sind auch *bibhidús bubhuǵús* aus *bibhaidús bubhauǵús* hervorgegangen. die sache ist so einfach
und selbstverständlich, dass es mir unbegreiflich ist, wie
überhaupt jemals eine andere auffassung platz greifen
konnte. die lere der indischen grammatiker kann doch für
uns nicht massgebend sein, überdis ist man ja auch in betreff
der *r*-vocale bereits von inen abgegangen. wenn also skr.
bibhidús und *bubhuǵús* auf *bibhaidús* und *bubhauǵús* zurück
gehen, so sind auch got. *bitun* und *buǵun* aus *baitun* und
bauǵun entstanden, natürlich nicht erst in germanischer zeit,

sondern schon früher, wie got. *vitum*= skr. *vidmá* – gr. *ἴδμεν*
(für älteres *ἴδμέν*) zeigen. ich habe dann weiter den singular
baug mit rücksicht auf das ags. *beáh* und das präsens *biugan*
auf eine grundform *biaug* zurück gefürt und das präsens auf
biaugan. dis „übersteigt alle Begriffe" des herrn Braune,
die meinigen nicht, denn erstlich findet das ganz unerklär-
liche ags. *beáh* (für *biáh* aus *biauh*) so eine ganz natürliche
lösung und zweitens existiren auf germanischem boden tatsächlich präsentia mit *iau*, nämlich die gotländischen *biauþa
skiauta niauta liauta*. da nun auch im litauischen die *u*-
stämme nicht selten *iau* zeigen, so reicht diser triphthong
über die speciell germanische zeit hinaus. nach der analogie
von *biauga biaug bugum* vermute ich dann auch *biaita biait
bitum*. die übrigen ablautreihen müssen ausfürlicher besprochen werden und bleiben deshalb einer späteren monographie vorbehalten, nur über die reduplicirenden verba
will ich kurz meine ansicht vortragen.

Bis auf Scherer wurde allgemein angenommen, dass
zwischen reduplicationssilbe und wurzelvocal der anlaut
der eigentlichen stammsilbe ausgefallen sei und dann verschmelzung der beiden silben statt gefunden habe. nur
Jacobi (Beiträge zur deutschen Grammatik, s. 63) meinte,
„dass der Vocal der eigentlichen Wurzelsilbe gleichzeitig
mit dem Consonanten davon abgefallen und nur der Vocal
der Reduplicationssilbe übrig geblieben ist". dise auffassung
blib vereinzelt, aber die durch Scherer begründete ist
wesentlich damit identisch, nur nimt diser kurzen vocal der
reduplicationssilbe an, worin er entschiden recht hat. Scherer
setzt also dem got. *haihald* ein ahd. *hehalt* gegenüber, welches

zu *heh'lt hehlt* und weiter zu *he'lt hélt* wurde. für die präterita von verben mit dunkelen vocalen wird aber die frühere ansicht beibehalten. das missliche einer solchen verschidenheit der behandlung sucht Scherer in neuerer zeit (Zeitschr. f. d. össterr. Gymn. 1873, s. 298) durch folgende erklärung zu beseitigen: „Was ist wohl der Grund des verschiedenen Verfahrens bei Wurzeln mit *ô au û?* Wie gleichgültig man gegen ein *a* der Wurzel war, ist schon hervorgehoben. Zwischen dem Reduplicationsvocal *e* und dem *ai* oder *ei* der Wurzel herrscht kein grosser Unterschied der Klangfarbe: *ei* konnte wegfallen, ohne dass der Verlust eines characteristischen Tones sich dem Ohr stark bemerkbar machte. Dagegen *e* und jene dumpferen Klänge stehen so weit von einander ab, dass die Vernachlässig eines *u* oder *o* der Controle des Ohres schwerlich entgangen wäre“. Sievers (Paul-Braune, Beiträge I, s. 510) stimmt dem bei, ich bin dadurch nicht überzeugt und glaube überhaupt nicht daran, dass in den anlautenden consonanten der präterita die reduplicationssilbe bewart ist, nach meiner ansicht ist vilmer überall die reduplication abgefallen und in den vocalen des präteritums die ältere gestalt der wurzel bewart. Scherer nimt z. b. *slêf* als die älteste form des präteritums an und lässt sie aus einer grundform *seslâf* auf folgende weise entstehen (a. o. s. 297): *seslâf* — *seslaf* — *slelaf* (nach *ondreord*) — *slelf* oder *slerf* (nach *leort*) — *slêf*. und an einen solchen übergang von *seslaf* zu *slelaf* soll man glauben? das ist warlich vil verlangt. freilich sucht sich Scherer zu helfen, indem er sagt: „Diese Perfecta reduplicata sind ein ganz exceptionelles Gebiet, worin Dinge geschehen, die

anderwärts in der Sprache nicht möglich wären". mit
solchen ausflüchten lässt sich freilich alles machen, aber wo
bleibt da die wissenschaft? an den verben mit anlautender
doppelconsonanz muss eben die ganze theorie scheitern, nur
die wenigen mit anlautendem *h* oder villeicht auch *w* resp. *hv*
fügen sich derselben auf begreifliche weise, die übrigen
consonanten machen schon schwirigkeiten, und wenn Scherer
(Zur Geschichte, s. 13 f. 17 f.) durch „Formübertragung und
Analogie" sich zu helfen sucht, so ist das wider nur eine
subjective beruhigung. man kann sich wol denken, dass
einzelne formen einer überwigenden majorität sich anschliessen, aber dass umgekert vereinzelte formen one er-
sichtlichen grund für eine grössere zal mustergültig gewesen
sein sollten, ist doch nur glaublich, wenn die allersichersten
tatsachen es beweisen. da nun solche beweise gänzlich
felen, so versuche ich eine andere erklärung der betreffenden
präterita, indem ich z. b. *slêf* auf *seslêf* zurück füre, welches
mit dem got. *saizlêp* identisch ist. die form *slêf* betrachtet
man jetzt wol meist als die ältere, aber es ist noch nirgends
mit sicherheit nachgewisen, *sleaf sliaf* sind eben so alt überlifert, also erkläre ich mich für das letztere und setze als
grundform *sesliâf* an: hieraus wurden der reihe nach auf
ganz begreifliche weise *sliâf sliaf sleaf slêf*. das verhältniss
der laute *ia ea ê* kann ich hier nicht erörtern, bemerken
will ich nur, dass die fremdwörter, auf welche Scherer hauptsächlich sich stützt, für älteres *ê* nichts beweisen können, denn
fremdwörter werden der sprache angepasst und müssen sich
deshalb häufig umgestaltungen gefallen lassen. Sievers
(a. o. s. 505) will mit berufung auf Gislason für die altnor-

dischen präterita *gekk fekk fell* usw. ursprüngliche kürze in anspruch nemen, aber die von Gislason beigebrachten reime können doch nur beweisen, dass schon damals, wie noch heute, das *e* kurz war, aber nicht, dass es von je her kurz gewesen war. die vergleichung der engl. *fell held* mit ags. *feoll heold* fürt zu der anname, dass die kürzung später eingetreten ist. wenn im Isidor *fenc* geschriben wird und darnach auch in den Monseer fragmenten *fenc genc*, so ist zunächst die quantität zweifelhaft, dann aber kann jener dialect in der contraction weiter gegangen sein; das ags. *geong* lässt sich durch nichts weg künsteln, es spricht deutlich für das hohe alter des diphthongs. die schlüsse, welche Sievers aus dem Cottonianus zieht (s. 506), sind etwas kün, gewönlich pflegen doch jüngere handschriften grade im anfange sich genauer an ire vorlage zu halten, nach und nach erschlafft die aufmerksamkeit, es erscheinen mer und mer die jüngeren sprachformen des abschreibers. Sievers nimt für den Cottonianus grade das gegenteil in anspruch, one dis jedoch näher zu begründen, ich bleibe deshalb bei der natürlicheren anname, dass die *ie* im anfange der handschrift der älteren vorlage angehörten und in den späteren teilen vom schreiber vernachlässigt wurden. das angelsächsische bestätigt die ursprünglichkeit der diphthonge im weitesten umfange, die versuche von Scherer und Sievers, dieselben irer theorie dienstbar zu machen, haben für mich nichts überzeugendes, mit *geong* wissen sie überdis beide nichts anzufangen. auch auf nordischem boden finden sich formen mit diphthongen wie *riaþ, fial fioll, hioll hield* (Rydqvist, Svenska språkets lagar 1, 163. 164). *riaþ* ist gotländisch (Säve, Gutniska urkunder, s. 31) und dazu kommt noch *liat* (Säve, s. 49, runeninschrift Nr. 154), welches bei Rydqvist felt. dis mag vorläufig genügen, um das alter der diphthonge zu stützen.

Wie ich ahd. *sliaf sleaf slêf* aus *sesliaf sesliâf* entstehen lasse, so füre ich auch got. *saizlêp* auf *saisliâp* zurück, indem ich got. *ê* und ahd. *â* so vermittle, dass beiden eine grundform *iâ* vorausgegangen ist. ich halte demnach mit Jacob Grimm (Geschichte d. d. spr. s. 585) z. b. ahd. *hiar hear* für altertümlicher als got. *hêr*. ahd. *liof liuf* erkläre ich aus *liôf* für *liouf*, das präsens *loufan* steht für *lioufan*, got. *hlaupan* für *hliaupan* und ags. *hleâpan* ist *hliâpan* (vgl. altfrs. *hliâpa* neben *hlâpa*) für *hliaupan*. nun erklären sich auch ags. *hrêpan* und *wêpan*: *ê* ist aus älterem *eô iô* contrahirt, das präsens war *hreope weope* und das präteritum *hehreop weweop*. got. *lailôt taitôk rairôþ gaigrôt faiflôk* scheinen unorganisch zu *hvôpan hvaihvôp blôtan *baiblôt* übergetreten zu sein, man sollte *lailêt taitêk* etc. erwarten nach *saizlêp*, doch ist hier schwer zu entscheiden. Scherer hält das got. *ô* in jenen formen ebenfalls für jung, Sievers versucht eine andere erklärung, der ich erst werde beistimmen können, wenn der versprochene beweis erbracht ist.

Man wird mir nun die angelsächsischen präterita *heht leolc leort reord ondreard* (*ondreord*) entgegen halten und sagen: hier ist doch die reduplicationssilbe deutlich gewart und der wurzelvocal verschwigen. auf den ersten blick scheint es allerdings so, aber bei näherer betrachtung ist die sache doch nicht so klar und einfach. *heht* lässt sich allerdings kaum anfechten, es mag in der tat für *hehát* stehen und mit dem got. *haihait* identisch sein. *reord* könnte eben so zu got. *rairôþ* und *leolc* zu got. *lailaik* stimmen, aber *leort* macht schon schwirigkeiten und *ondreord* ist ganz unerklärlich. man sagt *leort* stehe für *leolt*, indem *l* in r übergegangen sei, allein warum? *r* geht umgekert vil leichter in *l* über, also könnte im gegenteil *leolc* aus *leorc* entstanden sein, wir hätten dann überall *r* und es wäre vermittlung mit ahd. *steroz pleruz srcrot* möglich. *ondrcord* versucht Scherer (Zs. f. d. ö. G. s. 296) zurecht zu stutzen, indem er als grundform *ondedraed* ansetzt und den oben mitgeteilten satz über die berechtigten eigentümlichkeiten der reduplicirten perfecta voraus schickt; er färt dann fort: „So wie durch einreissende Verschweigung des Wurzelvocals die Integrität des Wortes in Frage gestellt ist, so tritt auch die Correctur ein. Strenge Durchführung der Regel würde zu *ondedrd*, etwa *onderd* schliesslich *ondêd* führen. Da bilden die übrigen nicht reduplicirten Formen ein Correctiv: *dr* tritt in den Anlaut. Ich weiss mich im Augenblick nicht besser auszudrücken, als: die Sprache ahnt, dass *ondêd* entstehen müsste, sie bengt rechtzeitig vor durch ein an sich ganz irreguläres, nach keiner Regel zu rechtfertigendes *ondrcord*. Wir sehen hier ein Musterbeispiel, wie offenbar in allen mit Doppelconsonanz (ausser . *st sp sk*) anlautenden Wurzeln verfahren werden musste". nach disem muster kommen dann auf der folgenden seite: *seslâf, seslaf, slclaf, slclf* oder *slcrf, slêf — pepluoz, pepluz, plcluz, ple-uz — stestôz, stestoz, stc-oz — scesrôt, scescrot, screscot, scrc-ot.* ich beneide jeden, der so etwas glauben kann, für mich ist es undenkbar, dass merere sprachen — getrennt von einander —

so fabelhafte wandlungen durchgemacht haben sollten, es ist für mich durchaus unbegreiflich, wie von *seslaf pepluz scescrot* ein übergang zu *slelaf pleluz screscot* möglich gewesen sein sollte. wie kann eine sprache „anen", dass eine form, die noch gar nicht vorhanden ist, später entstehen würde? dann soll sie, um diser geanten zukünftigen form vorzubeugen, ganz willkürliche lauteinschiebungen bewerkstelligen? und schliesslich soll noch der beispillose und unbegreifliche ausfall von consonanten oder gar consonantengruppen zwischen vocalen statt gefunden haben? ich kann allen disen seltsamkeiten gegenüber nur ungläubig den kopf schütteln und sagen: es ist und bleibt unmöglich, die vorhandenen formen nach der bisherigen theorie zu erklären. nemen wir aber abfall der reduplicationssilbe an, so bleiben nur geringe schwirigkeiten übrig und auf der anderen seite gewinnen wir so ganz einfache erklärungen auffallender lautentsprechungen. das *r* in den angelsächsischen und hochdeutschen formen erfordert eine besondere untersuchung, welche ich mir für später vorbehalten muss; so weit ich die sache bis jetzt übersche, wird sich der laut als wurzelhaft ausweisen.

Ich bin keinen augenblick im zweifel darüber, dass ich mit der ansetzung von grundformen wie *sliáfan sesliáf liázan leliáz* wider in ein wespennest gestochen habe, aber jeder wird mir zugestehen müssen, dass die bisherige ansicht nicht mer ist als eine hypothese, also ist es immerhin gestattet, eine an sich weit weniger küne gegenhypothese aufzustellen. in der wissenschaft muss die freiheit der meinungen gewart bleiben, wenn nur nicht in den tag hinein tollkühne neuerungen versucht werden: so lange die alten ansiehten begründete zweifel übrig lassen, können sie unbedingte anerkennung nicht beanspruchen. ich bin nun weit entfernt von der anmassung, durchaus das richtige getroffen zu haben, gelingt es anderen bessere vorschläge zu machen, welche objectiv überzeugend sind, so werde ich die meinigen bereitwillig fallen lassen, doch oberflächliche urteile werden mich dazu nicht bewegen.

Berlin, im Juli 1874.

W. Begemann.

Nachwort.

So eben geht mir die recension meines buches von herrn Adalbert Bezzenberger (Zs. f. d. phil. V, heft 4) zu, auch er hat mich von der unrichtigkeit meiner ansicht nicht überzeugen können, die schwächlichkeit seiner gründe bestärkt mich im gegenteil nur noch mer in der aufrechterhaltung der meinigen. eine specielle widerlegung kann ich hier nicht mer geben, behalte mir dieselbe aber für eine andere gelegenheit vor, so weit sie nicht in der vorligenden schrift bereits enthalten ist.

W. B.

Inhalt.

I. Zum wechsel activer und passiver bedeutung.

„Gewohnt, Zerfallen des Verbums in Activ und Passiv als gewissermassen sich von selber verstehend hinzunehmen, während doch des Hn. v. d. Gabelentz sich über ein weites Sprachgebiet erstreckende Durchforschung des Passivs von jenem Irrthum uns gründlich befreien kann, übersehen wir leicht, dass, wie den Sprachen nach besonderer Passiv-Bildung, so erwünscht und nützlich sie ihnen sei, doch ein, auf Erfüllung mit zwingender Gewalt dringendes Verlangen keinesweges immer beiwohne, gleichwohl Entgegensetzung passiver und activer Bezeichnung, häufig auch ohne eigens zu solchem Zwecke geschaffene Formen, noch weit über die Grenzen des Verbums zu beachten sei" (Pott, Wurzel-Wörterbuch V, s. XXXVIII). — Anknüpfend an dise ser waren worte will ich mir erlauben, zum wechsel activer und passiver bedeutung einen kleinen beitrag zu lifern, one natürlich damit einen anspruch auf definitive lösung der schwirigen frage zu erheben. Pott nennt mit recht unsern gegenstand „eine zwar nie ganz übersehene, allein längst noch nicht in ihrer vollen Wichtigkeit erkannte und gewürdigte Spracherscheinung", macht jedoch keinen eigentlichen versuch das begegnen von activer und passiver bedeutung zu erklären, sondern widerholt nur in weiterer ausfürung die schon vor jaren von ihm angestellten betrachtungen (vgl. Etymologische Forschungen II², s. 503 ff.). sollte hier keine aufklärung möglich sein? wir wollen wenigstens einen versuch wagen, um so mer da v. d. Gabelentz in seiner abhandlung „Ueber das Passivum" (Leipzig 1860) eine vortreffliche grundlage gegeben hat. einen sicheren boden gewinnen wir am besten durch eine erwägung der genera verbi und deren gegenseitiges verhalten, es sei mir daher gestattet einige erörterungen hierüber voraus zu schicken.

Die dreiheit der genera verbi in den arischen sprachen und im griechischen ist keine ursprüngliche, das passivum erweist sich vilmer als eine blosse modification des mediums und disem wird mit recht reflexive bedeutung beigelegt. — Im griechischen fallen medium und passivum der form nach zusammen, nur im aorist und futurum gibt es für beide genera besondere formen, doch dise scheidung hat sich erst auf griechischem boden vollzogen, da die betreffenden formen des passivums dem griechischen eigentümlich sind. die futura auf -ήσομαι und -θήσομαι haben sich sogar erst verhältnissmässig spät aus den aoristen auf -ην und -θην herausgebildet, mit herübername der medialpassiven personalendungen (vgl. Westphal, Methodische Grammatik I, 2, § 298; auch Curtius, Das Verbum der griechischen Spraehe, s. 8), ursprünglich galt das mediale futurum auch für das passivum; die aoriste aber haben bei passiver bedeutung active form und können deshalb die unursprünglichkeit passiver form nur bestätigen. man hat sich jetzt gewönt den aorist auf -θην aus einer zusammensetzung mit ἔθην zu erklären, so wenig begreiflich dis auch ist, Pott meint sogar, der aorist auf -ην sei dem auf -θην nur „nachgeäfft“ (Etymol. Forschg. II², s. 479), obwol zu diser anname auch nicht die geringste berechtigung vorligt, denn die aoriste one θ reichen historisch eben so weit zurück wie die mit θ, will man aber die frage nach der priorität aufwerfen, so kann die antwort nur zu gunsten der form one θ ausfallen. ἐφάν-θ-ην neben ἐφάν-ην darf nicht anders beurteilt werden als ἄχ-θ-ος ἄχ-θ-ομαι neben ἄχ-ος ἄχ-ομαι oder μόχ-θ-ος μοχ-θ-έω neben μόγ-ος μογ-έω oder φλεγέ-θ-ω neben φλέγ-ω u. s. w. d. h. der stamm φαν-θ- ist eine — natürlich jüngere — erweiterung des einfachen φαν-, hat aber an disen sich angelent und dieselben endungen angenommen. die bedeutung wird durch das hinzutreten des θ in nichts geändert, darum haben wir dasselbe einfach als ein stamm-erweiterndes element anzusehen, dessen ursprung und zweck wir nicht mer zu erkennen vermögen; die zurückfürung auf eine bestimmte verbalwurzel beruht lediglich auf subjectiver anschauung und ist für die wissenschaft ein durchaus fruchtloses unternemen, zumal da die begriffliche erklärung der form dadurch gar nicht gefördert, sondern im gegenteil unnötig erschwert wird. wir müssen uns mit der tatsache zufriden geben, dass die aoriste auf -ην und -θην in form und bedeutung auf einer stufe stehen. beide könnten eben so gut active wie passive bedeutung haben, aber der sprachgebrauch hat sich für die passive entschiden, obgleich die form dazu keine veranlassung gab. — Auch im sanskrit sind in den meisten bildungen medium und passivum identisch, abgesehen von einigen unwesentlichen einzelheiten, nur präsens und imperfectum nebst imperativ und potentialis haben im passivum den besonderen zusatz *ja (jâ)* zwischen stamm und personalendung. man betrachtet das passivum als ein compositum des verbalstammes mit dem medium der wurzel *jâ* (gehen) und Bopp erklärt dem gemäss z. b. *krijế* durch „ich gehe (ich füge) mich in Machung", allein die sache ist doch nicht so einfach erledigt. Bopp stützt sich nach dem vorgange Haughton's auf die erscheinung, dass in den töchtersprachen des sanskrit verba des *gehens* zur bezeichnung des passivums verwendet werden, aber nach dem, was von der Gabelentz (s. 499 f.) hierüber mitteilt, ist dise ausdrucksweise ganz anders aufzufassen, die verba des *gehens* werden nämlich mit dem passivparticipium verbunden und dienen lediglich als hülfswörter, das p a r t i c i p i u m ist also der eigentliche träger der bedeutung und der begriff *gehen* tritt durchaus in den hintergrund. das moderne indische passivum steht demnach auf einer stufe mit änlichen umschreibungen in den romanischen sprachen. im italienischen werden neben *essere* auch *andare* und *venire* als hülfswörter mit dem passivparticipium verbunden, wovon Diez (Grammatik III³, s. 206 f.) beispile gibt, eben so im spanischen und portugiesischen (a. a. o.), im rhätoromanischen ist *veng ludaus* (ich k o m m e gelobt) das regelmässige passivum. ein änliches verblassen des ursprünglich bedeutsameren verbalbegriffs findet im dänischen und schwedischen statt, wenn das passivum mit *bleiben* umschriben wird, z. b. dän. *jeg bliver elsket* (ich werde geliebt) und schwed. *jag har* *blifvit älskat* (ich bin geliebt worden). eine fernere stütze für die bildung des passivums durch zusammensetzung mit *jā́mi* erblickt man in der häufigen verbindung der verba des *gehens* mit einem abstractum, aber dise ausdrücke sind offenbar verhältnissmässig jung und stellen sich neben änliche umschreibungen in unsrer sprache, wie *freude finden, ruhe finden, den tod finden, das ende erreichen* u. ä. man braucht nur einmal das Petersburger wörterbuch unter den wurzeln *i gam ar jā* etc. nachzusehen, um sich zu überzeugen, dass *gehen* in solchen wendungen weiter nichts bedeuten kann als *nachgehen erreichen finden*, wie es auch ganz richtig erklärt wird. *jā́mi çamám* heisst also: *ich gehe der ruhe nach* d. i. *ich suche und finde ruhe;* weiter verliert sich dann die vorstellung der bewussten tätigkeit und *gehen* wird so vil wie *geraten in*, z. b. *gáććhā́mi krṓdham* (ich gerate in zorn) *gáććhā́mi bhajám* (ich gerate in furcht). hierher gehört auch die wendung *grahaṇaṁ samupâgamat*, welche Bopp als besonders bemerkenswert anfürt, sie bedeutet einfach: *er geriet in gefangenschaft* und deckt sich vollständig mit diser deutschen phrase.*) es ist klar, dass manche der hier in betracht kommenden redensarten dem sinne nach einem passivum gleich kommen, aber sie sind unzweifelhaft das product einer späteren sprachperiode, wo die entwicklung und verwendung abstracter begriffe schon zimlich weit

---

*) Das lateinische *amatum iri* kann natürlich gar nicht verglichen werden, denn hier wird durch *ire* das futurum und nicht das passivum bezeichnet; eine richtige erklärung gibt Gossrau, Lateinische Sprachlehre § 442, 5.

gedihen war. dise erwägungen sind nicht geeignet, die erklärung des passivums durch *jâmi* zu unterstützen, es erheben sich aber auch noch formelle bedenken. zunächst wäre das kurze *a* in *krijâsê krijâtê* etc. im höchsten grade auffallend, die kürzung des *â* in *tíshṭhasi tíshṭhati pívasi pívati* neben *tíshṭhâmi pívâmi* darf nicht als analoger fall angefürt werden, da in disen wörtern das *a* unbetont ist und ein übertritt in die erste conjugationsclasse stattgefunden hat, wärend die silbe *jâ ja* im passivum stets betont ist. eine zweite schwirigkeit ergibt sich daraus, dass der zusammensetzung der nackte verbalstamm zu grunde ligen würde, wärend doch die zur begrifflichen erklärung herangezogenen phrasen mit *gehen* stets ein selbständiges abstractum enthalten. das arische passivum ist erst nach dem ausscheiden der übrigen sprachen entstanden, also zu einer zeit, wo der nackte stamm schwerlich noch zur bildung derartiger umschreibungen dienen konnte, es wären vilmer formen zu erwarten wie im periphrastischen perfectum, welches die hülfswörter *ćakâra âsa babhûva* mit einem wirklichen abstractum verbindet. endlich fällt noch die tatsache schwer ins gewicht, dass nur präsens imperfectum imperativ und potentialis den zusatz *jâ ja* zeigen, alle übrigen formen aber mit dem medium identisch sind: beruhte das passivum wirklich auf einer zusammensetzung mit *jâmi,* so würde dieselbe sicherlich über alle tempora sich erstreckt haben. nach alle dem bleibt uns nur die von selbst sich darbietende anname übrig, dass die specialformen des passivums aus der vierten verbalclasse sich entwickelt haben, denn sie sind mit dem medium diser classe identisch,

der unterschid besteht nur darin, dass die passiva die silbe
ja, die verba der vierten classe die wurzelsilbe betonen.
dise verschidenheit des accents kann aber gegen die identificirung der beiden bildungen nichts beweisen, da sichere
spuren vorhanden sind, dass auch in der vierten classe die
silbe *ja* ursprünglich betont war. verba wie *tŕpjati nŕtjati
hŕshjati* von den wurzeln *tarp nart harsh* weisen auf *tṛpjáti
nṛtjáti hṛshjáti* zurück, weil sonst die kürzung des *ar* zu *ṛ*
unbegreiflich ist, auch *vidhjati* statt *vjádhjati* ist nur aus
älterem *vjadhjáti vidhjáti* erklärlich; entscheidend sind aber
namentlich *djáti çjáti sjáti ćhjáti,* denn hier kann nur die
betonung des *ja* die ausstossung des wurzelvocals veranlasst
haben, und da nun keine zurückziehung des accents mer
möglich war, so musste derselbe seinen alten platz behalten.
die passiva übertreffen demnach die media der vierten
classe in der betonung an altertümlichkeit, es ist ja auch ganz
begreiflich, dass diejenigen bildungen, in denen der silbe
ja eine bestimmte bedeutung beigelegt wurde, den diser
silbe ursprünglich zukommenden ton bewarten. bemerkenswert ist die zurückziehung des accents in *gá'jatê,* welches
mit dem auch gestatteten *gájátê* oder *ganjátê* ursprünglich
identisch gewesen sein muss. in änlicher weise können die
passiva *lûjátê tâjátê juǵjátê sṛǵjátê,* wenn sie reflexiv gebraucht werden, den accent auf die wurzelsilbe zurückziehen,
vedisch finden sich auch noch andre passiva so behandelt
z. b. *páćjatê máćjatê.* in manchen fällen wird das passivum
reflexivum, wie Benfey es nennt, und vedisch auch oft das
eigentliche passivum durch das medium ausgedrückt, beispile sehe man bei Benfey (Vollständige Grammatik der

Sanskritsprache §§ 872 ff.), ausserdem vergleiche man dessen anderweitige erörterungen über disen gegenstand (Kurze Sanskrit-Grammatik §§ 154. 171. 326; Orient und Occident III, s. 196). Benfey hat unzweifelhaft recht, wenn er mit rücksicht auf alle dise und änliche erscheinungen das arische passivum nicht als eine selbständige bildung, sondern als eine ableitung aus dem medium der vierten classe betrachtet. freilich hält er an der zusammensetzung mit wurzel *jâ* fest, verlegt sie aber vor die trennung der sprachen, da die anfänge der vierten classe schon früher da gewesen sind. es ist im allgemeinen nicht schwer, in den sprachlichen bildungselementen irgend eine wurzel zu erkennen, aber dises wurzelsuchen fürt nie zu objectiv sicheren resultaten, in den meisten fällen ist sogar kaum die warscheinlichkeit vorhanden, da die bedeutungen der einzelnen suffixe sich am ende auf alle möglichen begriffe zurückfüren lassen und ein blosses formelles zusammentreffen doch warlich nicht zur identificirung ausreicht. in der vierten verbalclasse soll also die wurzel *jâ* enthalten sein, aber ich frage, gibt die bedeutung der verba irgend einen bestimmten anhalt dazu? freilich haben vile derselben eine intransitive reflexive oder passive bedeutung, allein ist dis nicht auch bei den verben andrer classen oft genug der fall? es gibt aber auf der andern seite eine ganze reihe von transitiven verben in der vierten classe, was sollen wir da mit dem begriff *gehen?* es bietet sich eine einfachere erklärung für jenes *ja* dar. man trifft, one lange zu suchen, vilfache begegnungen von nominal- und verbalstämmen, wo die zusammengehörigkeit aus der art der bildung sich von selbst ergibt, so steht *pṛččháti* (er fragt) neben *pṛččhá'* (die frage), *iččháti* (er wünscht) neben *iččhá'* (der wunsch), *çikshatê* (er lernt) neben *çikshá'* (gelersamkeit), *jujutsátê* (er begert zu kämpfen) neben *jujutsá'* (kampfbegir) u. a. m. eben so finden wir nominalbildungen mit *ja*, welche sich mit verbalformen von derselben wurzel vollkommen decken, z. b. *krijá'* = *krijátê*, *ćarjá'* = *ćarjátê*, *ǵájá'* = *ǵájátê* oder *ǵá'jatê*, *iǵjá'* = *iǵjátê*, *çajjá'* = *çajjátê*, *vidjá'* = *vidjátê*, *îrshjá'* = *îrshjati*. es ist deshalb das natürlichste, die vierte verbalclasse und das daraus entstandene passivum auf nominalbildungen mit *ja* beruhen zulassen, so dass zwischen *krijá'* und *krijátê* oder *iǵjá'* und *iǵjátê* genau dasselbe verhältniss besteht wie zwischen *pṛččhá'* und *pṛččháti* oder *kshipá'* und *kshipáti*.*) doch mag man hierüber denken wie man will, so vil muss zugegeben werden, dass auch die arischen sprachen (die vorstehenden erörterungen gelten natürlich auch für altbactrisch und altpersich) ursprünglich nur eine zweiheit der genera kannten und dass sie erst später, die vorhandenen mittel der sprache benutzend, für einen teil der tempora eine besondere form des passivums ausbildeten.

Das lateinische passivum wird allgemein als eine bildung mit dem reflexivum *se* betrachtet, auch hier wird also one widerspruch die reflexive bedeutung als die ursprünglichere anerkannt, einer weiteren erörterung bedarf es daher nicht. die umschribenen formen des perfectums und plusquamperfectums werden bei der besprechung des passivparticipiums berücksichtigung finden. ebenfalls durch

---

*) Ich werde mich nachher ausfürlicher über die bildungen mit *ja* auslassen.

anfügung des reflexivums haben die slavischen sprachen
ein passivum geschaffen und demselben bildungsprincip
begegnen wir noch einmal in der nordischen gruppe der
germanischen sprachen. ein eignes nicht mer ganz sicher
zu analysirendes passivum finden wir im gotischen, doch
lent sich dasselbe one frage an das griechisch-arische
mediopassivum an, wenigstens sind *bairaza bairada bairanda*
den formen skr. *bhárasê bhárátê bhárantê* gr. *φέρε(σ)αι*
φέρεται φέρονται so änlich, dass eine trennung sich von
selbst verbietet. bei disem verhältniss bleibt uns nichts
anderes übrig als für die I. II. pl. *bairanda* eine formübertragung aus der III. pl. und für die I. sg. *bairada* eine
solche aus der III. sg. gelten zu lassen, der erstere vorgang
hat in der sächsischen gruppe und in änlichen erscheinungen
der hochdeutschen gruppe sein analogon, der zweite ist
erklärlich aus der gleichheit von I. und III. sg. im präteritum
sämmtlicher verba. auffallend ist das *au* in den conjunctivformen *bairaidau bairaizau bairaindau*, denn es kann dem
a o der arischen und griechischen bildungen nicht entsprechen. man hat vermutet, dass es einer angehängten
partikel seinen ursprung verdanke (vgl. Leo Meyer, die
gothische Sprache, s. 712; Scherer, Zur Geschichte der
deutschen Sprache, s. 111), allein dis ist doch gar zu
wenig einleuchtend. sollte es villeicht ursprünglich nur
der I. sg. zukommen, so dass *bairaidau* dem activen
bairau nachgebildet wäre? die übertragung auf die übrigen
personen würde der uniformirung des passivums und dem
durchgängigen *a* des indicativs ganz angemessen sein. villeicht haben auch die imperativformen *(atsteigadau lausjadau*

liugandau) auf den conjunctiv eingewirkt. dise imperative auf *-dau -ndau* hält man für mediale, seit Bopp dieselben mit den medialen sanskritformen *bháratâm bhárantâm* zusammengestellt hat. die gleichung halte auch ich für richtig, aber ich möchte glauben, dass hier im sanskrit active formen in das medium übergetreten sind, da gotisch griechisch und lateinisch in activer verwendung der formen übereinstimmen. die endung *-tâm* findet sich tatsächlich auch im sanskrit im activum, nämlich in der III. dual. *bháratâm* (auch in *ábharatâm* und *bhárêtâm*), dem das gr. *φερέτων* genau entspricht, wie andrerseits der griechische pluralis *φερόντων* sich regelrecht neben lat. *ferunto* und got. *bairandau* stellt. nemen wir an, dass skr. *bháratâm*, welches sowol III. dual. act. wie III. sg. med. sein kann, ursprünglich der III. sing. act. und dem entsprechend die III. plur. med. *bhárantâm* ebenfalls dem activum angehörte, so tritt alles in das richtige verhältniss, wir sparen für drei sprachen den unorganischen übertritt in das activum und befreien uns von der immerhin misslichen anname eines gotischen mediums, da auch die anderweitigen scheinbaren spuren dises genus one wesentliche schwirigkeiten sich beseitigen lassen (vgl. Scherer, a. a. o. s. 198). sollte aber doch ein gotisches medium aufrecht erhalten werden müssen, so könnte auch das der ursprünglichen zweiheit der genera verbi nicht widersprechen. die von Grein entdeckten spuren eines angelsächsischen passivums würden sich natürlich an das gotische anlenen, aber ich glaube wir fassen jenes *hätte (haette)* besser als ein schwaches präteritum mit der bedeutung: *ich habe mich genannt* oder *ich habe mich*

nennen lassen d. i. *ich heisse; hätte hätton* kommen ja
tatsächlich auch als präterita vor, von einem passivum des
präteritums ist aber selbst im gotischen keine spur nachzuweisen. die verwendung des präteritums als präsens in
dem angegebenen sinne kann sicherlich keinen anstoss
erregen, die präteritopräsentia zeigen denselben vorgang
und das englische *must,* welches früher präsens und präteritum zugleich vertrat, wird jetzt fast nur noch als präsens
gebraucht, obwol es ursprünglich ein präteritum war.

Aus der unursprünglichkeit der passiven form ergibt sich selbstverständlich auch die unursprünglichkeit
der passiven bedeutung: sie muss sich aus der reflexiven des mediums entwickelt haben. diser übergang
von der reflexivität zur passivität wird heute wol von
niemand mer bezweifelt, allein eine klare darlegung desselben habe ich bis jetzt nirgends gefunden, deshalb will
ich hier eine solche versuchen, wie sie sich als die natürlichste von selbst darzubieten scheint. wir müssen, denke
ich, merere kategorien der reflexiven bedeutung aufstellen,
um durch dise zur eigentlichen passivität zu gelangen.
den ausgangspunct bildet natürlich das wirkliche reflexivum,
wo das subject selbst an sich oder für sich eine tätigkeit
vollzieht, ich sage „an sich oder für sich", weil es gleichgültig ist, ob das resultat der tätigkeit an der eignen person
des subjects oder nur innerhalb seiner sphäre hervortritt
d. h. ob das subject zugleich object der handlung ist
oder dise nur dem interesse des subjects dient; beide arten
der reflexivität finden wir im griechischen medium, es ist
nicht nötig sie durch beispile zu illustriren. in zweiter

linie stehen diejenigen handlungen, welche das subject an
sich oder für sich vollziehen lässt, und zwar zunächst in
causativem sinne, so dass vom subject die anregung ausgeht. auch hier bietet das griechische medium deutliche
beispile: *κείρομαι* heisst eigentlich *ich schere mich selbst*,
aber auch *ich lasse mich scheren*, *δικάζομαι = ich lasse
mir recht sprechen*, *παρατίθεμαι = ich lasse mir vorsetzen*,
ποιέομαι = ich lasse mir machen, *διδάσκομαι = ich lasse
mich unterrichten* und *διδάσκομαι τὸν υἱόν = ich lasse
mir den son unterrichten* u. a. m. in dritter linie verblasst
die selbsttätigkeit des subjects noch mer, das *lassen* ist
nicht mer ein *veranlassen*, sondern nur noch ein *zulassen
erlauben*, so ist *γαμέομαι = ich lasse mich heiraten*, *ἀναγ-
κάζομαι = ich lasse mich zwingen*, *ἄρχομαι = ich lasse
mir befelen*, *ὀργίζομαι = ich lasse mich erzürnen*, *διδάσκομαι = ich lasse mich beleren*, *rapior = ich lasse mich hinreissen*, *commoveor = ich lasse mich bewegen*, *vehor = ich
lasse mich faren*, *deterreor = ich lasse mich abschrecken*
u. s. w. in vierter linie endlich hört die beteiligung des
subjects ganz auf, die handlung kommt ganz von aussen
one jede veranlassung oder erlaubniss desjenigen, an dem
dieselbe vollzogen wird, das subject ist nur noch object der
handlung. demnach stelle ich folgende vier kategorien
des reflexivums auf:

    1. eigentliches reflexivum;

    2. causatives reflexivum;

    3. permissives reflexivum;

    4. reines passivum.

An sich und im allgemeinen sind dise vier kategorien

klar und bestimmt zu unterscheiden, andrerseits aber stehen sie einander so nahe, dass in vilen einzelnen fällen die grenze ser schwer zu zichen ist. das freilich wird sich wol immer leicht ergeben, ob das subject selbst tätig ist oder nicht, aber ob es causativ oder nur permissiv oder gar passiv sich verhaltend aufzufassen ist, das lässt sich häufig schwer oder gar nicht entscheiden und ist dann auch in der tat zimlich gleichgültig. am nächsten berüren sich die dritte und vierte kategorie, aber auch die zweite und dritte gehen öfter fast unmerklich in einander über. wenn man die bedeutungsentwicklung des deutschen *lassen* erwägt, so könnte man leicht auf den gedanken kommen, die zweite kategorie sei nur eine modification der dritten, denn *lassen* heisst ursprünglich *loslassen zulassen erlauben überlassen anheimgeben* u. ä., daher die construction mit dem dativ: *ich lasse ihm merken, ich lasse ihm sehen* d. h. eigentlich: *ich überlasse ihm zu merken, zu sehen* u. s. w. wenn ich jemandem überlasse oder gestatte etwas zu tun, so bin ich in gewisser beziehung die ursache seiner handlung, namentlich wenn dieselbe one meine erlaubniss nicht möglich ist, folglich konnte sich mit *lassen* auch ser leicht die vorstellung der wirkenden ursache verbinden d. h. die ursprüngliche permissive bedeutung erweiterte sich zur causativen.*) im medium muss

---

*) Eine änliche erweiterung des ursprünglichen begriffs treffen wir im verbum *müssen*. es bedeutete eigentlich: *raum finden, erlaubniss bekommen, dürfen;* wenn aber jemand die erlaubniss bekommt etwas zu tun, so wird daraus leicht zugleich eine aufforderung, eine vorschrift, ein auftrag, daher ging der begriff *dürfen* in *müssen* über. auch *können* und *dürfen* nemen manchmal den sinn einer vorschrift an, z. b., *du kannst jetzt*

natürlich das umgekerte verhältniss anerkannt werden, denn
da hier die selbsttätigkeit des subjects zu grunde ligt und
ein stufenweises verblassen derselben zur reinen passivität
fürt, so ist die causative bedeutung die notwendige mittel-
stufe zwischen dem eigentlichen und dem permissiven
reflexivum; der causative gebrauch des activums bestätigt
die richtigkeit des gesagten. zur ferneren stütze meiner
kategorien dient das verhalten reflexiver wendungen
im gotischen. neben *gafilhan sik* (Joh. 8, 59) *garandjan
sik* (Math. 9, 22) *gahaftjan sik* (Luc. 15, 15) *ataugjan sik*
(Luc. 9, 8) *nêhvjan sik* (Luc. 15, 1) und änlichen ausdrücken, in denen selbsttätigkeit des subjects vorausgesetzt
wird, finden sich andere, welche der zweiten und dritten
kategorie angehören. so lesen wir Luc. 6, 18: *þaiei kvêmun
hausjan imma jah hailjan sik* (οἳ ἦλθον ἀκοῦσαι αὐτοῦ
καὶ ἰαθῆναι) = *welche kamen ihn zu hören und sich heilen
zu lassen,* ein eclatantes beispil für die zweite kategorie.
häufiger sind *laisjan sik* und *galaisjan sik* für das griechische
μανθάνειν, sie decken sich vollständig mit διδάσκεσθαι und
bedeuten weniger *sich beleren* als *sich beleren lassen* im sinne
der dritten kategorie. auch das gotische passivum dient als
causatives und permissives reflexivum, entsprechend dem
griechischen medium oder passivum, in anderen fällen steht
das activum mit auslassung des reflexivpronomens. wie leicht
und natürlich der übergang von der reflexivität zur passivität
sich vollzieht, dafür lifern auch die lebenden sprachen bei-

---

gehen, du darfst dich beeilen; nicht dürfen schwankt zwischen
erlaubniss oder vorschrift, auch *nicht können* enthält oft ein
verbot.

spile genug. reflexiva wie *sich wenden sich drehen* bezeichnen eine selbsttätigkeit des subjects, denn wenn wir von
jemand sagen: *er dreht sich, er wendet sich,* so haben wir
die vorstellung, dass der betreffende selbst die drehung
oder wendung hervorruft, sagen wir aber: *die wetterfane
dreht sich vom winde,* so ist das reflexivum gleichbedeutend mit dem passivum. ausdrücke wie *sich freuen sich
grämen* sind nicht mer eigentliche reflexiva, denn die ursache
der freude oder des grams kommt von aussen, wir lassen
dieselbe auf uns wirken; hier haben wir also beispile für
die dritte kategorie. noch weiter geht *sich erschrecken,* es
ist reines passivum und heisst weiter nichts als *erschreckt
werden,* eben so hat *sich finden* meist rein passiven sinn.
interessant sind reflexive phrasen mit *lassen: das lässt
sich nicht leugnen, das lässt sich nicht in abrede stellen,
das lässt sich vermeiden, das lässt sich ändern* u. ä.,
wofür eben so gut *können* mit dem passivum eintreten
darf, aber auch das blosse reflexivum z. b. *das lässt sich
schwer begreifen = das begreift sich schwer, das lässt sich
leicht lernen = das lernt sich leicht.* als causatives reflexivum darf *sich nennen* gefasst werden, denn es heisst nicht
bloss: *ich nenne mich selbst,* sondern auch *ich lasse mich
nennen,* ausserdem auch rein passiv: *ich heisse.* alle vier
stufen der reflexivität lassen sich noch heute deutlich verfolgen, vier sätze mit *sich verkaufen* mögen dazu dienen:

    1. *er verkauft sich an den feind;*

    2. *er verkauft sich durch einen unterhändler an
       den feind;*

3. *er verkauft sich an jedermann;*

4. *dise sachen verkaufen sich gut.*

im ersten satze ist das subject selbsttätig, es bietet sich selbst dem feinde an und schliesst selbst das geschäft ab, also eigentliches reflexivum. im zweiten satze ist das subject nicht mer selbsttätig, es beauftragt einen andern mit der abschliessung des geschäfts, also *verkauft sich* = *lässt sich verkaufen* im sinne des causativen reflexivums. im dritten satze tritt die selbsttätigkeit des subjects noch mer in den hintergrund, dasselbe ist als käuflich allgemein bekannt, ihm werden angebote gemacht, die initiative geht nicht mer von ihm aus, sondern es verhält sich nur noch zustimmend; der satz ist völlig gleichbedeutend mit: *er lässt sich kaufen von jedermann,* also permissives reflexivum. im vierten satze ist die reflexivität ganz geschwunden, das subject ist nur noch object des handels, derselbe wird one beteiligung des subjects abgeschlossen. der erste satz lässt sich zwar auch wie der vierte fassen und umgekert der vierte wie der erste, aber an der sache selbst wird dadurch nichts geändert, der unterschid der beiden kategorien ist unzweifelhaft, beide vorstellungen sind in beiden fällen möglich. die französische sprache kann dieselben sätze mit *se vendre* bilden:

1. *il se vend à l'ennemi* == *il se vend lui-même;*

2. *il se vend par un autre* == *il se fait vendre;*

3. *il se vend à tout le monde* == *il se laisse acheter par tout le monde;*

4. *ces marchandises se vendent bien* = *elles sont bien vendues.*

etwas anders verfärt die englische sprache, indem sie den vierten satz one reflexivpronomen bildet: *these goods sell very well = are sold very well,* in den drei anderen sätzen würde *he sells himself* zu verwenden sein. zu beachten ist der ausgedente gebrauch des reflexivums im französischen, wo wir in vilen fällen das passivum nemen müssen, da uns nicht immer gleichbedeutende reflexiva oder intransitiva zu gebote stehen. in manchen fällen ist die übersetzung der französischen ausdrücke nicht ganz leicht, wenn sie nämlich mer der dritten als der vierten kategorie angehören, so müssen wir z. b. *se décourager se rebuter s'ébranler* u. ä. durch das reflexivum mit *lassen* widergeben. jene ausdrücke sind nun aber nicht etwa eine besondere eigentümlichkeit des französischen, wir gebrauchen vilmer manche reflexiva ganz in demselben sinne, nur meist grade nicht da, wo die Franzosen es tun, und darin besteht allein die verschidenheit des sprachgebrauchs, nicht in der sache selbst. in bezug auf personen freilich ist mir kein beispil zur hand (sollte es wirklich keine geben?), aber bei sachen verwenden wir das reflexivum oft genug nach der dritten kategorie: *diser stoff wäscht sich gut, dises gedicht lernt sich schwer, dises lied singt sich leicht, ein vermögen sammelt sich nicht in einigen tagen, das buch list sich angenem, der berg ersteigt sich bequem* usw. es wäre interessant und lonend, die vilfache anwendung der reflexiva einmal erschöpfend zu erörtern und mit den gleichbedeutenden ausdrucksweisen zu vergleichen, ich glaube das verständniss der sprachen würde dadurch wesentlich gefördert werden; hier mag das gesagte genügen, um die aufgestellten kategorien als durchgreifend wirksam zu erweisen. wenn die zweite kategorie verhältnissmässig selten auftritt, so erklärt sich dis aus dem natürlichen bedürfniss, die causative bedeutung der selbsttätigen gegenüber erkennbarer zu machen, bei den beiden anderen kategorien waltet dis bedürfniss weniger vor. selbstverständlich ist es nicht nötig, dass sämmtliche reflexiva alle stufen der bedeutung durchmachen müssen, ehe sie z. b. zur passivität gelangen. der geist der sprache gestattet natürlich bei neubildungen das überspringen der vorstufen und fült jede stufe als selbständig geworden.

Ich wende mich jetzt zu der erscheinung, dass passive bedeutung häufig auch in activer form auftritt, dass nicht selten activität und passivität in denselben bildungen oder gar in denselben wörtern mit einander wechseln. es muss eine erklärung hierfür geben, da in allen sprachen dieselbe erscheinung sich widerholt. im zusammenhange damit steht das häufige begegnen von transitivität und intransitivität, denn die intransitive bedeutung neben der transitiven ist manchmal identisch mit dem reflexivum oder passivum, doch muss in den einzelnen fällen immer erst festgestellt werden, ob die transitive oder die intransitive die ursprünglichere ist, selbst bei denjenigen wörtern, welche nur in einer bedeutung gebräuchlich sind. als die ursprünglichste haben wir die neutrale zu betrachten, aus welcher allein eine nach allen seiten hin befridigende aufklärung gewonnen werden kann. die gesammte verbalflexion ist irem ursprunge nach weiter nichts als die composition eines nominalstammes mit personalendungen, wobei man zweifeln kann, ob diser nominalstamm den sinn eines abstractums hatte oder ob ihm der wert eines participiums anhaftete: im ersteren falle würde den endungen ein localer oder instrumentaler oder irgend ein andrer casussinn beiwonen, im anderen falle würden die endungen als subjectsnominative zu fassen sein. also z. b. skr. *bhâ-mi* ist entweder: *glanz an mir, durch mich, von mir* u. ä. oder: *glanz-ich = glänzend-ich.* an sich wären nach unsrer jetzigen anschauungsweise beide deutungen gleich gut denkbar, da es aber unmöglich oder wenigstens äusserst schwer ist sich in die anschauung der urmenschen zurück zu versetzen, so ist eine sichere entscheidung nicht zu treffen. die subjective neigung für die eine oder die andre deutung wird verschiden sein, je nachdem man die wurzeln der sprache als begriffe oder als bezeichnungen von personen und sachen fasst. ich bekenne mich zu der ansicht, dass jede wurzel ursprünglich im sinne eines participiums oder nomen agentis diejenigen personen oder gegenstände benannte, durch welche eine sinnlich warnembare erscheinung ins leben trat. auch wenn der urheber der erscheinung nicht bemerkbar war, blib dises princip gewart, da das wargenommene nach der vorstellung der naturmenschen notwendig von irgend einem bestimmten subject ausgegangen sein musste. darum wurden auch die naturerscheinungen personificirt: *blitz* und *donner* waren nicht gleich begriffe, sondern sie bezeichneten ursprünglich ein *leuchtendes* und ein *lärmendes wesen.* erst später nach widerholter warnemmung derselben erscheinung an verschidenen gegenständen oder personen wurde von dem ausgangspuncte abstrahirt und so entwickelten sich die begriffe. dis könnte immerhin schon zimlich früh noch vor entstehung der conjugation geschehen sein, so dass diser das abstractum wol zu grunde gelegt werden dürfte, allein die deutung von *bhâ-mi = glanz an mir, durch mich, von mir* würde ein früheres dasein der declination voraussetzen und das kann ich nicht für warscheinlich halten, da das bedürfniss der ausbildung von casusverhältnissen wol one zweifel später sich geltend machte als dasjenige einer einfachen aussage. demnach fassen wir *bhâ-mi* besser als *glanz-ich = glänzend-ich*, zumal da auch die späteren stadien der sprachen dise deutung begünstigen, denn die personalendungen zeigen durchgängig den wert eines nominativs und bilden mit dem verbalstamme einen einfachen satz, in welchem wir die endung als subject und den stamm als prädicat ansehen müssen. es ist mir im höchsten grade warscheinlich, dass dis von anfang an so war, weil eine principielle umwälzung in der bedeutung der verbalformen sich schwerlich hätte vollziehen können.*) doch sollte man

*) Ursprünglich allerdings war wol der nominativ der person nicht so bestimmt ausgeprägt, sondern es bedeutete villeicht *bhâ-ti* eigentlich nur *glanz-da* im sinne von *ein glänzender da*, woraus sich dann naturgemäss die vorstellung *glänzend-er* entwickelte. ist dis der fall, so müssen wir von der dritten person als der grundform der conjugation ausgehen und annemen, dass die erste und zweite person später hinzugebildet wurden, eine anname, die onehin die grösste warscheinlichkeit für sich hat, da ein vollständiges schema sicherlich nicht von anfang an da war und die dritte person als die beobachtete zuerst veranlassung zur einfachen aussage gab, wärend die unterscheidung des *du* von *er* und namentlich die bezeichnung des *ich* weit später bedürfniss wurde (man denke nur an die ausdrucksweise der kinder, welche zu der angeredeten person und von sich

selbst für die älteste urzeit noch zweifel hegen, in dem
eigentlichen leben der sprachen muss der verbalstamm als
concretum und zwar als nomen agentis oder dergleichen
anerkannt werden, die erklärung aus dem abstractum oder
dem unpersönlichen concretum lässt sich nur auf umwegen
bewirken. so ist z. b. skr. *bódha-ti* = *wissend-er*, *gája-ti* =
sigend-er, *gíva-ti* = *lebend-er*, *kshipá-ti* = *werfend-er*, *tudá-ti* =
stossend-er, sämmtlich von *a*-stämmen mit der bedeutung
eines participiums, wie sie im sanskrit teils selbständig
teils am ende von compositis zalreich belegt sind. die
abstracta auf -*as* und -*á* beruhen auf denselben *a*-bildungen
und wo sie entsprechenden verben zu grunde zu ligen
scheinen, müssen wir auf die concrete bedeutung zurückgehen: *kshipá-ti* = *werfend-er* ist keine ableitung von dem
abstractum *kshipá* = *das werfen*, sondern von *kshipás* =
werfend und *kshipá* ist eigentlich *die werfende*. auf dise
weise finden die erste und sechste classe eine durchaus
befridigende erklärung. wenn aber nicht überall ein ent-
sprechendes nomen agentis oder adjectivum vorhanden ist,
so darf dis keinen anstoss erregen, da nach der einmal
fertigen schablone natürlich one weiteres neue verba gebildet werden konnten; in manchen fällen kann auch das

---

selbst in der dritten person sprechen). die begriffe *du* und *ich*
haben sich wol überhaupt verhältnissmässig spät ausgebildet.
du ist eine blosse modification der dritten person, wozu man
die jetzt veralteten *er sie* = *du* und das vollständig zur zweiten
person gewordene *Sie* vergleichen mag; die aufklärung des *ich*
wird uns villeicht nie gelingen. in dem angehängten excurse
über die personalendungen werde ich mich weiter über disen
gegenstand verbreiten.

nomen verloren gegangen sein. die vierte und zehnte
classe nebst den causativen und vilen denominativen verben,
welche mit der silbe *ja* gebildet werden, stützen sich ebenfalls auf solche *a*-stämme. dises *ja* fürt auch Curtius (Das
griechische Verbum, s. 291 ff.) wider auf die wurzel *jâ gehen*
zurück, doch haben seine gründe für mich nichts überzeugendes, ich glaube vilmer, dass Schleicher darin mit recht
ein nominalsuffix erblickt hat, wie auch Curtius selbst im
allgemeinen mer dem nominalen ursprunge der verbal-
stämmme das wort redet. ich finde nicht den geringsten
grund bildungen wie *náhjati éôrájati* anders zu fassen als
ćinô'ti juná'ti, die stämme *nahja éôraja* stellen sich sogar
deutlicher dar als *ćinu juna* und die bedeutung ist mit vil
grösserer sicherheit zu ermitteln. das suffix *ja* hat oft genug
den wert, welchen wir zur erklärung der form nötig haben,
wozu sollen wir da noch nach einer besonderen wurzel
suchen? dasselbe bildet nomina im sinne eines participiums: *ǵâjâ'*   *gattin* d. i. *die gebärende, kanjâ'* = *mädchen* d. i. *die blühende, vidjâ'* == *wissenschaft* d. i. *die wissende,
sû'rjas* — *sonne* d. i. *der glänzende, mâ'dhurjam* = *süssigkeit*
d. i. *das süssende* u. a. m. die silbe *ja* bildet auch gerundiva mit scheinbar passiver bedeutung: *jáǵjas* = *venerandus,
gúhjas* — *celandus, bháǵjas* = *colendus, stávjas* == *laudandus,*
der ursprüngliche sinn diser bildungen scheint mir jedoch
causativ zu sein, sie sind deshalb von den vorher angefürten principiell nicht verschiden, da selbsttätigkeit und causativität nur zwei variationen der activität sind. *jáǵjas*
heisst darnach eigentlich *scheu hervorrufend* d. i. mit beziehung auf den urheber selbst *vererungswürdig.* dem nomen

ǵâjấ entspricht genau das verbum *ǵấja-tê = gebärend-er-sich*, dasselbe kommt aber auch in der activen bedeutung vor und dann deckt sich *ǵấja-tê = gebärend-sie* vollständig mit *ǵấjấ = die gebärende; mrijấ-tê = aufreibend-er-sich* stimmt ausgezeichnet zum abctr. *mairjô = aufreibend tödlich*, ich weiss nicht was Curtius (a. a. o. s. 291) daran auszusetzen hat.*) die passiva und die deponentia der vierten classe erklären sich von selbst, es könnten also nur diejenigen verba diser classe zweifel erregen, welche bei passiv-intransitiver bedeutung active endungen haben, allein wenn wir bedenken, dass nicht selten beide formen neben einander bestehen *(nấçjati — nấçjatê, dû'jati — dû'jatê, rấǵjati*

---

*) Curtius (a. a. o. s. 291) meint, dass auch ἄζομαι weder zu ἅγιος noch zu *jaǵjas* sich fügen wolle, ich glaube die erklärung ist einfach folgende: ἄζομαι bedeutet *scheuend-ich-mich*, ἅγιος und *jaǵjas* sind beide causativ und heissen: *scheu erregend* d. i. *heilig* und *vererungswürdig;* noch dentlicher wird das verhältniss, wenn wir sagen: ἅγιος = *scheu einflössend* und ἄζομαι = *scheu-einflössend-ich-mir.* eben so ist στύγιος = *abscheu erregend* d. i. *abscheulich verhasst, stávjas = rum erweckend* d. i. *rumwürdig lobenswert.* in änlicher weise werden auch die lateinischen gerundiva aufzufassen sein: *mihi scribendum est = für mich ist eine veranlassung zum schreiben vorhanden, epistola mihi scribenda est = ich habe einen brief welcher zum schreiben veranlasst, patria amanda est = das vaterland ruft liebe hervor, homo venerandus = ein mann welcher achtung einflösst* etc. ich komme weiterhin im text hierauf zurück. im altbactrischen steht, wie auch Curtius hervorhebt, das verbum *verezjêi-ti = wirkend-er* neben *verezjô wirkend,* änliche adjectiva sind *avitanjô = ausbreitend, kairjô = wirkend, bairjô = tragend, çaoshjô = leuchtend, ǵîvjô = lebend, jânjô — segenbringend, bâmjô stralend* u. a. m. daneben haben andere die scheinbar passive bedeutung der gerundiva: *vaćahjô = preiswürdig* d. i. eigentlich *lob hervorrufend, ishjô = begerenswert erwünscht* d. i. eigentlich *verlangen erweckend* etc.

= *rág̃jatê*, *çúshjati* = *çúshjatê*, *kúpjati* = *kúpjatê*, *tŕpjati* = *tŕpjatê*, *múhjati* = *múhjatê*, *çúdhjati* = *çúdhjatê*, *pŕĩjati* = *pŕĩjatê* u. a.), wenn wir berücksichtigen, dass auch sonst passiva mit activen endungen sich finden und dass auch in anderen verbalclassen oft genug die form nicht zur bedeutung stimmt, so werden wir kaum aus der passivität oder gar intransitivität mancher verba der *ja*-classe auf den ursprung dises *ja* irgend welchen schluss ziehen dürfen, zumal da auch transitive bedeutungen gar nicht selten sind *(náhjati líbhjati vídhjati kŕçjati dámjati páçjati drúhjati çjáti sjáti* u. a.). der umstand, dass verhältnissmässig nur wenige nominalbildungen mit *ja* neben verba diser art sich stellen lassen, kann natürlich gegen den nominalen ursprung der stämme nichts beweisen: nachdem das modell geschaffen war, wurden die verba selbständig und es war kein nomen mer nötig, um als zwischenform zu dienen. auf alle fälle stützen wir uns auf sichere tatsachen, wenn wir die zusammengehörigkeit der *ja*-stämme bei nominibus und verbis gelten lassen, auch ist begrifflich und formell so alles in ordnung, wärend es doch warlich schwer sein dürfte, die transitive bedeutung aus der wurzel *jã gehen* herzuleiten. wie man nun gar die causativa als composita mit *gehen* erklären will, das ist mir durchaus unerfindlich; freilich haben die hierher gehörigen bildungen keineswegs immer causativen sinn, aber sie bezeichnen dann doch wenigstens meist das hervorbringen oder documentiren von dem, was der stamm besagt, und auch dazu passt das *gehen* ser schlecht. selbsttätigkeit und causativität gehen auch hier hand in hand. mit recht vertritt Curtius (a. a. o. s. 332)

die ansicht, dass die verbalformen mit *aja* auf *a*-stämme
zurück zu füren und denen mit blossem *ja* gleich zu stellen
seien, so dass wir *córá-ja-ti vêdá-ja-ti dêvá-ja-ti kshamá-ja-ti*
zu teilen haben wie *namas-já-ti tapas-já-ti*. ich lege allen
disen verben nomina agentis oder adjectiva mit *aja ja* zu
grunde. bei *namas-já-ti tapas-já-ti* gebietet sich das von
selbst, da z. b. neben *tapas-já-ti* tatsächlich ein adjectivum
tapas-jà-s existirt und andere bildungen diser art wie *jaças-
jà-s rahas-jà-s: tápas* ist busse, also *tapas-jà-s* = *büssend* und
tapas-já-ti — *büssend-er*, eine einfachere und natürlichere
erklärung lässt sich gar nicht finden. eben so ist z. b. zu
bhêdá-ja-ti ein adjectivum *bhêdá-ja-s* oder *bhêda-já-s* vorauszusetzen, dessen substantivirtes femininum im periphrastischen perfectum *bhêdajám ćakára (babhúva, ása)*
erhalten ist.*) die bedeutung entwickelte sich wie bei
tapas-jà-s: bhêdas heisst *das spalten* und *der spalt*, also ist
bhêdajás = *einen spalt machend* oder einfach *spaltend* und
demnach *bhêdá-ja-ti* = *spaltend-er*, das femininum *bhêdajá*
wurde für das perfectum substantivirt, wie auch z. b. von
rahasjàs geheim das neutrum *rahasjàm* gleichbedeutend mit

---

*) Grassmann (Zeitschrift f. vgl. Sprachf. XI, 82) macht
zwar den versuch, auch dise bildungen als composita mit einem
abstractum *ajá* darzustellen, aber nach seiner eignen meinung
ligt die bedeutung unsrer verbalformen nicht in der wurzel *i*,
sondern „in der durch vokalsteigerung ausgedrückten hervor-
hebung des begriffs der hauptwurzel“, denn der begriff der
wurzel *i* „verhält sich indifferent gegen intransitive und transitive, gegen passive und kausale bedeutung“. wozu in aller
welt brauchen wir dann dises *gehen?* betrachten wir *ja* als ein
erweiterndes nominalsuffix, so ist alles in ordnung. das zusammentreffen von *tapas-já-ti* mit *tapas-jà-s* und die existenz andrer
adjectiva diser art kann doch kaum einen zweifel bestehen lassen.

dem grundwort *ráhas* gebraucht wird; *bôdhas* = *das wissen,*
also *bôdhajás* = *wissen hervorrufend* d. i. *belerend unterrich-
tend* und *bôdhája-ti* = *belerend-er; nâças* = *das verderben,*
also *nâçajás* = *verderben bringend* und *nâçája-ti* = *verderben-
bringend-er.* bei den eigentlichen causativis könnte man
auch die concrete bedeutung zu grunde legen: *védás* =
wissend, also *védajás* = *wissend machend* = *certiorem faciens,*
aber dise deutung würde in den meisten fällen ser ge-
zwungen, in vilen fällen ganz unmöglich*) sein, deshalb

---

*) Unmöglich ist das concretum z. b. gleich bei *c'ôrájáti*
trotz *c'ôrás der dieb,* wir müssen ein gleichlautendes abstractum
raub voraussetzen, wovon *c'ôrajás* = *raubend* und weiter *c'ôrája-ti* =
raubend-er. ein wirkliches causativum ist *pâtájati: pá'tas* = *der
fall,* also *pâtajás* = *einen fall machend* d. i. selbsttätig *fallend* aber
als causativum *fallen lassend* und *pâtája-ti* = *fallen-lassend-er.*
man kann sich den nominalen ursprung des *ja* noch besonders
deutlich machen, wenn man die stämme mit irgend einem adjec-
tivsufüx verdeutscht: *nâçája-ti* = *verderblich-er,* *c'ôrája-ti* = *die-
bisch-er, dêvája-ti* = *göttisch-er* (vgl. *abgöttisch*) d. i. *er dient den
göttern* oder *er verert die götter, kshamája-ti* = *geduldig-er, ami-
trája-ti* = *feindlich-er.* es gibt adjectiva mit *ja,* welche die zugehörigkeit oder überhaupt irgend eine beziehung zum stammworte bezeichnen, z. b. *dívjas* = *himmlisch, çúnjas* = *hündisch,
gávjas* oder *gavjás* = *kühisch,* auf solche adjectiva sind diejenigen
denominativa zurück zu füren, welche die handlungsweise kenn-
zeichnen oder den wunsch nach etwas ausdrücken oder dergleichen. so ist *patijá-ti* = *herrisch-er gebieterisch-er* d. i. *er
handelt wie ein gebieter, kavîjá-ti* = *dichterisch-er* d. i. *er spilt
den dichter* oder *er möchte gern ein dichter sein, gavjá-ti* = *kühisch-er*
d. i. *er liebt die kühe* oder *er wünscht sich kühe.* andere sind in
causativem oder permissivem sinne zu fassen, indem das subject
an einem object eine handlungsweise hervorruft oder duldet, so
kann z. b. *patnijá-ti* heissen: *sie spilt die herrin,* aber *paric'arikám
patnijáti* bedeutet: *er lässt die dienerin die herrin spilen* d. i.
er stellt die dienerin der herrin gleich oder *er behandelt sie als
herrin;* eben so ist *putrîjáti çishjam* = *er lässt den schüler son*

gehe ich der einheit wegen überall von dem abstractum
aus, welches nirgends schwirigkeiten macht, auch hat eine

----

sein d. i. *er betrachtet und behandelt den schüler als seinen son;*
prâsâdijáti kutjấm bhikshús = der bettler lässt die hütte einen
palast vorstellen d. i. *er betrachtet seine hütte als palast* oder *er*
fült sich in seiner hütte wie in einem palaste. diejenigen denominativa, welche eine selbsttätigkeit d. h. die eigne handlungsweise des subjects bezeichnen, werden daher meist mit medialen
endungen gebraucht z. b. *râg'âjá-tê = königlich-er* d. i. *er handelt*
wie ein könig zum unterschide von *râgíjá-ti = er behandelt wie*
einen könig. die bildungen mit *îja* berüren sich one zweifel mit
den patronymicis und adjectivis auf *îjas* z. b. *svâsrî'jas bhrâtrî'jas*
açvî'jas parvatî'jas, welche wie die auf *jas* irgend eine beziehung zum stammwort ausdrücken. ser lerreich für die beurteilung der denominativa des verlangens ist das lateinische
uxorius = der gattin ser ergeben, die gattin ser liebend (Virg.
Aen. 4, 266; Hor. Od. I, 2, 20); dem genau entsprechend ist
patíjá-ti = gattenliebend-sie d. i. *sie wünscht einen gatten* und
änlich *sutîjá-ti = sonliebend-er* oder *tochterliebend-er* d. i. *er*
wünscht sich einen son oder *eine tochter.* endlich erinnere ich
noch an die im neuhochdeutschen so zalreich gewordenen verba
auf *igen* wie *schädigen züchtigen bändigen kündigen huldigen be-*
händigen begnadigen usw., verhältnissmässig selten haben sie
adjectiva auf *ig* neben sich wie *mässigen = mässig, einigen =*
einig, würdigen = würdig, die verba sind durchaus selbständig
geworden und bedürfen nicht mer der adjectivischen zwischenform, trotzdem wird es niemandem einfallen den nominalen ursprung des *ig* zu bezweifeln. ich glaube so mein festhalten an
der ansicht Schleichers hinlänglich begründet zu haben und halte
es nicht für nötig die in rede stehenden bildungen durch alle
sprachen zu verfolgen. ich will nicht in abrede stellen, dass in
letzter instanz villeicht das suffix *ja* mit dem verbum *jấmi* zu-
sammenhängt, denn auch *jấ'-ti = gehend-er* gelt nach meiner auffassung auf einen nominalstamm zurück wie alle — nur scheinbaren — verbalwurzeln. allein die nomina mit *ja* sind dann eben
so alt wie das verbum und die *ja*-verba verdanken ire existenz
nicht dem letzteren, sondern dem älteren nomen. Schleicher legt
dem suffix *ja* das pronomen *jás* zu grunde, was eben so gut möglich ist, eine sichere entscheidung kann nicht getroffen werden.

solche annahme bei bildungen, welche offenbar nicht mer der frühesten sprachperiode angehören, nicht das geringste bedenken, nur muss man nicht glauben wollen, dass jedes der hierher gehörigen verba alle zwischenstufen durchgemacht habe.

Mit übergehung der übrigen sprachen wende ich mich gleich zum gotischen, dessen drei classen der abgeleiteten verba von den meisten nur als verschidenartige gestaltungen des skr. *aja* angesehen werden. ich habe mich schon dagegen ausgesprochen (Das schwache präteritum, s. 73 ff.) und sehe mich veranlasst, meinen widerspruch hier zu erneuern und näher zu begründen. ich leugne zunächst jede berechtigung, die präsentia *bidjan fraþjan hafjan hlahjan gaskapjan skaþjan vahsjan* anders aufzufassen als die schwachen verba der ersten conjugation, da die flexion genau dieselbe ist: *bidja bidjis bidjiþ bidjam bidjiþ bidjand bidjau* usw. unterscheiden sich in nichts von *nasja nasjis nasjiþ nasjam nasjiþ nasjand nasjau* usw., die imperativformen *bidei bidjiþ* sind dieselben wie *nasei nasjiþ* und das langsilbige *vahsjan* bildet *vahseiþ* (Eph. 2, 21) nach art der langsilbigen schwachen verba. das starke präteritum jener verba beweist gar nichts, denn das präsens ist von demselben durchaus unabhängig, wie aus den urverwanten sprachen und namentlich aus dem sanskrit deutlich hervorgeht, wo verschidene verba in den specialtemporibus mereren classen angehören, im perfectum jedoch und in den übrigen allgemeinen formen nur den wurzelstamm zeigen; die classeneigentümlichkeiten gelten eben nur im präsens imperfectum imperativ und potentialis. so stehen im präsens z. b. *çaknómi* und *çákjâmi strņómi* und *stṛnā́mi stabhnṓmi* und *stabhnā́mi* neben einander, im perfectum gelten nur *çaçā́ka tastā́ra tastámbha* one jedes classenzeichen. man stellt *bidjan hafjan vahsjan* usw. zur vierten verbalclasse des sanskrit, die verba der ersten schwachen conjugation dagegen zur zehnten classe resp. zu den causativen, ich vergleiche alle gotischen *ja*-verba mit der vierten classe, weil die trennung ungerechtfertigt ist und die zehnte classe für die *ai*-verba vorbehalten bleiben muss. die germanischen grundformen von *bidjan vahsjan* sowol wie *nasjan sôkjan* hatten vor dem *j* ein *i*, das kann keinem zweifel unterligen*), im übrigen aber

---

*) Massgebend für die grundformen *nasijan sôkijan* sind die imperative *nasei sôkei*, für welche ich (Präteritum s. 74) die vorstufen *nasij sôkij* aufgestellt habe; es sind auf gotischem boden die allein möglichen, weil die II. sg. des imperativs nirgends mer die spur einer endung zeigt, weder im starken *nim*, noch in den schwachen *habui salbô*. Scherer (zur Gesch. d. d. Sprache, s. 179 f.) hat die imperative *nasei sandei* eben so erklärt, nur geht er noch über die gotische stufe hinaus und setzt *nasija sandija* an, welche zuerst das auslautende *a* verloren und dann zu *nasei sandei* wurden. „merkwürdig“ sind übrigens die formen nur, wenn man wie Scherer das angeblich ursprüngliche *aja* erst zu *ija* und dann zu *ia (ja)* werden lässt, weil dann die imperative dem theoretischen schema sich nicht fügen; geht man aber von dem einzig richtigen grundsatze aus, dass *nasei* zu *nim* stimmen muss wie *nasj-iþ* zu *nim-iþ*, so ergibt sich *nasij* von selbst, da ein blosses *nasj* nur *nasi* hätte werden können, wärend *ij* vor folgendem consonanten (*freis* für *frijs*, *uskeinan* für *uskijnan*), also wol auch im auslaut ganz naturgemäss in *ei* überging. steht *nasei* für *nasij*, so muss auch *sôkei* auf *sôkij* zurückgehen und dann finden wir die allein befridigende aufklärung über das verhältniss von *nasjiþ* und *sôkeiþ*. mag man für beide dieselbe grundform *jiþ* oder mit Scherer (a. a. o. s. 179) *iþ* voraussetzen, in beiden fällen bleibt es unbegreiflich, wie die formen aus einander gehen konnten;

unterschid sich das präsens derselben in nichts von dem
der starken verba, deshalb leugne ich in zweiter linie die
möglichkeit, die flexion von *bidj-a nasj-a* als principiell ver-

---

reconstruirt man aber mit hülfe von *nasij* und *sôkij* die grundformen *nasijþ* und *sôkijþ*, so erkennt man sofort die möglichkeit der doppelform und den weg irer entstehung. warum wurde
aber *nasijþ* zu *nas'jþ* *nasjiþ* und *sôkijþ* zu *sôkij'þ* *sôkeiþ?* man
denkt unwillkürlich an die behandlung mersilbiger endungen im
mittelhochdeutschen, wo von kurzen stämmen *rigelet sigelet segenet*
d. i. *rig'let sig'let seg'net* regel sind, dagegen von langsilbigen
klingelt zwivelt wâfent d. i. *klingel't zwivel't wâfen't.* nach den
altdeutschen betonungsgesetzen hatte in *rígelèt sígelèt ségenèt* von
den beiden unbetonten silben die zweite den nebenton, in *klíngèlet
zwívèlet wâ'fènet* fiel der nebenton auf die erste, darum erhalten
wir ganz naturgemäss *rig'let sig'let seg'net* und *klingel't zwivel't
wâfen't*, dasselbe gesetz wird in *násijþ* und *sô'kijþ* gewirkt
haben, denn es muss in der natur der sprache begründet sein:
das rhythmische grundschema ist $\acute{-}\,\grave{-}$, wofür wol $\acute{-}\grave{\smile}\smile$ *(klíngèlet zwî'-fèlet wâ'-fènet* und darnach *só'-kìjþ)* oder $\grave{\smile}\smile\grave{\smile}$ [$\smile$]
(ríge-lèt sége-nèt und darnach *nási-jìþ)*, nicht aber $\acute{-}\,\smile\grave{\smile}$ *(wâ'fe-
nèt* und *só'ki-jìþ)* oder $\grave{\smile}$ [$\smile$] $\grave{\smile}\smile$ *(rí-gèlet* und *ná-sìjìþ)* eintreten
konnte. *nasij sôkij* wurden natürlich gleichmässig zu *nasei sôkei*
und formen wie *sôkijan sôkija sôkijam sôkijand* konnten ir für die
flexion vil bedeutungsvolleres *a* nicht verlieren, sie mussten deshalb denselben weg gehen wie *nasijan nasija nasijam nasijand*.
als späte nachklänge des alten *nasijan* haben auch formen wie
nerigen cherigen werigen u. ä. nichts auffallendes mer. aus altem
ij erklären sich ferner von selbst die abstracta auf *eins*, welche
one unterschid von langen und kurzen stämmen gebildet werden:
sowol *daupeins* von *daupjan* wie *lageins* von *lagjan* gehen auf
eine grundform mit *ij-ns* zurück, sie stehen weder für *daupjans
lagjans* noch für *daupjins lagjins*, denn das fragliche *n*-suffix
wird unmittelbar an den stamm gehängt, wie *anabus-ns usbeis-ns
andariz-ns taik-ns sôk-ns* sowie *banai-ns libai-ns laþô-ns salbô-ns*
deutlich zeigen, deshalb sind *daupij-ns lagij-ns* die einzig möglichen vorstufen von *daupei-ns lagei-ns.* auf disem wege wird
wol noch manches andre gotische *ei* klar werden, doch überlasse
ich dis einer späteren selbständigen erörterung.

schiden von *nim-a* darzustellen. was nun den ursprung des *j* oder älteren *ij* betrifft, so erkläre ich es wie das *ja* der besprochenen verba des sanskrit als ursprünglich nominal und stütze mich dabei auf die sichersten tatsachen innerhalb des gotischen. von *haurn* kommen in durchaus übereinstimmender bedeutung *haurnja = hornbläser* und *haurn-jan = hornblasen*, es ist also unzweifelhaft *haurnei-þ = hornbläser-er* oder *hornblasend-er;* eben so *timrja = zimmermann* und *timrei-þ = zimmermann-er* oder *zimmernd-er (timrjan* steht absolut Luc. 14, 30; 17, 28), *sipôneis = schüler* und *sipônei-þ = schüler-er, faura-maþleis = vorsprecher* und *maþlei-þ = sprechend-er, gamainja = teilnemer* und *gamainei-þ = teilnemend-er, mana-maurþrja = männermörder* und *maurþrei-þ = mordend-er* (absolut Mt. 5, 21; Mc. 10, 19; Luc. 18, 20; Röm. 13, 9; mit acc. 1 Tim. 1, 9). ausser disen ganz eclatanten begegnungen gibt es noch eine anzal andrer fälle, wo nomina und verba denselben stamm zeigen, man vergleiche besonders *sigljô = das sigelnde* d. i. *das sigel* mit *siglei-þ = sigelnd-er, vrakja = die verfolgende* d. i. *die verfolgung* mit *vrakji-þ = verfolgend-er, sulja* oder *suljô = die sole*)* mit *gasulji-þ = gründend-er.*

---

*) Manche halten *sulja* für ein lenwort aus dem lat. *solea,* aber one zwingenden grund, die wörter sind nur urverwant. *sulja* ist jedoch nicht, wie Weigand meint, aus dem verbum *gasuljan* abgeleitet, sondern beide sind schwesterformen von einem verlorenen stammwort *suls* oder *sul = grund boden* (vgl. lat. *solum),* zu welchem ein adjectivum *suljis = grundgebend gründend* gehörte; daher das verbum *gasulji-þ = gründend-er,* wärend das femininum *sulja* (oder *suljô) = die grundgebende* einen gegenstand bezeichnet, auf dem man stehen und gehen kann. in ünlicher

ferner stimmt *haili* (in *un-haili* pl. *un-hailja*) = *das heilende*[*])
zu *hailei-þ* = *heilend-er*, *andbahti* (*das dienende*[**]) zu
andbahtei-þ = *dienend-er*, *gavaurki* = *das wirkende* zu *vaur-
kei-þ* = *wirkend-er*, *gavairþi* = *das versönende* d. i. *der fride*
zu *gagavairþei-þ* = *versönend-er* u. a. m. es ist nicht zu
kün hier starke oder schwache *ja*-masculina vorauszusetzen,
um aus inen die verba zu erklären, *vrakja andbahtja vaurkja*
ergeben sich onehin aus alts. *wrekkio* alts. *ambahteo* ahd.
wurch(i)o; überhaupt waren derartige bildungen der altgermanischen zeit so geläufig, dass sie ser gut die quelle

---

weise ist *sauls* ahd. *sûl* = *säule* ein gegenstand, welcher einen halt
oder eine stütze gibt, man denke nur an die wendungen: *festen
boden haben, den boden unter den füssen verlieren* u. ä.

[*]) Das adjectivum *hails* hat wie das nhd. *gesund* die dop-
pelte bedeutung *sich wolbefindend* und *heilsam* d. i. *wolbefinden
hervorrufend*, das abgeleitete *haileis*, dessen substantivirtes neutrum *haili* in dem compositum *un-haili* vorligt, hat die zweite
causative, denn *un-haili* lässt sich nur fassen als *das krank-
machende*, demnach ist *haili* = *das heilende, das gesundmachende*
und enthält begrifflich wie formell den nominalstamm zu *hailei-þ*
= *heilend-er*.

[**]) Das abgeleitete neutrum *andbahti* heisst eigentlich *das
dienende* d. i. *das was zu irgend etwas dient oder nützt, die dienst-
leistung*; dann aber ist es auch *das amt* im heutigen sinne des
wortes und so lässt es sich nur causativ fassen als *das was dienen
macht oder zu dienen gibt*. das verbum gehört zur selbsttätigen
bedeutung: *andbahtei-þ* = *dienend-er* oder *dienstleistend-er* mit
einem dativ der person (z. b. Mt. 8, 15; Joh. 12, 26) oder absolut
(Mc. 10, 45), in freierer weise ist *andbahtiþs* = διακονούμενος und
διακονηθείς (2 Cor. 3, 3; 8, 19. 20). — Auch *gavaurki* ist zunächst
das wirkende, das wirksame, das nützliche z. b. Phil. 1, 21: *mis
ist gasviltan gavaurki* = *mir ist sterben etwas nützliches*, dann
aber auch *das geschäft.* (2 Tim. 2, 4: *dugavindiþ sik gavaurkjam
þizôs aldais* = *er verwickelt sich in die geschäfte des lebens*) und
so heisst *gavaurki* nicht mer *das wirkende*, sondern in causati-

einer besonderen verbalclasse werden konnten.*) von interesse sind auch noch die adjectiva mit ursprünglichen *i*- und
u-stämmen, welche zu *ja*-stämmen erweitert sind und in
disen formen zu den entsprechenden *ja*-verben stimmen:
manvjan = manvjata (Mc. 14, 15) neben *manvus* (2 Cor. 12, 14)
manvu (Luc. 14, 17), *þaursjan = þaursjana* (Mc. 11, 20) neben
þaursus (Luc. 6, 6), *tulgjan = tulgjai* (1 Cor. 15, 58) neben
tulgus (2 Tim. 2, 19), *hrainjan — hrainjai* (Joh. 13, 11)
neben *hrains* (Mt. 8, 3) *hrain* (Mt. 8, 3), *gamainjan =*

---

vem sinne *das was zu wirken, zu schaffen gibt*, woraus leicht die
scheinbar passive bedeutung: *das zu schaffende, das zu besorgende*
sich entwickelt.

*) Das material zu beiden bildungen, das fuffix *ja*, stammt
natürlich aus der indogermanischen zeit, auch sind unzweifelhaft
damals schon derartige verba im gebrauch gewesen, aber die
einzelnen sprachen sind in der ferneren verwendung und gestal-
tung so ser ire eignen wege gegangen, dass sich kaum ein ger-
manisches *ja*-verbum sicher mit dem einer anderen sprache direct
identificiren lässt. so scheint das got. *rahsja* dem abctr. *ukhshjâ*
gleich zu stehen, aber neben letzterem gilt z. b. auch *rakhshat*
in übereinstimmung mit skr. *ávakshat,* es ist deshalb warscheinlicher, dass gotisch und altbactrisch hier zufällig zusammentreffen,
denn in diser sprache finden wir noch andere selbständige *ja*-
verba wie *guidhjêmi* neben skr. *gâdâmi, ufjêmi* neben skr. *vápâmi,*
jugjêiti neben skr. *junákti.* wie weit die gotischen verba mit
den slavischen auf *iti* identisch sind, das ist noch keineswegs
genügend nachgewisen, obwol z. b. *satjan* und *saditi* sich nahe
zu berüren scheinen. man hält zwar beide direct zum skr.
sâdâjâmi, aber damit ist für die aufklärung nichts gewonnen, denn
die zusammenstellung ist und bleibt nur eine hypothese, da alle
drei formen innerhalb der eignen sprache ser wol erklärlich sind,
also eben so gut selbständig und unabhängig von einander entstanden sein können. deshalb begnügen wir uns besser mit dem
bewusstsein, dass wir verwante bildungen vor uns haben, one
uns auf ursprüngliche identität zu steifen.

gamainjaim (Mc. 7, 2) neben *gamains* (Röm. 11, 17) *gamain* (Röm. 14, 14), *brûkjan = unbrûkjai* (Luc. 17, 10) neben *brûks* (1 Tim. 4, 8) *brûk* (1 Cor. 10, 33), *galaugnjan = analaugnjôna.* (1 Cor. 14, 25) neben *analaugn* (Mc. 4, 22).*)

---

*) Es ist eine eigentümliche erscheinung, dass dise adjectivischen *i*- und *u*-stämme erweiterte formen mit *ja* zeigen, wie sind dieselben zu erklären? Ebel (Kuhn's Zeitschrift V, s. 309) und Scherer (Zur Geschichte, s. 406) erklären die formen *hrainjamma gamainjaim unbrûkjai manrjata þaursjana* u. ä. nach dem vorgange Bopp's als wirkliche zusammensetzungen mit den pronominalformen *-jamma -jaim -jai -jata -jana,* auch Leo Meyer (Die gothische Sprache, s. 349) hält jetzt dise deutung für warscheinlicher (wenigstens bei den *u*-stämmen), wärend er früher (Ueber die Flexion der Adjectiva im Deutschen, s. 29 ff.) Bopp gegenüber in abrede stellte, dass in dem *j* der angefürten formen der betreffende pronominalstamm zu suchen sei. die genitivform *unhrainjaizê* (Mc. 6, 7) genügt, um die unrichtigkeit der Bopp'schen ansicht für die *i*-stämme zu erweisen, sie stimmt zu *niujaizôs* (2 Cor. 3, 6) und *frijaizôs* (Gal. 4, 30. 31) und zeigt, dass wir *hrainj-aizê* wie *niuj-aizôs*, also auch *hrainj-amma* wie *niuj-amma* zu teilen haben. leider felen uns die belege für die *u*-stämme, ich bin überzeugt, dass sie *manrjaizê þaursjaizôs* lauten würden, denn das *j* halte ich für ein ableitendes wie in *laushand-j-an* (Mc. 12, 3). wie aber ist das verhältniss von *hrains hrain manvus manvu* zu *hrainjamma manrjata* aufzufassen? Leo Meyer (Die gothische Sprache, s. 358) hält die nominative *brûks hrains gamains* etc. für verkürzt aus *brûkeis hraineis gamaineis,* indem er aus dem compositum *hrainja-hairts* den schluss zieht, dass wir in *hrains* und änlichen wörtern grundformen auf *ja* zu suchen hätten. vor diser anname hätten schon die weiblichen nominative *brûks* (2 Tim. 4, 8; Skeir. 43) *sêls* (1 Cor. 13, 4) *skeirs* (Skeir. 43) bewaren müssen, sie beweisen deutlich, dass wir mit *i*-stämmen zu tun haben, denn von *ja*-stämmen würden die formen *brûki sêli skeiri* lauten wie *rôpi* (2 Cor. 2, 15); auch die neutra *brûk* (1 Cor. 10, 33; 2 Tim. 2, 21) *hrain* (Mt. 8, 3; Tit. 1, 15; Skeir. 42) *gamain* (Röm. 14, 14) *unsêl* (Mt. 6, 23; Mc. 7, 22) u. ä. neben *fairni* (Luc. 5, 39) und *vilþi* (Mc. 1, 6 glosse) protestiren gegen die ansetzung von *ja*-stämmen. übrigens kann auch das

ferner vergleiche man *ananiujan* mit *niujis niuja-satiþs,*
viljan mit *vilja gaviljis, fraþjan* mit *grindafraþjans* (1 Thess.
5, 14) *samafraþjai* (Phil. 2, 2) *fraþja-marzeins* (Gal. 6, 3), *aug-*
jan mit *andaugjô* u. ä. überall finden wir den natürlichsten zusammenhang zwischen nomen und verbum, und wenn auch

———

compositum *hrainja-hairts* nur beweisen, dass der stamm *hraini-*
zu *hrainja-* erweitert worden ist, wärend in *hardu-hairtei* der
alte *u*-stamm bewart wurde. ich halte im gegensatz zu Leo Meyer
den nominativ *niujis* (1 Cor. 5, 7) für eine jüngere angleichung
an *niujata niujamma* u. ä. und glaube, dass in älterer zeit *nius*
niu bestand, indem ich mich auf *niu-klahs niu-klahei* neben *niuja-*
satiþs stütze. neben *nius niu* entstand die abgeleitete schwache
form *niuja niujô,* dise wirkte dann zunächst auf die pronominalen formen der starken flexion und rief *niujata niujamma niu-*
jaizôs niujai etc. hervor, endlich wurden auch die vorauszusetzen-
den *nius nivis* durch das an das übrige schema angeglichene
niujis verdrängt. der letzte schritt ist bei *hrains gamains brûks*
usw. unterbliben, aber die pronominalen formen haben sich an
die schwachen *hrainja hrainjô gamainja gamainjô* angelent, denn
hier gelten durchgängig *ja*-formen, wie sie sich aus ursprünglichen *i*-stämmen kaum anders entwickeln konnten. es war natürlich, dass aus *hraini-* ein schwaches *hraini-ja hrainja* hervorging,
es war aber auch eben so natürlich, dass dises *hrainja* später,
als die substantivischen formen durch die pronominalen beseitigt wurden, auf die letzteren sein *j* übertrug, denn wie neben
blinda blindô ein *blindamma* musste notwendig neben *hrainja*
hrainjô ein *hrainjamma,* neben *niuja niujô* ein *niujamma,* neben
hardja hardjô manvja manvjô ein *hardjamma manvjata* entstehen.
ich gehe hierbei von der voraussetzung aus, dass die schwache
adjectivflexion, welche mit der substantivischen identisch ist,
längst vorhanden war, als die starke flexion ebenfalls noch
durchgängig substantivisch war, ich neme ferner an, dass die
i- und *u*-stämme in der schwachen flexion schon zusammengefal-
len waren *(hrainja hrainjô = hardja hardjô),* als in der starken
z. b. *hrains hrain hrainim* und *manvus manvu manvum* noch
geschiden wurden. so erklärt sich das *j* in *hrainjamma manv-*
jata auf die einfachste weise und damit stellen sich dise formen

zuweilen auf den ersten blick die bedeutungen aus einander zu gehen scheinen, so ergibt sich doch leicht das richtige verständniss, wir müssen nur im auge behalten, dass häufig ein wechsel der bedeutungen statt findet, dass nicht selten subjectivität und causativität in denselben wörtern neben einander stehen. zu anderen verben ergänzen sich die nomina von selbst, so z. b. *arbaideis* oder *arbaidja* zu *arbaidjan* von *arbaids* wie *-dêdja* von *-dêds*, *anamahteis* oder *anamahtja* zu *anamahtjan* von *anamahts*, selbstverständlich konnten aber auch direct neue verba mit *ja* von jedem stamme gebildet werden, nachdem einmal das muster geschaffen war. ich brauche kaum noch zu bemerken, dass also nach meiner auffassung zwischen *gibi-þ = gebend-er* und *timrei-þ = zimmernd-er* kein anderer unterschied gilt als · zwischen *daura-vard-s and-baht-s* und *hairdei-s faura-maþlei-s* oder zwischen *faura-gagga ga-sinþa vaurstva* und *faura-gaggja ga-sinþja vaurstvja*, auch stehen in der tat z. b.

---

ganz natürlich auf eine stufe mit *blindamma blindata*. dass aber die *u*-stämme in der tat die schwache form mit *ja* bildeten, zeigt uns der schwache acc. sing. *laus-handjan* (Mc. 12, 3), wir dürfen darnach mit sicherheit *hardja hardjô* ansetzen, welche auch noch durch die abgeleiteten verba *gahardjan maurjan talgjan þaursjan kaurjan guaggrjan usagljan* bestätigt werden. es hat eben unzweifelhaft schon ser früh eine anlenung der *u*-stämme an die *i*-stämme statt gefunden, in folge dessen sind erstere nach und nach vollständig zu den letzteren übergetreten und haben mit inen die *ja*-formen angenommen. *sûts* (1 Tim. 3, 3) documentirt sich im gotischen noch als einfacher *i*-stamm, dagegen zeigen ahd. *suozi* alts. *svôti* ags. *svête* das völlige durchdringen des *ja*-stammes. *hardus aggrus* sind im gotischen noch spuren der *u*-stämme, ahd. *harti (herti) engi* alts. *engi* ags. *enge* sind *ja*-stämme geworden, alts. *hard* ags *heard* dagegen haben sich den *a*-stämmen angeschlossen.

vilva = räuber und *faura-gagga = vor-gänger* zu den verbalformen *vilvi-þ = räuber-er* und *faura-gaggi-þ = vor-gänger-
er* genau in demselben verhältniss wie *timrja* zu *timrei-þ* oder
maurþrja zu *maurþrei-þ*. nach alle dem stelle ich unbedenklich die behauptung auf: das präsens der schwachen
verba erster conjugation ist principiell identisch
mit dem präsens der starken verba und unterscheidet sich von dem letzteren nur dadurch, dass
ihm ein durch *ja* erweiterter nominalstamm zu
grunde ligt. wie steht es nun aber mit dem präteritum der starken verba? auch dises muss auf nominalstämmen beruhen, welche ja tatsächlich oft genug vorhanden sind, sowol mit dem ablaut des singularis als mit dem
des pluralis. das umgekerte verhältniss, das entnemen von
nominalstämmen aus dem verbum, muss als ganz unnatürlich zurück gewisen werden. wohin wir auch blicken im
leben der einzelnen sprachen, überall sehen wir neue verba
aus nominibus hervorgehen, wo aber ein neues nomen an
ein verbum sich anzuschliessen scheint, da geschiht es
durch anfügung eines suffixes, auch ist dann das nomen
keine ableitung von dem verbum, sondern von dem disem
verbum zu grunde ligenden nominalstamme.*) eben so

---

*) Diser auffassung scheinen auf den ersten blick nament-
lich die participia entgegen zu stehen, da sie doch nominalformen des verbums sind, indessen darf man nicht vergessen, dass
die verbalformen nur composita von stamm und endung sind: sobald
man die endung abstreicht, bleibt eben nur der stamm und diser
kann nichts anderes sein als ein nomen one flexion. nemen wir
z. b. von *fer-t = tragend-er* das *t* weg, so behalten wir *fer =
tragend*, wie es in *signi-fer · fane-tragend* noch deutlich vorligt.
die *t*-participia bringt man am besten mit dem ablativ in ver-

stützen sich die schwachen verba der ersten classe, welche
den singularablaut des präteritums haben, ursprünglich
nicht auf dises präteritum, sondern auf das darin enthaltene

---

bindung, als dessen ursprüngliche endung ein *t* anzusetzen ist.
ser interessant und instructiv hierfür sind lateinische bildungen
wie *nasûtus cornûtus barbâtus togâtus aurîtus pellîtus,* man über-
setze z. b. *nasût-us* sowol *mit-nase-er* als auch *benast-er* und
man wird sich überzeugen, wie nahe ablativ und participium
begrifflich an einander ligen, mag man nun das participium als
einen flectirten ablativ oder den ablativ als ein erstarrtes participium betrachten. ich neige mich mer der letzteren auffassung
zu, doch mögen beide auf eine uns nicht mer recht verständ-
liche demonstrative grundanschauung zurückgehen: *nasû-t = nase-*
da, woraus sich dann in folge verschidenartiger syntactischer
verwendung die ablativische und die participiale bedeutung entwickelten; selbstverständlich musste nun später das participium
die nach bedürfniss wechselnden endungen annemen und erhielt
so eine vollständige flexion, wärend die grundform als casus
erstarrte. in änlicher weise mag das participium auf *nt* zu erklären sein, so dass z. b. *aman-t = lieben-d* heissen würde: *lieben-*
da oder *mit-lieben* und *aman-(t)-s := lieben-d-er* d. i. *mit-lieben-er;*
darnach unterschide sich also das *nt*-participium von dem *t*-par-
ticipium nur durch eine *n*-erweiterung des stammes. mir scheint
überhaupt der engste zusammenhang zwischen wortbil-
dung und nominalflexion zu bestehen, doch kann ich hier
nicht weiter auf dise wichtige frage eingehen. wenn man das
verhältniss der participia zum verbum richtig beurteilen will, so
darf man nicht aus den augen verlieren, dass dieselben ursprünglich offenbar selbständige nominalbildungen waren und erst mit
der zeit integrirende bestandteile der verbalflexion geworden
sind. darum gehen auch die *t*-participia vilfach iren eignen weg,
so in der ersten classe der schwachen verba, wie im gotischen
noch deutlich zu erkennen ist. zu *niujan taujan stôjan* sind
die participia nicht *niujaþs taujaþs stôjaþs,* wie sie nach der
bisherigen theorie unzweifelhaft lauten müssten, sondern *niriþs*
(ananividin Col. 3, 10) *tariþs* (praet. *tavida*) *stauiþs* (praet. *stauida*);
niriþs ist eben nicht von dem erweiterten präsensstamme *niuja-*
gebildet, sondern von dem älteren *niu- (niv-),* welcher in *niu-*

nomen: *tamjan* ist nicht vom präteritum *tam*, es ist von dem adjectivum *tams* (ags. *tam* altn. *tamr* ahd. *zam*) abgeleitet, *hnaivjan* von *hnaivs* und nicht von *hnaiv*, *lausjan* vom adjectivum *laus*, *bilaibjan* von *laiba* usw. ich sage „ursprünglich", denn es fällt mir natürlich nicht ein zu leugnen, dass später nach der einmal vorhandenen analogie wirklich aus dem präteritum neue verba abgeleitet werden konnten, doch wird es kaum möglich sein, in allen einzelnen fällen die wirkung der analogie oder das ursprüngliche princip mit sicherheit nachzuweisen.*)

---

klahs erhalten ist, *niujaþs* oder *niujiþs* wäre unverändert geblieben wie *niuja-satiþs niujiþa* und die passivform *ananiujada* (2 Cor. 4, 16). auch bei *lagjan* und *sôkjan* ist es durchaus unerfindlich, warum *lagjada lagjaþs sôkjada sôkjaþs* nicht unversert geblieben sein sollten, deshalb vermutete schon Scherer (Zur Geschichte, s. 183), dass präteritum und participium von *arbaidjan* nicht auf dem abgeleiteten *arbaidija*, sondern auf dem einfacheren *arbaidi-* beruhe. ich komme auf dise participia an einer anderen stelle zurück.

*) Es würde mich zu weit füren, wenn ich auch die schwachen *ai-* und *ô-*verba näher besprechen wollte; ein nomen agentis muss inen zu grunde ligen und dises ist bei der *ô-*classe, wie ich glaube, nicht schwer zu finden. dieselbe geht vilfach auf weibliche *a-*stämme zurück, als deren ursprünglicher vocal *ô* gelten muss, so dass hier der ausgangspunct der *ô-*verba zu suchen sein wird. *dailjan arbaidjan* stehen für *dailijan arbaidijan* und schliessen sich an die stämme *daili- arbaidi-* ganz natürlich an, wir werden daher in substantiven diser art den ursprung der ersten classe suchen und *daili-jan arbaidi-jan* ansetzen. in änlicher weise gingen aus den alten *ô-*stämmen verba auf *ô-jan* hervor: war *idreigô reue*, so wurde *idreigô-ja = reuig* oder *bereuend* und *idreigôji-þ reuig-er* oder *bereuend-er*. im gotischen ist freilich von dem ableitenden *ja (ji)* keine spur mer vorhanden, wol aber in den verwanten sprachen, namentlich im altsächsischen, wo infinitive wie *fragoian skawoian* öfter begegnen, auch *folgoiad*

Nach diser abschweifung über die principielle bedeutung der verbalformen kere ich zur begegnung von transitivität und intransitivität sowie von activität und passivi-

---

(Hel. 2429 M. C.) *tholoie* (Hel. 4797 M. C.) u. a. es kann nach meiner ansicht keinem zweifel unterligen, dass wir hier nicht jüngere weiterbildungen, sondern reste der alten volleren form vor uns haben, da auch auf hochdeutschem gebiet im conjunctiv zalreiche analoga belegt sind. es ist durchaus unwarscheinlich, dass derartige formen unabhängig von einander in zwei sprachgebieten entstanden sein sollten, da eine veranlassung hierzu gar nicht zu entdecken ist. dass die gotischen conjunctivformen auf contraction beruhen wird niemand in frage ziehen, also ist es gewiss nicht zu kün die nicht contrahirten formen jüngerer dialecte für vollständigere repräsentanten des ursprünglichen zu halten und demgemäss auch ir *j (i, g)* als ein altes und wolberechtigtes anzuerkennen. wenn wir alts. *tholoian* als ursprünglich gelten lassen, so begreifen wir sofort, wie *tholon* und *tholian* daneben sich entwickeln konnten, wir begreifen, wie im angelsächsischen disc classe im präsens an die erste sich anschliessen konnte, so dass nur noch geringe unterschide bestehen. — Ueber die *ai*-verba ist schwer eine entscheidung zu treffen, da hier auf germanischem boden keine sichere analyse mer gefunden werden kann. freilich weisen die conjunctivformen wie *habee* und *habeie* in den Notker'schen schriften auf eine änliche verkürzung wie bei der *ô*-classe, aber der gotische conjunctiv zeigt ein ganz anderes verhalten: wärend bei *salbô salbôs salbô* usw. das *ô* die moduselemente verschlungen hat, sehen wir in *habau habais habai* usw. vilmer das kennzeichen der classe verschwinden. wie ist das zu erklären? ahd. *habeês (habeiês)* würde got. *habaais (habajais)* voraussetzen, daraus wurde durch contraction *habáis* oder durch elision *hab'ais*. dass ein ableitendes *j* vorhanden war, wird auch durch den imperativ *habai* für *habaj* und durch *habaida habaiþs* bestätigt. über die quantität des *aj* ist schwer zu urteilen, im ahd. conjunctiv ist es sicher kurz, denn bei Notker heisst es immer *habee habeêst habee habeên habeên,* für die II. pl. habe ich keinen beleg zur hand, aber sie ist natürlich *habeênt;* das vereinzelte *niümêien* (iubilemus, Ps. 342ª) ist wertlos, da es für *niumoien* steht und also kein *ê* haben

tät zurück. den ausgangspunct bildet nach dem vorher
entwickelten die neutralität: *timrja* = *zimmermann* d. i.

---

kann, man vergleiche *beteien* (Ps. 244^b) *fordercien* (273^b) *riúuueient*
(370^a) *minneient* (105^a) *pézzereien* (515^b) u. a. m. dem gegenüber wird das *o* merfach als länge bezeichnet und zwar grade
in stücken, die sich durch correctheit in der anwendung der
circumflexe auszeichnen: *fórderóe* (Boeth. 50^a) *sámenóe* (70^b)
uuánehóe (Cap. 280^b) *uuánehóe* (Abh. 584^b) *hálsuuérfóe* (Abh. 585^a)
rátiseóen (B. 120^a) *uuehselóen* (Ar. 514^a) *chóróen* (Abh. 555^a bis)
féstenóen (555^a). wären es nur pluralformen, so könnte man an
verrückung des accents denken (*óen* für *oén*), aber die singularformen verbieten dis, denn das *e* der ersten und dritten person
ist niemals lang, *óen* steht also für *óén* wie *oen* für *oén*. mit
oén finde ich *chóroén* (B. 44^a) *keseáffoén* (73^b) *geuuárnoén* (122^b)
chósoén (135^a 162^b), *máchoén* (139^b) *kesámenoén* (142^b) *sárfesoén*
(175^a) *áhtoén* (200^b) *dienoén* (C. 359^a) *zéigoén* (Ar. 476^b), mit *oen:*
skídoen (B. 149^a) *ehóroen* (243^a) *órdenoen* (C. 511^b); die psalmen
ziehe ich nicht in betracht, obwol auch sie einige *óen* haben:
opferóen (57^a) *keargeróen* (82^a) *huóen* (84^b) *zeigóen* (145^a) und
salbóe (483^b), sonst wol nur *oen* oder *oien* (geschwächt *eien*). der
wechsel von *óe* und *oe*, von *óen oén* und *oen*, wärend wir nur
ee und nur *eén* (in den psalmen *een eien*) finden, lässt vermuten, dass ein unterschid in der quantität des *ó* und *e* bestand.
demnach möchte ich den gotischen grundformen *salbója salbó-*
jau ein *habaja habajau* gegenüber stellen und das durchgängige
ahd. *ê* in der I. sg. sowie I. III. pl. durch formübertragung erklären: *habejis habejit* (III. sg. und II. pl.) wurden zu *habeis*
habeit habês habêt (wie got. *habajis habajiþ* zu *habais habaiþ*)
und darnach richteten sich dann die übrigen formen. ein langes
â (*habâjis habâjiþ*) würde wol zu *habâs habôþ* gefürt und namentlich im imperativ *habâ* erzeugt haben. ob und wie weit die
verba diser classe mit lateinischen auf *êre* organisch zusammenhangen, wage ich nicht zu entscheiden; eine nahe verwantschaft
mit *ájámi* im sanskrit wäre mir hier nicht unwarscheinlich, da
z. b. *þulajis þulajiþ* (*þulais þulaiþ*) zu skr. *tulájasi tulájati* ser
schön stimmen, für die beiden anderen classen aber leugne ich
directe berürung mit skr. *ájámi* ganz entschiden, nur das *ja* ist
inen gemeinsam.

zimmernd, also *timrei-þ* = *zimmernd-er*, *haurnja* = *horn-bläser* d. i. *hornblasend*, also *haurnei-þ* = *hornblasend-er*. *haurnjan* findet sich nur absolut in seiner ursprünglichen neutralen bedeutung verwendet, eben so *sipônjan*, dagegen nemen *maurþrjan* und *timrjan* auch einen objectsaccusativ zu sich und werden so zu transitiven verben. Jacobi (Beiträge zur Deutschen Grammatik, s. 149) urteilt über disen vorgang nicht ganz richtig, da er die verba als composita ansiht und als ursprüngliche bedeutung *„facere aliquid"* angibt. nun ist zwar *maurþrjan* dem sinne nach dasselbe wie *mord begehen*, aber wie *maurþja* heisst: *mörder* oder *mordend*, so ist *maurþrei-þ* einfach *mörder-er* oder *mordend-er* und nicht *mord begehend-er*, d. h. es ist nicht, wie Jacobi meint, „Prädicat und Object in einem Worte verbunden", sondern wir haben einen participialen nominalstamm, welcher eine tätigkeit bezeichnet one hinzufügung der richtung diser tätigkeit; es unterscheidet sich *maurþrei-þ* = *mordend-er* in nichts von dem primitiven *vilvi-þ* = *raubend-er*, wenn es one object steht. demnach kann ich Jacobi nicht beistimmen, wenn er sagt, ein hinzugefügter accusativ könne „eine Wiederholung des Objectes sein, bei der das Object näher bezeichnet wird", und in disem falle sei im verbum „nicht mehr ein Object, sondern nur ein Attribut des Objectes enthalten"; der sinn sei: „Eine Sache zu Etwas machen" und dises „Etwas" sei das stammwort. Jacobi wält *huzdjan huzda, bôkôs méljan, gatimrjan razn, afdailjan dail, matjan paska* als beispile und übersetzt *bôkôs méljan:* „ein Buch zu einer Schrift, zu einem geschriebenen machen", *matjan paska:* „das Osterlamm als Mahl *verzehren*". das unnatürliche diser auffassung leuchtet ein, selbst wenn man von *facere aliquid* ausgeht; *dailjan* mag heissen: *teil machen,* was soll man sich aber denken bei *dailjan dail* = *einen teil zum teile machen* oder *timrjan razn* = *ein haus zum bau machen?* die widerholung des stammwortes findet kaum one zusatz statt, so Mt. 6, 19: *ni huzdjaiþ izvis huzda ana airþai* und Mt. 6, 20: *huzdjaiþ izvis huzda in himina,* Luc. 18, 2: *afdailja taihundôn dail allis þizê gastalda,* auch kann die erklärung nicht zweifelhaft sein, nämlich: *sammelt nicht schätze, schätze auf erden* d. h. die widerholung des stammwortes ist in appositionellem sinne zu fassen. so würde *timrjan razn* bedeuten: *einen bau machen, ein haus* usw. wie könnte man wol einen gegenstand, der noch gar nicht da ist, zu etwas machen? *maurþrja* ist *mordend* und *mana-maurþrja* = *männer-mordend,* eben so ist *maurþrei-þ* = *mordend-er* und *mannans maurþrei-þ* = *männer mordend-er.*

Es hängt natürlich hauptsächlich von dem grundbegriffe des stammwortes ab, ob ein verbum neutral bleibt oder transitiv werden kann, doch hat die sprache hier einen ungeheuer weiten spilraum, so dass schwer allgemeine gesetze aufzustellen sind. im einzelnen lässt sich aber trotzdem manches erkennen und davon will ich einige proben geben, zunächst aus dem gotischen. Jacobi (s. 133) meint, es sei „ein rein innerer Grund, nämlich die Art der Beziehung, in welcher der Begriff des Stammes zu dem der Thätigkeit steht, die Art und Weise, wie der Thätigkeitsbegriff bestimmt wird, welcher über die Conjugation eines neuzubildenden Verbum entschieden hat". von disem satze

ausgehend sucht er dann für jede der drei schwachen conjugationen eine besondere bedeutung nachzuweisen: die
ja-verba sind nach ihm causativ, die *ô*-verba instrumental
und die *ai*-verba medial, freilich mit vilen ausnamen.
Scherer (Zur Geschichte, s. 184) erkennt die instrumentale
bedeutung der *ô*-verba an, will aber (s. 185) die *ai*-verba
als durativa fassen. ich halte es für verfelt, principielle
unterschide zwischen den drei classen vorauszusetzen, wenn
wirklich verschidenheiten im gebrauch hervortreten, so
müssen dise erst allmählich sich entwickelt haben, ursprünglich waren sie nicht vorhanden. für die bedeutung
eines jeden verbums, mag es stark oder schwach sein, ist
in erster linie das stammwort bestimmend, was Jacobi
(s. 134) nur nebenbei zugibt, dann aber entscheidet hauptsächlich der sprachgebrauch. Jacobi unterscheidet in jeder
classe ableitungen von adjectiven, von substantiven und
von starken verben, ich schliesse die letzteren ganz aus,
da nach meiner auffassung ursprünglich überall nomina
als stammwörter dienten und die an starke verba ange-
lenten schwachen nur auf analogie beruhen. die analogie
ist überhaupt in allen drei classen als in weitem umfange
wirksam anzuerkennen, es wäre töricht, wenn man z. b.
für alle *ô*-verba wirkliche *ô*-stämme ansetzen wollte. ich
beginne mit der ersten classe, um meine von der Jacobi's
abweichende theorie zu entwickeln und zu zeigen, dass
nicht die art der beziehung des abgeleiteten verbums zum
stammworte über die wal der conjugation entschiden hat,
sondern dass in jeder conjugation die verschidenartigsten
beziehungen möglich sind. das suffix *ja* bezeichnet unver-

kennbar eine tätigkeit und bildet daher, wie wir schon bemerkten, zalreiche nomina agentis, von inen müssen wir ausgehen, wenn wir die *ja*-verba ganz verstehen wollen. es lassen sich vier hauptkategorien der beziehungen zum stammworte aufstellen, die ich in folgender weise ordnen möchte:

1. die productive, wo das nomen agentis den stammbegriff zur erscheinung bringt, die stammwörter sind concreta und solche abstracta, welche das resultat einer handlung oder tätigkeit bezeichnen. beispile für concreta sind: *timrja (zimmerer)* von dem zu vermutenden *timr (bau gebäude,* vgl. ahd. *zimbar* alts. *timbar), kasja (töpfer)* von *kas (topf);* beispile für materielle abstracta: *blôstreis (opferer)* von *blôstr (opfer,* ahd. *blôstar bluostar), ragineis .(ratgeber)* von *ragin (rat), dêdja (täter)* von *dêds (tat), liugnja (lügner)* von *liugn (lüge), vaurstvja (arbeiter)* von *vaurstv (arbeit, werk);*

2. die executive, wo das nomen agentis eine im stammbegriff enthaltene tätigkeit oder beschäftigung verrichtet, die stammwörter sind naturgemäss abstracta: *faurayayyja (vorgänger)* von *gaggs (der gang, das gehen), maurþrja (mörder)* von *maurþr (der mord, das morden), bihaitja (anschreier)* von *bihait (das anschreien), faurastasseis (vorsteher)* von einem *faurastass (das vorstehen,* vgl. *af-stass tvis-stass), silba-siuneis (selbstschauer, augenzeuge)* von *siuns (das sehen, das schauen)*), fêrja (nach-*

—

*) In dem worte *siuns* finden wir neben dem begriffe des tätigen *schauens* (Luc. 4, 19; 7, 21; namentlich 2 Cor. 5, 7:

steller) von einem *fêrs* oder *fêr* (*das nachstellen, die nach-stellung,* ahd. *fâra* mhd. *vâre vâr* alts. *fär*), *vardja* (*wächter*) von einem *varda* (*die wacht, das wachen,* ahd. *warta*), *gasinþja* (*mitgänger*) von *sinþs* (*der gang, das gehen*)*), *drugkja* (*trinker*) von einem *drugk* (*das trinken, der trunk,* ahd. *trunch* mhd. *trunc*), *êtja* (*esser*) von einem *êt* (*das essen,* ahd. *âz* alts. *ât* ags. *aet*)**), *numja* von einem *nums* (*das nemen*) nach analogie von *kvums* (*das kommen*), *an-dastaþjis* (*der widerstehende, widersacher*) von einem *an-dastaþs* (*widerstand*); hierher gehören auch noch *faura-maþleis* (*vorsprecher*) *vitôda-fasteis* (*gesetz-bewarer*) und *sipôneis* (*schüler*), letzteres villeicht von einem *sipôns* (*ach-tung, erfurcht*), womit gr. σέβας σέβομαι zu vergleichen wären;

3. die factitive, wo das nomen agentis sich anhal-tend mit dem stammbegriff beschäftigt, demselben seine

---

untê þairh galaubein gaggam, ni þairh siun) auch die passive *das gesicht, die erscheinung* (Luc. 1, 22; 2 Cor. 12, 1) *das aussehen* (Luc. 3, 22), welche ich causativ fasse: *schauen hervorrufend.*

*) Im gotischen heisst *sinþs* zwar nur *mal (ainamma sinþa, traim sinþam* u. ä.), aber im ahd. *sind* alts. *sîd* ags. *sîd* finden wir die bedeutungen *weg gang,* auch *das gehen* als handlung; *weg gang* als bezeichnungen des betretenen raumes sind wider scheinbar passiv.

**) In *drugkja* und *êtja* können nur die handlungen des *trinkens* und *essens* zu grunde ligen, welche im ahd. *ubar-trunk* (*das über-trinken* d. i. *das übermässige trinken* Tat. 146, 4) und im ags. *aet (ät aete* Beov. 3027; *äfter aete* Phönix 405) ahd. *ubar-âz (das übermässige essen* Tat. 146, 4) noch deutlich erkennbar sind; auch im neuhochdeutschen bezeichnet *trunk* noch die hand-lung, z. b. *er ist dem trunke* d. i. *dem trinken ergeben. âz ât aet* als *speise* zeigt die anscheinend passive, in warheit aber causative bedeutung: *das zum essen reizende.*

tätigkeit oder fürsorge widmet usw. so *gudja* (*priester*) von *guþ* (*gott*), *aurtja* (*gärtner*) von einem *aurts* (*kraut, altn. urt*), *hairdeis* (*hirt*) von *hairda* (*herde*), *skattja* (*geld-wechsler*) von *skatts* (*geld, geldstück*), *fiskja* (*fischer*) von *fisks* (*fisch*), *haurnja* (*hornbläser*) von *haurn* (*horn*), *sviglja* (*pfeifer*) von einem *svigla* (*flöte pfeife*, vgl. ahd. *swegala*), so auch *asneis* (*mietling, lonarbeiter*) von einem *asna* (*lon miete*, vgl. alts. *asna = abgabe*);

4. die **patronymische**, wo das nomen agentis eine zugehörigkeit zum stammbegriff bezeichnet; es gibt im gotischen nur wenige beispile: *baurgja* (*burgbewoner*) *gauja* (*gaubewoner*) *ingardja* (*hausgenoss*) *inkunja* (*stammgenoss*). villeicht ist dise kategorie nur eine modification der vorhergehenden, da aus der eifrigen fürsorge und völligen ergebenheit leicht die vorstellung der angehörigkeit sich herausbilden konnte, oder wir haben von wörtern wie *baurgja* (*bürger*) auszugehen und auf die erste kategorie zurück zu greifen. ich denke mir dis so: *baurgja* hiess eigentlich *burg-erbauer* wie *timrja = haus-erbauer,* dann *burg-bewoner* nach der natürlichen vorstellung, dass der erbauer der burg auch in derselben wont, und aus dem *burg-bewoner* wird endlich ganz von selbst ein *burg-angehöriger.**) ich

---

*) Der begriff *bauen* geht ganz naturgemäss in *wonen* über, ich stimme deshalb Jacob Grimm bei, welcher im wörterbuch das *wonen* vom *bauen* ableitet. Pott (Wurzel-Wörterbuch I, 2, s. 1175) spricht sich dagegen aus und auch Weigand unter *bauen* erklärt *wonen* für die ursprüngliche bedeutung, aber die gotische angelsächsische altnordische althochdeutsche und mittelhochdeutsche construction des verbums mit dem accusativ lässt es nicht zweifelhaft, dass die transitive bedeutung *bauen* die ur-

gebe diser erklärung den vorzug, weil mir auch die factitive kategorie ursprünglich nur eine modification der productiven zu sein scheint: *haurnja sviglja* waren eigentlich
horn-macher flöten-macher, in alter zeit aber zugleich
horn-bläser flöten-bläser, sie waren nicht nur verfertiger,
sondern auch kenner pfleger unterhalter spiler irer
instrumente; *fiskja* ist nicht grade ein *fisch-macher,* aber
doch ein *fisch-herbeischaffer; skattja* kann als *geld-
macher* gefasst werden, *asneis* als *lon-erwerber* usw.
gudja weiss ich freilich nur durch analogie zu erklären,
aber das ist ganz unbedenklich.

Alle diejenigen *ja*-nomina, welche etymologisch klar
sind, werden sich leicht unter eine diser vier kategorien

---

sprüngliche war, man erwäge ags. *land bûan* (Gen. 239) ahd.
lant bûen (Otfr. II, 6, 26; III, 22, 51) u. ä. Pott beruft sich
darauf, dass skr. *bhávâmi* den grundbegriff *fieri existere oriri*
habe und gr. φύω den causativen sinn *mache entstehen, lasse
wachsen,* also *erzeuge,* wärend der begriff des *wonens* beiden
fremd sei. wird aber dadurch irgend etwas bewisen? φύειν und
bauen sind eben identisch, beide bedeuten *bereiten hervorbringen
erzeugen: daz lant bûen* heisst *das land bereiten,* nämlich zur auf-
name von samen (das altn. *bûa* hat ja in der tat oft genug
dise bedeutung neben der des *wonens* und *bewonens, bûast =
sich bereiten sich rüsten* und *bûinn = bereit gerüstet),* und φύειν
καρπόν = *frucht hervorbringen* ist nicht verschiden von *frucht
bereiten.* aus wendungen wie *die erde bauen, das land bauen*
entwickelte sich leicht die vorstellung des *bewonens,* daher konnten auch andere wörter als object eintreten wie im gotischen
liuhaþ bauan (1 Tim. 6, 16), im altnordischen *bûa âsgard*
(Hamarsh. 18), im angelsächsischen *bûan meduseld* (Beov. 3066),
im althochdeutschen *bûen kuningrichi sinaz* (Otfr. III, 26, 57) u. ä.
dise offenbar uralte construction mit dem accusativ ist unerklärlich, wenn wir von dem intransitiven *wonen = sein* ausgehen.

bringen lassen. unverständlich sind mir *lêkeis (leikeis) skilja arbja frauja niþjis; bandja (gefangener)* alts. *wrekkio* ahd. *reccheo reccho (verfolgter)* ahd. *ússazeo (ausgesetzter)* machen wegen irer passiven bedeutung schwirigkeit, sind aber wol als causativa der ersten und zweiten kategorie zuzuweisen; *bêrusjôs (eltern)* und *nêhvundja (nächster)* sowie *bôkareis sôkareis laisareis* u. ä. entziehen sich der erklärung wegen der vorhergehenden suffixe. bedeutungslos geworden ist das suffix *ja* in der schwachen declination der adjectivischen *i-* und *u*-stämme sowie in den pronominalen formen der starken flexion derselben stämme. dise erscheinung darf uns jedoch nicht irre machen, da eine scheinbar überflüssige anfügung neuer suffixe gar nichts ungewönliches ist und das gotische selbst analoge beispile bietet: neben *gasinþa fauragagga vaurstva* stehen one unterschid der bedeutung *gasinþja fauragaggja vaurstvja.* hiernach sind auch *niujis fairneis* u. ä. zu beurteilen, welche ursprünglich nicht *ja*-stämme waren.

Wenden wir die aufgestellten kategorien auf die verba mit *ja* an, so finden wir für die verschidenen bedeutungen derselben ganz einfache erklärungen; in einigen puncten treffe ich hier natürlich mit Jacobi zusammen, das kann nicht anders sein, aber im princip ist meine auffassung von der seinigen wesentlich verschiden. die vierte kategorie felt bei den verben, wenigstens ist mir kein beispil zur hand; die ordnung bleibt dieselbe wie vorher:

   1. die productive kategorie,

      a) substantivische ableitungen,

         α) die stammwörter sind concreta: *timrjan (einen bau machen) (ufar)hleiþrjan (ein*

*zelt machen) bandvjan (ein zeichen machen)
hvaþjan (schaum machen) tagrjan (tränen
machen)* usw.

β) die stammwörter sind solche abstracta,
welche das resultat einer handlung oder
einen zustand bezeichnen, oder welche überhaupt mer einen materiellen inhalt haben:
*arbaidjan (eine arbeit verrichten) andbahtjan
(einen dienst leisten) hunsljan (ein opfer
bringen) (ufar)skadvjan (schatten machen)
rikvizjan (finsterniss machen) dailjan (teile
machen) hrūkjan (einen schrei tun) ufarass-
jan (überfluss machen) dulþjan (ein fest
machen)* usw.

b) adjectivische ableitungen: *tamjan (zam machen)
dauþjan (tot machen) hailjan (gesund machen)
fulljan (voll machen) svinþjan (stark machen)
gablindjan (blind machen) natjan (nass machen)
gakvinjan (lebendig machen)* usw. usw.

2. die executive kategorie; die stammwörter sind
abstracta, welche eine blosse handlung oder tätigkeit bezeichnen: *maurþrjan (einen mord vollziehen)
sildaleikjan (staunen zeigen) freidjan (schonung üben)
vênjan (hoffnung hegen) gaumjan (acht haben,* vgl.
ahd. *gouma* altn. *gaumr) daupjan (das eintauchen
vollziehen,* vgl. ahd. *touf* mhd. *touf = das eintauchen
d. i. die taufe) sôkjan (eine suche anstellen,* vgl. ahd.
hûssuacha ursuoch u. ä.) *bidjan (eine bitte tun)
galaubjan (glauben hegen,* vgl. ahd. *galouba)* usw.

3. die factitive kategorie; die stammwörter sind auf
irgend eine weise gegenstand oder mittel der
tätigkeit: *haurnjan (auf dem horn blasen) stainjan
(mit steinen werfen) ganagljan (mit nägeln befestigen)
klismjan (mit der schelle läuten) insailjan (an seile
binden) hramjan (ans kreuz schlagen)* u. a. m.

Bei der übersetzung habe ich mir die freiheit genommen, auf die eigentlichste bedeutung zurück zu gehen, auch
da, wo dieselbe nicht mer vorkommt, das muss man ser
häufig tun, wenn man die entwicklung der bedeutungen
verstehen will. solche verba, deren stammwörter nicht vorhanden oder nicht belegt sind, entziehen sich oft ganz der
erklärung, da sich der grundbegriff nicht mer immer erkennen lässt. in anderen fällen kann man zweifeln, ob ein
substantivum oder adjectivum zu grunde ligt, ob ein verbum diser oder jener gruppe zuzuweisen ist usw. über die
transitivität oder intransitivität der einzelnen entscheidet
der sprachgebrauch, die adjectivischen ableitungen sind
jedoch naturgemäss transitiv und die von Jacobi (s. 139 f.)
aufgestellten intransitiven erweisen sich bei näherer betrachtung als reflexiv oder als substantivische ableitungen. so
ist *haftjan* unzweifelhaft reflexiv zu fassen, wie es auch
tatsächlich zweimal vorkommt: *bidai haftjandans izvis*
(Col. 4, 2) und *gahaftida sik* (Luc. 15, 15); ausserdem
findet sich das passivparticipium *gagahaftiþ* (Eph. 4, 16),
so dass *haftjandans* (Röm. 12, 9. 12; 1 Tim. 3, 8) durch
ausfall des pronomens zu erklären ist, wofür auch noch die
verwanten sprachen bestätigend eintreten. *bleiþjan* ist
gar nicht intransitiv, denn es heisst eigentlich nicht *sich*

erbarmen, sondern *froh machen*, wie wir aus den verwanten sprachen lernen können, daher bei Otfrid *sih blîden* und transitiv *er uuerd unsih giblîden* (III, 7, 89) *thes blîdt er herza sînaz* (III, 18, 52), sowie in den niderdeutschen psalmen *rehtnussi godes rehta geblîthande hertan* (Ps. 18, 9), auch im gotischen *gableiþjands unsis* (Mc. 9, 22); demnach war *froh heiter* der grundbegriff von *bleiþs* und daraus wurde dann leicht *freundlich gütig gnädig* u. ä. *faurht-jan* ist nicht vom adjectivum *faurhts*, sondern von einem substantivum *faurhts* oder *faurhta* (vgl. ahd. alts. *forahta forhta*) und heisst *furcht hegen*, daher die construction mit dem reflexiven dativ: z. b. *ni forhti thir* (Tat. 2, 5; 3, 4) *forhta imo* (Tat. 79, 3) *gaforahtun im* (Frg. theot. I, 22) *harto forahta er mo* (Otfr. I, 4, 47), woraus auch im gotischen *ni faurhteiþ izvis* (Mc. 16, 6) *izvis* sich als dativ ergibt; läge das adjectiv *faurhts* zu grunde, so würde das reflexivum im accusativ stehen wie bei *haftjan sik, nêhvjan sik, galaugnjan sik, gatulgjan sik, insvinþjan sik. ubil-vaurd-jan* heisst *böse worte machen* und kommt vom substantivum *vaurd (wort)* wie *and-vaurdjan = gegenworte machen* und *filu-vaurdjan = vile worte machen. sildaleikjan* ist von dem neutrum *sildaleik (das staunen,* Luc. 5, 9) und heisst *staunen zeigen* d. i. *sich wundern. galaistjan* ist nicht von dem nomen agentis *galaista*, sondern gehört mit dem simplex *laistjan* zu *laists (spur). gasleiþjan* ist von *sleiþa*, bedeutet also *schaden anrichten. usagljan* wird von dem als substantivirt anzusehenden neutrum *agl* (αἰσχρόν, 1 Cor. 11, 6) abgeleitet sein und heisst *schimpf zufügen*, wozu die construction mit dem dativ *usagljai mis* (Luc. 18, 5) ser gut passt.

liuhtjan gehört zum substantivum und heisst *licht machen,* daher mit dem dativ (Mt. 5, 15) und absolut (Mt. 5, 16), auch in den verwanten sprachen. über *flautjan* (περ- περεύεσθαι, 1 Cor. 13, 4) und *biabrjan* (ἐκπλήσσεσθαι, Mt. 7, 28) lässt sich wegen ires nur einmaligen vorkommens schlecht urteilen, es kann das reflexivpronomen weggelassen sein, was im gotischen oft genug geschiht; bei *balþjan* (Skeir. 39) ist das one frage der fall, wie die causative bedeutung der verwanten sprachen lert. darnach setze ich auch zu *gairnjan* ein substantivum *gairns* oder *gairna* voraus und deute es durch *verlangen tragen.* endlich mag auch neben *usdaudjan* und dem adjectivum *usdauds* ein substantivum *usdauds* bestanden haben. die von Jacobi angefürten althochdeutschen beispile sind teils schon berürt (*liuhtan forhtan*), teils erweisen sie sich als ursprünglich reflexiv oder als substantivische ableitungen: neben *náhan* steht im Tatian bei Otfrid und bei Notker ser oft *náhen sih* = got. *néhvjan sik, glanzan glenzan* stellt sich von selbst zum hauptwort *glanz* usw.

Wärend also bei den adjectivischen ableitungen aus der absoluten oder neutralen bedeutung sofort die transitive hervorgeht und die intransitive leicht durch hinzufügung oder ergänzung des reflexivpronomens gewonnen wird, haben die substantivischen ableitungen merere phasen durchzumachen, ehe sie den gegenstand, an welchem der stammbegriff zur erscheinung gebracht oder ausgeübt wird, als directes object im accusativ zu sich nemen können. selbstverständlich haben nicht alle verba alle phasen durchlaufen, die analogie machte dis überflüssig, aber dass dieselben für die musterbildungen voraus zu setzen sind, lässt sich noch nachweisen. die verschidenen phasen sind auch von Jacobi (s. 149 ff.) besprochen worden, sie ergeben sich zum teil von selbst, können aber verschiden gedeutet werden und hier stimme ich mit Jacobi nicht ganz überein, wie ich schon vorher zeigte.

Die erste phase ist natürlich die absolute oder neutrale one jede beziehung auf irgend ein näheres oder entfernteres object: *hvaþjan* (*schaum machen*, Mc. 9, 18. 20) *timrjan* (*einen bau machen*, Luc. 17, 28; 14, 30; 1 Cor. 10, 23) *saljan* (*wonung machen*, Luc. 9, 12) *arbaidjan* (*arbeit tun*, Mt. 6, 28; 1 Cor. 15, 10) *nauþjan* (*zwang üben*, Luc. 14, 23; Skeir. 38) *dulþjan* (*fest feiern*, 1 Cor. 5, 8) *þiuþjan* (*gutes tun* mit worten d. i. *segnen*, Röm. 12, 14) *unþiuþjan* (*böses tun* mit worten d. i. *fluchen*, Röm. 12, 14) *tagrjan* (*tränen machen*, Joh. 11, 35) *hrûkjan* (*einen schrei tun*, Mt. 26, 74; Joh. 13, 38; 18, 27) *anamahtjan* (*gewalt üben*, Mt. 11, 12; Mc. 10, 19; 2 Cor. 7, 12) *maurþrjan* (*mord vollziehen*, Mt. 5, 21; Mc. 10, 19; Luc. 18, 20; Röm. 13, 9) *daupjan* (*taufe vollziehen*, 1 Cor. 1, 15) *sildaleikjan* (*staunen zeigen*, Mt. 8, 10; Mc. 6, 6; Joh. 7, 15. 21) usw.

Die zweite phase ist die, wenn durch adverbia oder präpositionen die production des stammbegriffs localisirt wird: *saljan þar, jainar, at izvis* (*dort, bei euch wonung machen*, Mc. 6, 10; Luc. 9, 4; Joh. 10, 40; 1 Cor. 16, 6) *ei ufarhleiþrjai ana mis mahts Xristaus* (*ein zelt über mir machen*, 2 Cor. 12, 9) *rigneiþ ana garaihtans jah ana invindans* (*macht regen über*, Mt. 5, 45) *ôg izvis ibai svarê arbaididédjau in izvis* (*arbeit tun an euch*, Gal. 4, 11) *fairveitjan du imma, du vlita, in andi* (*ausschau halten nach*, Luc. 4, 20;

2 Cor. 3, 7. 13) *vênjan du imma, in Xristau (hoffnung hegen auf*, Joh. 5, 45; Röm. 15, 12; Eph. 1, 12). oder es wird ein **dativ** hinzugefügt, um die richtung der tätigkeit zu bezeichnen: *jah silba vas bandvjands im (machte inen ein zeichen*, Luc. 1, 22) *ufarskadveid þus (macht schatten über dir*, Luc. 1, 35 vgl. Mc. 9, 7) *þiuþida im (sagte gutes inen*, Mc. 10, 16) *andbahtida imma (leistete dienste ihm*, Mt. 8, 15; vgl. Joh. 12, 26; 2 Tim. 1, 18) *daileiþ sundrô hvarjammêh svasvê vili (macht teile besonders jedem wie er will*, 1 Cor. 12, 11; vgl. Eph. 4, 28) *ni kvam saivalôm kvistjan (er kam nicht verderben zu stiften den selen*, Luc. 9, 56; vgl. *frakvistjan* Mt. 10, 28. 39. 42; Joh. 18, 9; *uskvistjan* Mc. 9, 22; 11, 18; Luc. 20, 16) *viljands þizai managein fullafahjan (wollend der menge einen vollgriff gewären* d. i. *genüge tun*, Mc. 15, 15; vgl. Luc. 4, 8) *idveitjan baurgim (schmach antun den städten*, Mt. 11, 20; vgl. Mt. 27, 44; Mc. 15, 32) *gaumjan gramsta, anza (acht geben dem splitter, dem balken*, Luc. 6, 41. 42; vgl. 1 Tim. 4, 13) *ni balvjais mis (tue nicht leid mir*, Mc. 5, 7; Luc. 8, 28; vgl. Mt. 8, 29) *hvôtidêdun imma (sie machten drohung ihm*, Mc. 10, 48; vgl. *gahvôtjan* Mc. 1, 43; Luc. 4, 35) *mannam samjandans (den menschen gleiches tun* d. h. *gleiches tun wie die menschen, inen gefällig sein*, Col. 3, 22) *kukida imma (gab kuss ihm*, Mc. 14, 45; vgl. Mc. 14, 44; Luc. 7, 38. 45; 15, 20) *hleibida Israêla þiumagu (verlih schutz seinem diener Israel*, Luc. 1, 54) *hausjan im, izvis, mis (gehör schenken inen, euch, mir*, Luc. 2, 46; 10, 16; vgl. Mc. 6, 20; Joh. 9, 31; 12, 47; *andhausjan* Mc. 6, 20; Joh. 9, 31; 1 Cor. 14, 21; 2 Cor. 6, 2; *ufhausjan* Mt. 6, 24; 8, 27; Luc. 2, 51).

Die dativconstructionen, bei denen die substantivische natur des stammwortes noch nachwirkt, bilden wie es scheint den übergang zur dritten phase, der construction mit dem accusativ. diser casus wechselt bei mereren verben noch mit dem dativ, teils one unterschid der bedeutung, teils mit einem solchen. one unterschid: *ufarskadvida ins (überschattete sie*, Luc. 9, 34; vgl. *im* Mc. 9, 7) *þiuþjaiþ þans vrikandans izvis (segnet die euch verfolgenden*, Mt. 5, 44; Röm. 12, 14; vgl. *im* Mc. 10, 16) *frakvistida allans (verderbte alle*, Luc. 17, 27; vgl. *izê ainummêhun* Joh. 18, 9) *uskvisteiþ þans vaurstvjans (er verderbt die arbeiter*, Mc. 12, 9; vgl. *aurtjam* Luc. 20, 16) *þizê idveitjandanê þuk (der dich schmähenden*, Röm. 15, 3; vgl. *imma* Mt. 27, 44; Mc. 15, 32). ein unterschid tritt hervor in *sipônjans fullafahida (befridigte, überzeugte die schüler*, Skeir. 50) und namentlich bei *hausjan gahausjan*, welche in der einfachen bedeutung *hören = vernemen* den accusativ bei sich haben, wärend das intensivere *hören = hinhören zuhören horchen* den dativ erfordert.*) die composition begünstigt das eindringen des

---

*) Man findet *hausjan* auch mit dem genitiv: *allai þai hausjandans is* (Luc. 2, 47) *hauseiþ stibnôs meinaizôs* (Joh. 18, 37) *hausjands þizê [vaurdê]* (Joh. 19, 13). genitiv und accusativ wechseln auch bei *freidjan (schonen): freidjands izvara* (2 Cor. 1, 23) und *þans us gabaurþai astans ni freidida ibai auftô ni þuk freidjai* (Röm. 11, 21) *ik izvis freidja* (1 Cor. 7, 28). für *du* oder *in* mit dem dativ tritt der accusativ ein bei *vênjan: þu is sa kvimanda þau anþaranu vênjaima?* (Luc. 7, 19. 20). auch bei *taiknjan* wird dem accusativ des objects ein präpositionalausdruck vorhergegangen sein: *ein zeichen machen nach etwas hin* d. i. *etwas zeigen;* eben so ist *bandvjan* zu beurteilen: *razda þeina bandveiþ þuk* (Mt. 26, 73).

accusativs: *ni svaif bikukjan fôtuns meinans* (*hörte nicht auf meine füsse zu küssen,* Luc. 7, 45) neben *kukida fôtum* (Luc. 7, 38), *gaþiuþjan þans, ins, uns* (Mc. 8, 7; Luc. 9, 16; Eph. 1, 3; Skeir. 49) und nicht mit dem dativ, *andþâhta mik hva taujau* (*ich habe mich bedacht,* Luc. 16, 4) neben *þâhta sis* (*dachte sich,* Luc. 1, 29; vgl. Mc. 2, 6), *inliuhtida augôna hairtins izvaris* (*er erleuchtete die augen eures herzens,* Eph. 1, 18; vgl. Eph. 3, 8) und *galiuhteiþ rûnôs hairtanê* (*er offenbart die geheimnisse der herzen,* 1 Cor. 4, 5; vgl. 2 Tim. 1, 10)*) neben *liuhtjan* mit dem dativ usw.

Nach der analogie diser verba sind diejenigen zu beurteilen, welche nur noch den accusativ als directes object zu sich nemen: *faurmûljan* (1 Cor. 9, 9) *sigljan gasigljan* (2 Cor. 1, 22; Joh. 6, 27) *gabeistjan* (1 Cor. 5, 6) *huljan* (Mc. 14, 65; 1 Cor. 11, 6) *maurþrjan* (1 Tim. 1, 9) *þrafstjan* (Joh. 11, 31; u. ö.) *daupjan* (Mc. 1, 8; Luc. 3, 21) *vôpjan* (Mt. 27, 47; Mc. 15, 35) *hatjan* (Mt. 5, 44; Röm. 7, 15) usw. hierher gehören auch wörter wie *ganagljan insailjan stainjan hramjan,* die ich der factitiven kategorie zugewisen habe, die aber eigentlich productiv gewesen sein müssen: *nagljan = nägel machen, sailjan = seile machen, stainjan = steine machen, hramjan = kreuz machen;* es sind construc-

---

*) Im althochdeutschen und altsächsischen finden sich dise composita auch noch mit dem dativ: *inliuhten thên thiê thâr in finstarnessin inti in scûuen tôdes sizzent* (Tat. 4, 18) *sîđur im waldand Krist geliuhta mid is lêrun* (Hel. 3668); gewönlicher ist aber im althochdeutschen der accusativ: *uuas uuâr lioht thaz inliuhtita iogiuuelîchan man quementan in thesa uueralt* (Tat. 13, 4) *thaz lioht ist filu uuâr thing inliuhtit thesan uuoroltring* (Otfr. II, 2, 13) usw.

tionen mit dem dativ vorauszusetzen: *nagljan imma* (*ihm nägel machen*) *hramjan imma* (*ihm ein kreuz machen*) *sailjan imma* (*ihm seile machen*) und erst dann erfolgte der übergang zu *ganagljan ina* (*ihn annageln*) *hramjan ina* (*ihn kreuzigen*) *insailjan ina* (*ihn an seile binden*). auf dieselbe weise erklären sich die althochdeutschen verba, an denen Jacobi (s. 155) anstoss nimt: *liman* heisst eigentlich *leim machen, gertan = gerten machen, kempan = kämme machen, nusgan = spangen machen.* weniger deutlich, aber doch noch verständlich ist *lentan,* es heisst eigentlich *land machen* oder *land schaffen* und dann mit einem object *ans land bringen;* denkt man sich als zwischenstufe die dativ-construction (*jemandem land schaffen*), so ist die bedeutung ganz klar und nicht verschiden von der im got. *hramjan.* mit *helsan* weiss ich nichts anzufangen, wenn es nicht villeicht reflexiv zu fassen ist, in disem falle liesse es sich mit *lentan* vergleichen: *helsan = an den hals bringen* und *helsan sih = sich an den hals bringen;* oder es könnte *arma* ausgelassen sein, so dass die ursprüngliche wendung wäre: *arma helsan = die arme an den hals bringen* oder *um den hals legen,* zunächst mit einem dativ der person (*arma helsan imo*), dann mit dem accusativ (*arma helsan inan*) und zuletzt mit auslassung von *arma* bloss *helsan* mit dem accusativ der person (*helsan inan*). dise deutung wird durch Otfrid unterstützt: *arma. ioh henti inan helsenti* (I, 11, 46) = *arme und hände ihm umlegend,* und zwar hier nicht nur um den hals, sondern um den ganzen körper.

Wesentlich verschiden von disen für den dativ (oder genitiv) eingetretenen accusativen sind diejenigen, welche den stammbegriff näher bestimmen, sie müssen als apposition gedacht werden, wie ich schon oben bemerkte, und erklären sich dann ganz einfach. ausser *timrjan razn, huzdjan huzda, mêljan bôkôs, matjan paska* gehören noch hierher *haifstjan þô gôdôn haifst galaubeinais* = *einen kampf bestehen, den guten kampf des glaubens* (1 Tim. 6, 12; 2 Tim. 4, 7), *saljan paska* = *eine gabe darbringen, das opferlamm* (Mc. 14, 12), *hunsla saljan guþa* (Joh. 16, 2). *afdailjan taihundôn dail* scheint mir anders gefasst werden zu müssen, ich vermute, dass hier der accusativ für den genitiv eingetreten ist, denn der ursprüngliche sinn muss gewesen sein: *teile machen von etwas,* wie aus anderen wendungen mit *dailjan* hervorgeht: *disdailjand vastjôs is* (Mc. 15, 24) *disdailida im svês sein* (Luc. 15, 1).*) dagegen halte ich für appositionell den accusativ des namens bei *namnjan,* wärend dem accusativ der person ein dativ vorhergegangen sein wird, man vergleiche hierzu die wendung *jah gasatida im namna Bauanairgais* (Mc. 3, 17).

---

*) Ein vom stammnomen abhängiger genitiv ist erhalten bei *gansjan: arbaidê ni ainshun mis gansjai* = *niemand gebe mir anlass zu mühen* (Gal. 6, 17); der stamm *gans* gehört wol zu *ginnan* wie *runs* zu *rinnan.* eben so lebendig ist das nomen noch in *straujan,* wenn es mit dem dativ der sache verbunden wird: *vastjôm seinaim stravidêdun ana viga* = *mit iren kleidern machten sie eine streu auf dem wege* (Mc. 11, 8) *gaggandin þan imma ufstravidêdun vastjôm seinaim ana viga* (Luc. 19, 36). änlich *rignjan: rignida svibla jah funin* = *es regnete mit schwefel und feuer* (Luc. 17, 29), wärend ahd. *reganôn* mit dem accusativ verbunden wird: *regenôta fiur inti sucual fon himile* (Tat. 147, 2) *regonôda druhtin fona druhtine ubar Sodomam endi Gomorram suucbul endi fyur* (Is. Vᵃ 1—3) *huuelîh druhtin regonôda fyur in Sodoma fona druhtine* (IVᵇ 19—21).

Vergleichen wir mit den verschidenen bedeutungen der *ja*-verba diejenigen der *ó*-verba, so erkennen wir bald, dass ein principieller unterschid gar nicht besteht. die acht kategorien der instrumentalen bedeutung, welche Jacobi (s. 161 ff.) entwickelt, sind nichts anderes als verschidenartige modificationen der hervorbringung des stammbegriffs und liessen sich eben so gut von verben der ersten classe aufstellen: zu *ruodarón (rudern) steinón (steinigen)* u. ä. stimmen *stainjan = steinigen* d. i. *mit steinen werfen, haurnjan = auf dem horn blasen, gertan = mit gerten schlagen, chempan = mit dem kamme behandeln* u. a. m. zu *gawittón (mit einer binde versehen) gachetenón (mit einer kette versehen) krûzón (kreuzigen)* u. ä. stimmen *huljan = mit einer hülle versehen, insailjan = mit seilen versehen, ganagljan = mit nägeln versehen, hramjan = ans kreuz heften* u. a. m. zu *gahonagón (mit honig bestreichen) salbón (mit salbe bestreichen)* u. ä. stimmt *lîman = mit leim bestreichen.* Jacobi sondert hiervon noch als vierte und fünfte kategorie die bedeutungen „mit Etwas würzen und Jemanden speisen" (z. b. *phefferón weidón*) und „mit Etwas färben und verzieren" (z. b. *purpurón tunichón bluomón*), aber sowol dise beiden wie die folgende („mit Etwas bekleiden und bewaffnen") stellen sich unter die allgemeine kategorie „mit Etwas versehen", es ist ganz unnütz hier so vile unterabteilungen zu machen. die ursprünglichste bedeutung, aus welcher sich alle leicht ableiten lassen, ist die productive, die *ó*-verba bezeichnen einfach wie die *ja*-verba die hervorbringung des stammbegriffs, der unterschid besteht allein darin, dass sie irem ursprunge

nach auf verschidene stammformen sich stützen: *daili-j-an =
daili-, karô-j-an = karô-.* wie wenig die bedeutung des
stammworts für die wal der conjugation massgebend war,
zeigen die zalreichen begegnungen beider, wovon Jacobi
selbst beispile genug beibringt; die bedeutungsunterschide,
welche dabei bisweilen hervortreten, haben mit dem character der conjugation nichts zu schaffen. diejenigen *ô*-verba,
welche Jacobi (s. 165f.) als local darstellt, gehen ebenfalls
auf die production zurück: *hûsôn = haus bauen, heribergôn
= herberge machen, burgôn = burg machen, selidôn = wonung
bereiten* usw. andere (s. 168) sollen ablativverhältnisse bezeichnen, sie stellen sich leicht unter die von mir aufgestellte executive kategorie: *lustôn = verlangen hegen, nîdôn
= neid hegen.* bei den adjectivischen ableitungen gesteht
Jacobi (s. 175) selbst zu, dass sie von denen der ersten conjugation nicht verschiden sind, ich übergehe sie daher **ganz**.

Die *ai*-verba hält Jacobi für eigentlich medial (s. 182 ff.),
Scherer (Zur Geschichte, s. 185) meint dagegen, der grundstock diser classe sei durativ (*haban þulan munan vitan*)
oder drücke einen zustand aus (*silan þahan*), namentlich
eine gesinnung (*saurgan trauan arman*). ich kann nicht
zugeben, dass wir hier mit irgend welchen eigentümlichen
bedeutungen zu tun haben, man vergleiche nur verba der
beiden anderen classen wie *hatjan* (neben *hatan*) *hugjan hausjan þagkjan aihtrôn aljanôn frijôn karôn lustôn vlaitôn* u. a. m
auch die mediale bedeutung kann nicht die ursprüngliche
sein, denn *veihan svêran gaþivan* fallen deutlich in die por-
ductive kategorie, *saurgan vitan* verhalten sich nicht anders
wie *lustôn karôn* usw. freilich ist es tatsache, dass im alt-

hochdeutschen vile *ê-verba* aus adjectiven gebildet werden und passiv-inchoative bedeutung annemen, aber dis scheint mir eine speciell althochdeutsche entwicklung zu sein, da dem gotischen diser gebrauch fremd ist und die alten gemeinsamen verba kaum derartiges zeigen. wie steht es mit got. *leikan galeikan* ahd. *lîhhên gilîhhên?* hier scheint wirklich ein altes intransitivum vorzuligen, aber die ursprüngliche bedeutung muss doch transitiv gewesen sein, denn das participium got. *galeikaiþs* ahd. *gilîhhêt* ist aus der intransitiven nicht zu erklären, man erwäge: *untê sva varþ galeikaiþ in andvairþja þeinamma* (ἐγένετο εὐδοκία Luc. 10, 21) *gakiusandans þatei sijai vaila galeikaiþ fraujin* (Eph. 5, 10; vgl. Röm. 12, 1; Col. 3, 20) *uuanta iz sô uuas gilîhhêt fora thir* (Tat. 67, 7) *unde des pin ih dir gelîchet in dînero uuarheite* (No. Ps. 88ᵇ) usw. die grundbedeutung muss also gewesen sein: *gleich änlich passend machen* und die intransitive ist durch auslassung des reflexivpronomens entstanden wie bei *gaþarban* (1 Tim. 4, 3) neben *gaþarban sik* (1 Cor. 9, 25). für die weglassung des reflexivums lifert das gotische auch sonst beispile genug: *ataugjan (sich zeigen,* Mc. 16, 9; 2 Cor. 5, 10) neben *ataugjan sik* (Mt. 8, 4; 27, 53; Luc. 17, 14), *galaugnjan (sich verbergen,* Mc. 7, 24; Luc. 8, 47) neben *galaugnjan sik* (Luc. 1, 24), *haban (sich verhalten,* Mc. 2, 17; 5, 23. 26; 2 Cor. 10, 6; 12, 11) neben *haban sik* (Mc. 7, 6; 1 Tim. 5, 25), *haftjan (sich anheften, sich ergeben,* Röm. 12, 9. 12; 1 Tim. 3, 8) neben *haftjan sik* (Col. 4, 2) *gahaftjan sik* (Luc. 15, 15), *galeikôn (sich gleich machen,* Mt. 6, 8) neben *galeikôn sik* (Röm. 12, 2), *skaidan (sich scheiden,* 1 Cor. 7, 10. 15) neben *skaidan sik*

(1 Cor. 7, 15), *atnêhvjan* (*sich nahen*, Mc. 14, 42; Luc. 10, 9; Röm. 13, 12; Phil. 2, 30) neben *nêhvjan sik* (Luc. 15, 1) *atnêhvjan sik* (Mc. 1, 15; Luc. 10, 11), *gavandjan* (*sich wenden*, Luc. 9, 55; 1 Cor. 7, 5) *usvandjan* (*sich abwenden*, Skeir. 37) neben *gavandjan sik* (Mt. 9, 22; Luc. 2, 20; 7, 44 u. ö.) u. a. m. auch *hveilan* erscheint mit und one *sik*, doch ist es hier nicht nötig weglassung des *sik* anzunemen, da in *hveilan* one *sik* noch die ursprüngliche neutrale bedeutung nachwirken könnte. auf der anderen seite freilich zeigt das participium (*anahveilaiþ varþ ahma is fram allaim izvis*, 2 Cor. 7, 13) deutlich die transitive bedeutung, deshalb mag auch bei *hveilaidêdum* ($\pi\alpha\upsilon\acute{o}\mu\varepsilon\vartheta\alpha$, Col. 1, 9) *gahveiland* ($\pi\alpha\acute{\upsilon}\sigma\upsilon\tau\alpha\iota$, 1 Cor. 13, 8) das pronomen zu ergänzen sein, wie es einmal wirklich steht: *gahveilaiþ sik* ($\grave{\varepsilon}\pi\alpha\nu\alpha\pi\alpha\acute{\upsilon}\sigma\varepsilon\tau\alpha\iota$, Luc. 10, 6). was machen wir aber mit *arman?* stammwort ist unzweifelhaft das adjectivum *arms = elend unglücklich*, wie kommen wir von da zu *sich erbarmen?* *arman* heisst eigentlich *elend machen* wie *veihan = heilig machen* und *svêran = geert machen*, aber mit übertritt von der productiven in die factitive kategorie: *als elend behandeln* d. i. *bemitleiden sich erbarmen*, man vergleiche dazu *mikiljan = verherlichen* d. i. *als gross behandeln* oder *für gross erklären*, *audagjan = selig preisen*, ahd. *piuuârran piuuâren = für war erklären* u. a. m. also auch in *arman* ligt keine mediale bedeutung vor. mit rücksicht auf dise verhältnisse neme ich keinen anstand, die passiv-intransitive verwendung der ahd. *ê*-verba durch auslassung des reflexivpronomens zu erklären, doch darf man natürlich nicht glauben, dass jedes

einzelne verbum ursprünglich wirklich mit dem pronomen verbunden gewesen sei, erst wurden einige one pronomen gebraucht und dann folgten analogiebildungen, weil derartige intransitiva der sprache ser willkommen sein mussten. eine reminiscenz der alten transitiven bedeutung finden wir z. b. noch in *suârên: uuârun thô iro ougun gisuârétiu* (Tat. 182,5). verba wie *altên hartên rôtên* u. ä. verhalten sich darnach nicht anders als z. b. *nâhan = nâhan sih* oder *wuntarôn = wuntarôn sih*, d. h. jede der drei schwachen conjugationen besitzt an sich die fähigkeit, eine transitive oder intransitive oder medial-passive bedeutung zu entwickeln, keiner conjugation wont von hause aus eine besondere bedeutung bei, auch sind tatsächlich in allen dreien die kategorien vertreten, welche bei der ersten dargelegt wurden.

Werfen wir einen blick auf die starken verba, so finden wir bestätigt, dass die form der conjugation*) an sich keinen einfluss auf die bedeutung hat: *niman bindan tiuhan sneiþan* etc. sind transitiv, *kviman sigkvan driusan leiþan*

---

*) Eine bestimmte bedeutung haben freilich die gotischen verba auf *-nan*, welche unzweifelhaft dem participium starker verba ir dasein verdanken und also in entsprechendem sinne verwendet werden konnten: *distaurans = zerrissen* also auch *distaur(a)ni-þ = zerrissen-er, andbundans = entbunden* also *andbund(a)ni-þ = entbunden-er* usw. nach der analogie solcher verba entstanden dann selbständige auf *-nan* wie *gahaftnan gafullnan* u. ä., natürlich gleichfalls mit passiv-intransitiver bedeutung. warum dise verba im präsens der analogie der starken conjugation folgen, dagegen im präteritum der schwachen *ô*-conjugation, das wird sich schwerlich ergründen lassen, übrigens haben wir hier einen neuen beweis, wie wenig präsens und präteritum organisch zusammen hangen.

dagegen intransitiv. *sitan* hat die bedeutung *sitzen*, aber es heisst auch *sich setzen: gasat ana ina* (Mc. 11, 7; Joh. 12, 14) *jah ussat sa naus* (Luc. 7, 15) u. ö. auch im althochdeutschen und mittelhochdeutschen ist die doppelbedeutung bekannt genug, es bedarf der beispile nicht. *leiþan* heisst *gehen,* daneben aber treffen wir die causative bedeutung *gehen lassen: afleiþandans allata laistidédun afar imma* (*ἀφέντες ἅπαντα ἠκολούθησαν αὐτῷ* Luc. 5, 11), eine andere erklärung ist hier gewiss nicht zulässig. *bimaitan* heisst *beschneiden,* aber auch *sich beschneiden lassen* (1 Cor. 7, 18; Gal. 5, 2; 6, 12) in causativ-reflexivem sinne. *aukan* ist das transitive *meren,* aber auch reflexiv *sich meren, wachsen* (Skeir. 43; *gaaukan* 1 Thess. 4, 1); man könnte freilich zweifeln, welche von beiden bedeutungen die ursprünglichere ist, wie in manchen anderen fällen, denn *meren* lässt sich auch denken als ein causatives *wachsen lassen.* noch deutlicher zeigt sich die fähigkeit der sprache, einen wurzelbegriff nach verschidenen richtungen hin zu modificiren, wenn wir nomina mit verben desselben stammes vergleichen: *bindan* ist *binden* und dem entsprechend *gabinda* = *das band* d. i. *das was bindet; giba* stimmt formell genau so zu *giban,* hat aber die passive bedeutung *gabe geschenk* d. i. *das was gegeben wird; vilvan* ist *rauben* und *vilva* = *der räuber,* aber *vulva* = *raub* ist in passivem sinne zu fassen usw. usw.

Die letzte betrachtung fürt uns zu dem wechsel der bedeutungen in den nominibus, bei disem müssen wir noch ein wenig verweilen, weil er vorzugsweise geeignet ist den übergang von der activität zur passivität zu illustriren. die

wenigen gegebenen beispile zeigen schon, dass die bedeutung von der form durchaus unabhängig ist, doch fragt es
sich, ob wir nicht gewisse principien finden könnten, nach
denen die bedeutungen wechseln. die erörterungen über
passivität überhaupt am anfange dises abschnittes leiten
uns zu der vermutung, dass auch in den nominibus der
passive begriff erst das resultat eines besonderen entwicke-
lungsganges unserer vorstellungen ist. diejenigen wörter,
in denen activität und passivität neben einander ligen,
müssen uns den weg weisen. ich bleibe zunächst beim
gotischen stehen, da hier hinreichendes material vorhanden
ist. wir erinnerten uns oben (s. 46 anm.), dass *siuns* nicht
bloss das tätige *schauen* bezeichnet, sondern auch *gesicht
erscheinung* d. i. *das was geschaut wird*, es kommt sogar
noch eine dritte bedeutung hinzu: *die gestalt* (Luc. 3, 22),
wie sind solche übergänge möglich? ich bemerkte schon
an derselben stelle, dass wir nach meiner ansicht hier die
causativität zu hülfe nemen müssen, welche uns auch beim
verbum als erstes stadium der verschwindenden subjectivität oder selbsttätigkeit diente. ausgehen müssen wir von
der concreten bedeutung *die schauende*, welche einerseits
in den abstracten begriff überging und andrerseits den
causativen sinn annam: *die schauende* wurde *die schauen
lassende* und zwar mit der ganz natürlichen beziehung
auf sich selbst, also *die sich schauen lassende = die geschaut werdende* d. i. *die erscheinung, das gesicht;* eben so
ist *anasiuns = sich schauen lassend* d. i. *sichtbar. siuns*
als *gestalt aussehen* ist die art wie man sich schauen
lässt, also nur eine modification der causativ-reflexiven

bedeutung. in derselben weise erkläre ich *dragk* als *das was sich trinken lässt*, ahd. *âz* als *das was sich essen lässt*, got. *gaggs* als *das was sich betreten lässt*, *vaurstv* als *das was sich wirken lässt* usw. usw. doppelbedeutungen wie in *siuns* begegnen noch öfter: *vaurstv* ist nicht bloss *werk tat* (Mc. 14, 6; Joh. 10, 33 u. ö.) sondern auch *das wirken, die wirksamkeit, die kraft* (Eph. 1, 19; 4, 16; Phil. 3, 21 u. ö.); gelegentlich kann man sogar zweifeln, welche von beiden anzunemen ist: *þat-ist vaurstv guþs ei galaubjaiþ þammei insandida jains* (Joh. 6, 29) lässt sich übersetzen *das ist das werk gottes* oder *das ist das wirken gottes*. den ausgangspunct bildet auch hier ein concretum: *das wirkende*, wie es in den schwachformigen *vaurstva = der wirkende* (1 Tim. 5, 18) und *vaurstvô = die wirkende* (*un-vaurstvôns* 1 Tim. 5, 13) vorligt, davon sonderte sich das reflexivum *das sich-wirkende* d. i. mit gänzlichem erblassen der selbsttätigkeit *das werk*. dass die causativ-permissive vorstellung den übergang von der reflexivität zur passivität vermittelt, habe ich oben darzulegen gesucht mit fortwärender berufung auf sprachliche tatsachen, es bleibt mir jetzt nur noch zu begründen übrig, dass die ergänzung des reflexivpronomens in nominalbildungen statthaft ist. schon die häufige weglassung des pronomens beim verbum macht es warscheinlich, dass die nomina sich nicht anders verhalten, und es gibt in der tat wörter genug, deren bedeutung sich nur aus der reflexivität bewerkstelligen lässt. um das ganze verhältniss klar zu machen, wäle ich die gotischen nomina auf *-eins*, welche als schwesterbildungen der verba auf *-jan (-ijan)* anzusehen sind. dise nomina sind überwigend abstracta und bezeichnen den begriff der verwanten verba als handlung, aber die bedeutungen decken sich keineswegs in allen fällen, vilmer können wir folgende kategorien bestimmt unterscheiden:

1. **aktivität**, in übereinstimmung mit dem verbum: *ufhausjan* = gehorchen und *ufhauseins* = die gehorchende d. i. das gehorchen der gehorsam, *bisauljan* = besudeln und *bisauleins* = die besudelnde d. i. die besudelung, *galaubjan* = glauben und *galaubeins* = die glaubende d. i. der glaube, *fêtjan* = schmücken und *gafêteins* = die schmückende d. i. der schmuck die kleidung, *ganaitjan* = schmähen und *naiteins* = die schmähende d. i. die schmähung, *marzjan* = ärgern und *marzeins* = die ärgernde d. i. das ärgerniss, *vajamêrjan* = lästern und *vajamêreins* = die lästernde d. i. die lästerung, *gaskeirjan* = erklären und *skeireins* = die erklärende d. i. die erklärung, *fôdjan* = nären und *fôdeins* = die närende d. i. die narung speise usw.

2. **selbsttätige reflexivität**, abweichend vom verbum: *haunjan* = demütigen aber *hauneins* = die sich demütigende d. i. die demut (Eph. 4, 2), *hnaivjan* = ernidrigen aber *hnaiveins* = die sich ernidrigende d. i. die selbsternidrigung (Luc. 1, 48), *gamaudjan* = erinnern aber *gamaudeins* = die sich erinnernde d. i. die selbsterinnerung (2 Tim. 1, 5), eben so ist *ufsvalleins* = die sich aufschwellende d. i. die selbstüberhebung der hochmut (2 Cor. 12, 20) u. a. m.

3. **reine passivität**, ebenfalls abweichend vom verbum: *hausjan* = hören aber *hauseins* = die gehört-werdende d. i. die predigt (Röm. 10, 16 u. ö. *gahauseins* Röm. 10, 17), *gamêljan* = schreiben aber *gamêleins* = die geschriben-werdende d. i. die schrift (Joh. 7, 38 u. ö.), *laisjan* = leren aber

laiseins = die gelert-werdende d. i. *die lere;* eben so ist *hraineins = das gereinigt-werden* (Mc. 1, 44), *naseins = das gerettet-werden, daußeins --- das getötet-werden* (2 Cor. 4, 10), *usvalteins = das umgestürzt-werden* u. a. m.

Es ist klar, dass die letzte kategorie aus der zweiten hervorgegangen ist, wenn auch die zwischenstufen nicht sicher aufgestellt werden können. wie natürlich übrigens die weglassung des reflexivpronomens beim nomen ist, davon lifert auch das neuhochdeutsche beispile genug und dieselben eben gesonderten kategorien keren bei allen möglichen suffixen wider. natürlich besitzen nicht alle wortstämme die fähigkeit die verschidenen bedeutungen zu entwickeln und nicht alle tun es, welehe die fähigkeit haben, es entscheidet eben auch hier der sprachgebrauch, der einerseits allerdings an gewisse regeln und principien gebunden ist, andrerseits aber bei der verwertung der ihm zu gebote stehenden mittel mit mer oder weniger willkür verfärt. wortstämme mit intransitivem sinne sind natürlich auf die erste kategorie beschränkt, wärend solche mit transitiven bedeutungen alle drei ausbilden können, one es jedoch immer zu tun. nemen wir z. b. das suffix *ung,* so gehen *wanderung zögerung abweichung entsagung gärung abschweifung verzweiflung* u. ä. über die erste stufe nicht hinaus, weil reflexivität und passivität hier nicht möglich sind, im übrigen treffen wir unter den bildungen mit *ung* alle denkbaren modificationen der einfachen activität. zunächst gibt es eine grosse zal mit reflexiver bedeutung neben solchen verben, welche mit vorliebe reflexiv gebraucht werden, wie *sich wenden sich bewegen sich erheben sich*

*bewerben sich erholen sich fassen sich überheben sich bessern
sich beteiligen sich beeifern sich füren sich besinnen sich erinnern sich vereinigen sich lossagen* usw. und daneben *wendung bewegung erhebung bewerbung erholung fassung über-
hebung besserung beteiligung beeiferung fürung besinnung
erinnerung vereinigung lossagung*, alle mit hinzu zu denken-
dem pronomen. vile der hierher gehörigen wörter haben
natürlich auch transitiven sinn, wie *besserung fürung erinnerung vereinigung bewegung umdrehung* usw. passivität
ist ausgeprägt in denjenigen wörtern, welche einen körper-
lichen oder geistigen zustand bezeichnen: *erschöpfung er-
mattung ermüdung erschütterung rürung aufregung spannung
begeisterung* u. ä., sie lassen sich mit dem passivparticipium
erklären: *das erschöpft-sein, das ermattet-sein, das aufgeregt-
sein, das begeistert-sein*, wärend wir statt *besserung fürung
vereinigung* sagen müssten: *das bessern* oder *das sich-
bessern, das füren* oder *das sich-füren. das vereinigen* oder
das sich-vereinigen, je nachdem die transitive oder reflexive
bedeutung vorligt. manche der eben genannten können
wir auch mit *werden* wider geben: *das ermattet-werden, das
gerürt-werden, das aufgeregt-werden*, oder sie fallen dem permissivum zu: *das sich-rüren-lassen, das sich-aufregen-lassen,
das sich-begeistern-lassen;* dise letzteren sind besonders geeignet, die entstehung der passiven vorstellung zu verdeutlichen.
noch andere wörter haben einen materiellen inhalt, sie bezeichnen nicht mer eine handlung oder einen zustand, sondern das durch eine tätigkeit hervorgebrachte: *eroberung*
ist in erster linie *das erobern* als handlung, dann aber auch
das eroberte, änlich verhalten sich *satzung verfassung vor-*

richtung leistung öffnung besitzung liferung sammlung festung abbildung u. a. m. oft schwanken wörter zwischen activität und passivität hin und her, obwol unser gefül dafür meist nur ein schwaches ist, z. b. *die belagerung Wiens* hat je nach dem zusammenhange einen doppelten sinn, man vergleiche die folgenden beiden sätze: *die Türken betriben die belagerung Wiens ser eifrig* und: *die belagerung Wiens durch die Türken rief eine allgemeine besorgniss hervor.* im ersten satze können wir statt *die belagerung Wiens* sagen: *das belagern von Wien,* im zweiten satze aber müsste es heissen: *das belagert-werden.* eine dem sinne angemessene veränderung macht dis noch deutlicher, wir brauchen nur das hauptwort *belagerung* durch formen des verbums *belagern* zu ersetzen: *die Türken waren ser eifrig dabei Wien zu belagern,* dagegen: *das durch die Türken belagerte* oder genauer *belagert-werdende Wien rief eine allgemeine besorgniss hervor.* im ersten satze ist Wien das object einer von den Türken als subject ausgehenden handlung, im zweiten satze ist Wien das subject eines passiven zustandes. mit hülfe derartiger ersetzungen des nomens durch das verbum wird man meist leicht den jedesmaligen sinn feststellen können, auch gilt das nicht bloss für die deutsche sprache, wie wir nachher sehen werden.

Auslassung des reflexivpronomens haben wir auch in den substantivirten infinitiven *das benemen das verhalten das betragen* neben den verben *sich benemen sich verhalten sich betragen,* übergang von der activität zur passivität in *gesicht = das sehen* und *das geschene, wunsch = das wünschen* und *das gewünschte, geschwätz = das schwatzen* und *das ge-*

schwatzte, schrift = *das schreiben* (als handlung) und *das geschribene* u. a. m. ich füge noch die besprechung einer gotischen wortklasse hinzu, welche ebenfalls ursprünglich active bedeutung hatte, ich meine die bildungen mit dem alten suffix *t-i*, dessen *t*-laut im gotischen als *t* oder *þ* oder *d* erscheint. dises suffix bezeichnet im sanskrit und im griechischen (τι und σι) gewönlich eine handlung, so auch im gotischen, daneben aber finden wir dieselben modificationen wie bei dem oben erörterten *-eins* und dem nhd. *-ung*. einfache abstracta der handlung sind: *framgáhts (das fortschreiten) gaþlaihts (das ermunternde zureden) gakvumþs (das zusammenkommen) krusts (das knirschen) gataurþs (das zerstören)* u. a. abstracta mit passivem sinne sind: *andanumts (das angenommen-werden*, Luc. 9, 51 u. s.) *gabaurþs (das geboren-werden) fragifts (das verlobt-sein*, Luc. 1, 27; 2, 5) *gaskafts (das erschaffen-werden*, Joh. 17, 24) u. a. materielle resultate einer tätigkeit werden bezeichnet durch *gaskafts (die schöpfung, das geschaffene) -sêþs (die sat, das gesäte) aihts (das gehabte, die hube) gagrêfts (das angenommene, der beschluss*, vgl. mein Präteritum s. 52) *-dêds (das getane, die tat). fragifts (verlobung)* kann auch reflexiv gefasst werden, wie es bei unserm neben *sich verloben* geltenden *verlobung* one frage geschehen muss, auch *gamainþs (gemeinde)* ist so zu erklären, denn es bezeichnet eine anzal von leuten, welche sich vereinigt haben. *usdrusteis* heissen Luc. 3, 5 stellen wo man fallen kann, dise bedeutung lässt sich nur aus der causativität herleiten, also ist *usdrusts* eigentlich *die fallen-machende, die zu falle bringende* d. i. *der schlüpfrige* oder *löcherige weg.*

Ein flüchtiger blick auf das griechische und lateinische überzeugt uns, dass die betrachteten erscheinungen nicht bloss eigentümlichkeiten der germanischen sprachen sind, sie keren überall wider und erweisen sich dadurch als tief im wesen der sprachen begründete. die griechischen substantiva auf -σις bezeichnen gewönlich die handlung, aber oft treffen wir dieselben variationen von bedeutungen, wie wir sie im gotischen und neuhochdeutschen kennen lernten: πόσις ist *das trinken* aber auch *der trank*, βρῶσις ist *das essen* (als handlung) aber auch *die speise*, δόσις ist *das geben* aber gewönlicher *die gabe*, τάξις ist *das ordnen* und *das geordnete*, ὄψις ist *das sehen* und *das gesehene* usw. ταπείνωσις ist in reflexivem sinne *die demut* d. h. *das sich-ernidrigen* wie got. *hnaiveins* nhd. *ernidrigung*. als sonstige beispile der reflexivität erwäge man στροφή = *das sich-drehen* neben dem transitiven στρέφω und ἀποστροφή = *das sich-abwenden*, eben so τροπή = *das sich-wenden* neben τρέπω = *drehen wenden* und μετατροπή = *das sich-ändern*, dagegen in transitivem sinne προτροπή = *das ermuntern* und ἀποτροπή = *das abwenden*. ferner stehen auch activität und passivität neben einander: τομή = *das schneiden* und *das abgeschnittene*, τροφή = *das ernären* und *das ernärte*, τόκος = *das gebären* und *das geborene*, κλοπή = *das stelen* und *das gestolene*, ἀκοή = *das hören* und *das gehörte*, γραφή = *das schreiben* und *das geschribene* usw. usw. ganz analoge verhältnisse bietet das lateinische: *habitus* ist *das sich-verhalten*, *motus* = *das sich-bewegen*, *abstinentia* = *das sich-enthalten*, *potus* ist *das trinken* und *der trank* (eben so *potio*), *partus* = *das gebären* und *das geborene*, *pictura* —

das malen und *das gemälde, aspectus* ist *das anblicken* und *das gesehen-werden* oder auch *das aussehen* d. h. *wie man sich sehen lässt* resp. *gesehen wird, affectus* ist *das angetan-sein, das gestimmt-sein, das angegriffen-sein* (vgl. *affectio*) u. a. m.

Zur ferneren bestätigung stelle ich auch aus dem französischen einige beispile zusammen. reflexiva sind *l'abaissement* das *sich-erniedrigen* neben *s'abaisser, l'attachement* das *sich-anhängen* neben *s'attacher, l'association* = das *sich-vereinigen* neben *s'associer, l'entremise* = das *sich-einmischen* neben *s'entremettre, la conduite* das *sich-füren* neben *se conduire, l'étendue* = das *sich-ausdenen* neben *s'étendre, le mouvement* = das *sich-bewegen* neben *se mouvoir, l'empressement* = das *sich-beeilen* neben *s'empresser, l'étonnement* das *sich-wundern* neben *s'étonner, la soumission* = das *sich-unterwerfen* neben *se soumettre* usw. usw. manche der hier in betracht kommenden substantiva, deren stammverba sowol transitiv als reflexiv gebraucht werden, haben ausser der reflexiven bedeutung auch die transitive, so ist *la conduite* auch *das füren, l'abaissement* auch *das erniedrigen* z. b. *l'abaissement de la voix* = *das sinken-lassen der stimme.* andere haben transitiven und passiven sinn z. b. *le couronnement* = *das krönen* und *das gekrönt-werden,* wie es sich jedesmal aus dem zusammenhange ergibt in der vorher beim deutschen gezeigten weise. noch andere vergleichen sich deutschen wörtern wie *eroberung liferung sammlung,* so ist *la conquête* = *das erobern* und *das eroberte, l'établissement* das *einrichten* und *das eingerichtete, la découverte* das *entdecken* und *das entdeckte* u. a. m. also auch hier begegnen wir denselben modificationen, ich darf es daher als erwisen betrachten, dass beim substantivum die fortlassung des reflexivums allgemeine regel ist und dass auf dise weise ein wechsel zwischen activität reflexivität und passivität statt finden kann, der in der form durchaus unbezeichnet bleibt.

Neben *siuns* (*das schauen* und *die erscheinung*) deutete ich vorher schon das adjectivum *anasiuns* als reflexivum *sich-schauen-lassend*, wobei man die wal hat zwischen causativität und permissivität, die passivität ergibt sich dann von selbst. wie das substantivum *siuns* den activen sinn *das schauen* hat, so könnte auch *anasiuns* = *schauend anschauend* sein, aber der sprachgebrauch hat sich für die causativ-permissiv-passive bedeutung (*sich-sehen-lassend* oder *gesehen-werdend* d. i. *sichtbar*) entschiden, wobei die reflexivität formell nicht ausgedrückt wird. dise auslassung ist auch gar nicht unnatürlich, denn wenn *anasiuns* neben dem ursprünglichen activen *anschauend* auch das causative *anschauen-lassend* entwickelte, so ergab sich die beziehung auf das veranlassende subject von selbst, sobald ein besonderes object nicht hinzugefügt wurde, also konnte und musste *schauen-lassend* ser leicht in *sich-schauen-lassend* übergehen. eben so sind auch *unkvêþs* = *sich-nicht-sagen-lassend*, *andanêms* = *sich-annemen-lassend*, *unandsôks* = *sich-nicht-bestreiten-lassend*, *brûks* = *sich-benutzen-lassend*, *skauns* = *sich-schauen-lassend* usw. man vergleiche mit disen wörtern die mit *-bar* zusammengesetzten adjectiva und man wird sich von der richtigkeit des gesagten überzeugen. das schon im althochdeutschen vorhandene *dankbar* hat die eigentliche bedeutung *dank-bringend*, eben so ist *frucht-bar* = *frucht-bringend*, *furcht-bar* aber ist bereits *furcht-erregend* wie ahd. *egebâre* mhd. *egebaere* mit natürlicher beziehung auf den urheber selbst. im mittelhochdeutschen ist dise modification schon ser gewönlich: *lobe-baere minne-baere aht-baere laster-baere trage-baere* usw. im neuhochdeutschen ist die zal diser bildungen legion, aber nur verhältnissmässig wenige zeigen die ursprüngliche bedeutung, die grosse merzal ist durch das in reflexivem sinne zu denkende causativum hindurch zum permissivum übergetreten; manche sind auch beim causativum stehen gebliben z. b. *furchtbar zalbar achtbar einlösbar.* die letzteren lassen sich auflösen durch das passivum mit *müssen,* die ersteren durch das passivum mit *können,* z. b. *die summe ist zalbar* = *die summe muss bezalt werden,* aber *der wein ist trinkbar* = *der wein kann getrunken werden* oder auch *der wein lässt sich trinken,* eine redeweise, welche wir schon oben (s. 16) in betracht zogen. denselben doppelsinn finden wir wider in den bildungen mit *-lich: bedenklich* ist *was bedacht werden muss,* aber *deutlich* ist *was gedeutet werden kann* oder *sich deuten lässt. bedenklich verwerflich verdammlich vererlich sträflich* u. ä. bezeichnen eine aus der causativität resultirende notwendigkeit, würend *begreiflich leidlich erträglich bestechlich erweislich unerlässlich unsäglich unverwüstlich unabänderlich* u. ä. die aus der permissivität sich ergebende möglichkeit resp. unmöglichkeit hervortreten lassen. die von substantiven herkommenden bildungen mit *-lich* haben zum teil ganz die productive bedeutung wie *dank-bar frucht-bar: tödlich* ist *tod-bringend,* *rümlich* = *rum-bringend, schmerzlich* = *schmerz-bringend,* *tröstlich = trost-bringend, schimpflich = schimpf-bringend* usw. andere decken sich mit *furchtbar: abscheulich = abscheu-er-regend* oder *abscheu-hervorrufend, hässlich = hass-erregend, jämmerlich = jammer-erregend* u. a. m. bei manchen kann man zweifeln, ob das substantivum oder das verbum zu grunde ligt, z. b. *sträflich* kann auf *strafe* (vgl. *abscheulich* von *abscheu*) oder auf *strafen* (vgl. *verwerflich* von *verwerfen*) zurück gehen. wie das ursprünglich ganz andere functionen erfüllende suffix *-lich* zu den besprochenen modificationen gelangen und mit *-bar* identisch werden konnte, brauche ich hier nicht zu untersuchen, zumal da bereits im althochdeutschen dise verhältnisse vorbereitet sind und im mittelhochdeutschen an umfang gewinnen. vermutlich erweiterte sich zuerst der begriff der allgemeinen änlichkeit zu dem der änlichen handlungsweise, dann verlor sich die vorstellung der änlichkeit ganz und *-lich* bezeichnete nur noch die handlungsweise; von hier ergibt sich das weitere von selbst.

Jetzt kere ich noch einmal zu dem oben (s. 23 f.) im vorbeigehen berürten gerundivum des sanskrit zurück, um zu zeigen, wie dasselbe der bedeutung nach mit den eben erörterten deutschen suffixen sich vollkommen deckt. wir bemerkten schon, dass jenes suffix *ja* auch die bedeutung eines activen participiums hat, z. b. *ǵâjấ = gattin* d. i. *die gebärende, kanjấ = mädchen* d. i. *die blühende,* häufiger sind weibliche abstracta auf *jâ* z. b. *vraǵjấ = wanderung* d. i. *die wandernde, vidjấ = wissenschaft* d. i. *die wissende, çajjấ*

das ligen d. i. *die ligende* usw. die zweite stufe war die causative, wie sie in *vidjấ* als *die wissen-machende* an-

genommen werden kann, daraus aber entstand mit der
sich von selbst ergebenden reflexiven beziehung wie in
furchtbar zalbar sprechbar und *rümlich verwerflich begreiflich* der causativ-permissiv-passive sinn. so ist *bhôǵjàs —
sich-essen-lassend* in causativ-passivem sinne d. i. *edendus*
und das neutrum *bhôǵjàm = das sich-essen-lassende* in per-
missiv-passivem sinne d. i. *die speise, gùhjas* ist *sich-ver-
bergen-lassend* d. i. *celandus* und das neutrum *gùhjàm =
geheimniss* hat dise causativ-passive bedeutung bewart;
andere sind reine passiva geworden z. b. *vàkjàm = das gesprochene* d. i. *die rede, gê'jam = das gesungene* d. i. *der
gesang;* mit *kârjàm = das zu tun gebende* vergleiche man
das oben (s. 33 anm.) besprochene got. *garaurki.* jetzt begreifen wir, wie im altbactrischen das in rede stehende
suffix zwischen activer und passiver bedeutung abwechseln
kann, man vergleiche die oben (s. 24 anm.) gegebenen
beispile: abctr. *kairjô = faciens* neben skr. *kârjàs = facien-
dus,* aber *raćahjô = preiswürdig* wie die deutschen *rümlich
löblich* u. ä. auch im deutschen findet sich die active bedeutung in *förderlich behülflich dienlich nützlich* u. a. die
identität der beiden suffixe geht sogar noch weiter, denn
wie *räterlich mütterlich göttlich* eine zugehörigkeit oder
änlichkeit bezeichnen, so sind auch z. b. skr. *pítrjas =
räterlich, dívjas = himmlisch, çúnjas = hündisch.* sollten am
ende von hier aus die verschidenen modificationen der bedeutung sich entwickelt haben? im deutschen *lich* ist es
unzweifelhaft geschehen und das zusammentreffen des skr.
pítrjas mit gr. $\pi\acute{\alpha}\tau\varrho\iota\sigma\varsigma$ lat. *patrius* sowie mit änlichen bildungen diser sprachen könnte dafür sprechen, nötig ist es

aber keineswegs, denn die gerundive function findet ebenfalls im griechischen (z. b. $\ddot{\alpha}\gamma\iota\sigma\varsigma$ $\sigma\tau\iota'\gamma\iota\sigma\varsigma$) und lateinischen (*z. b. eximius*) ire analoga, es wird sich deshalb schwer nachweisen lassen, wo hier der ausgangspunct zu suchen ist. dass und wie man auch von der productiven oder factitiven bedeutung zur patronymischen gelangen konnte, habe ich oben (s. 48) zu zeigen versucht.

Nach allen disen betrachtungen wird man es gerechtfertigt finden, wenn ich auch das lateinische gerundium und gerundivum in irem scheinbar rätselhaften verhalten nach den vorgefürten analogien erkläre. ich trenne dise bildungen von dem gerundivum des sanskrit, da die von Curtius vorgeschlagene herleitung des lat. *-ndus* aus skr. *-njas* für mich nichts überzeugendes hat*), die überein-

---

*) Est ist gar nicht einzusehen, weshalb *-und-us -end-us -and-us* nicht eben so gut selbständige bildungen mit *nd* neben den adjectiven auf *-d-us* sein könnten, wie das präsensparticipium mit seinem *nt* neben den participien auf *-t-us*. letztere brachte ich oben mit dem alten *t* des ablativs in verbindung, welches im lateinischen später in *d* erweicht worden ist, villeicht verdanken die lateinischen adjectiva *aridus validus candidus* u. ä. jenem jüngeren *d* ir dasein; die form *n-d* würde dann zu disem *d* in demselben verhältniss stehen wie *n-t* zu dem *t* der perfectparticipia. auf alle fälle stehen *-und- -end- -and-* neben einander wie *-unt- -ent- -ant-*, es ist deshalb willkürlich die bestandteile *un en an* beider gruppen aus einander zu reissen, *d t* lösen sich von selbst ab und treten am natürlichsten auf eine stufe mit den bildungen auf *-d-us -t-us*. die entstehung des *-ndus* aus *-njas* widerspricht den erkennbaren lateinischen lautgesetzen durchaus, wollte man aber selbst den übergang eines alten *-njus* in *-ndjus* zugeben, so müsste doch wenigstens das *j* (*i*) gebliben sein; wo findet sich sonst ein derartiger ausfall?

stimmung der bedeutungen genügt nicht zur formellen identificirung, das lert uns die vergleichung des deutschen *-lich*
mit dem skr. *-jas*. Jolly (Geschichte des Infinitivs, s. 199f.)
schliesst aus dem verhältnissmässig seltnen vorkommen des
dativs, diser casus sei als ein erstarrter der urtypus des
gerundiums, eigentlich ein infinitiv, „um den sich erst nachträglich die übrigen Casus gelagert haben". mir will das
vorläufig noch nicht einleuchten, vilmer glaube ich, dass
die lateinische sprache in irem gerundium ursprünglich ein
vollständiges verbalsubstantiv besass, dessen nominativ
(und zum teil auch der accusativ) später durch den infinitiv ersetzt wurde. spuren dises alten nominativs erblicke
ich noch in neutralen ausdrücken wie *scribendum est, moriendum est* u. ä., man beachte namentlich den gebrauch diser
form bei intransitiven verben und deponentien mit intransi-
tiver bedeutung; auch die construction mit dem casus verbi
zeigt, dass wir hier eine form des activen gerundiums und
nicht das neutrum des gerundivums anzunemen haben.
demnach erkläre ich *mihi moriendum est* gleichsam als
mori mihi adest d. i. *sterben ist für mich vorhanden*, so ist
*hic vobis vincendum aut moriendum = hier gibt es für euch
sigen oder sterben*. die vorstellung der notwendigkeit musste
sich leicht ergeben, denn wenn etwas für mich vorhanden
oder für mich bestimmt ist, so kann ich mich dem nicht
entzichen, *mihi moriendum est* erweitert sich also von selbst
zu dem causativen sinne: *veranlassung zu sterben ist für
mich vorhanden* d. i. *ich muss sterben*. eben so ist *mihi
scribendum est epistolam = es gibt für mich schreiben-lassen
einen brief*, und daraus entstand leicht *mihi scribenda est*

epistola = für mich ist ein schreiben-lassender brief vorhanden mit der widerum ganz natürlichen reflexiven beziehung, also *ein sich-schreiben-lassender brief* d. i. *ein brief welcher geschriben werden will* oder *muss.* nun vergleiche man z. b. *venerandus* mit *vererlich, despiciendus* mit *verächtlich, gloriandus* mit *rümlich,* man wird sich überzeugen, dass die passivität hier nur eine scheinbare ist, ausgegangen von der causativität mit selbstverständlicher reflexivität. das lateinische gerundivum ist aber bei der causativität oder notwendigkeit stehen geblieben, wärend die deutschen adjectiva mit *-lich* und *-bar* auch die permissivität entwickelten und sogar meist zu diser übertraten. erst im späteren latein bezeichnet das gerundivum auch die möglichkeit (mit der verneinung die unmöglichkeit wol schon früher), ein neuer beweis für die richtigkeit meiner kategorien. übrigens ist die vorstellung der notwendigkeit keineswegs immer im gerundivum ausgeprägt, sondern dasselbe ist häufig gradezu participium praesentis oder imperfecti passivi, besonders in ausdrücken mit präpositionen. die formel *ante urbem condendam* bedeutet: *ehe die stadt erbaut wurde,* im gegensatz zu *ante urbem conditam = ehe die stadt erbaut worden war,* daher ist der satz *ante conditam condendamve urbem* (Liv. praef.) zu übersetzen: *vor der erbauten oder noch vor der erbaut-werdenden stadt* d. i. *ehe der bau der stadt vollendet war oder noch ehe er betriben wurde.* es ist im höchsten grade unnatürlich hier eine notwendigkeit oder dergleichen zu suchen, *ante condendam urbem* ist einfach die beliebte umwandlung aus *ante condendum urbem = vor dem erbauen die stadt* d. i.

ehe man die stadt erbaute; daraus wurde durch umsetzung in das persönliche passivum *ante condendam urbem = vor der erbaut-werdenden stadt* d. i. *ehe die stadt erbaut wurde.* ich glaube die sache ist zimlich klar, trotz des widerspruchs z. b. von Gossrau (Lateinische Sprachlehre, s. 519f.), welcher die behauptete bedeutung leugnet und zu ganz geschraubten erklärungen greift. *superstitione tollenda non tollitur religio* heisst: *dadurch dass der aberglaube nach und nach aufgehoben wird* usw.; natürlich wäre *sublata* ungeeignet oder falsch, denn es soll die allmähliche beseitigung der einzelnen gegenstände des aberglaubens bezeichnet werden und nicht das endresultat, auch hier ist deshalb *superstitione tollenda* nur eine übertragung aus *tollendo superstitionem* und damit ist alles klar. die beispile diser art (namentlich mit der präposition *in* c. abl.) lassen sich häufen, ich beschränke mich auf das gesagte und überlasse die nähere untersuchung den latinisten.

Es ligt nahe an diser stelle auch noch des scheinbar auffallenden gebrauchs der deutschen participia zu gedenken, welcher von Jacob Grimm (Grammatik IV. s. 63ff.) bereits erörtert worden ist. ich nenne zuerst ausdrücke wie mhd. *vallendiu suht, vallendez übel,* welche im neuhochdeutschen fortdauern; dise participia haben einfach causativen sinn: *die fallende krankheit = die fallen-machende krankheit.* so ist *schamende arbeit* (Wolfr. Wilh. 315, 14) = *scham oder schande bringende arbeit,* wärend *schamen* den reflexiven sinn *sich schämen* oder *scham empfinden* hat, also eine arbeit welche den verrichtenden *scham empfinden lässt;* änlich ist *dulten scheme(n)den pín* (Parz. 172, 28) u. a.

iwer her komendiu vart (Wilh. 135, 22) und *siner her komenden vart* (ibid. 320, 29) ergeben eine *kommen-lassende* d. i. *her bringende fart, wachende arbeit* (Parz. 246, 9) ist *wachen-lassende* d. i. *wach haltende arbeit, bî ligende minne* (Parz. 193, 4; Tit. 147, 3) ist *beiligen-machende liebe* d. i. *zum beiligen reizende liebe, minnende nôt* (Jw. 7790) ist *die lieben-machende not* d. i. *der innere drang welcher zum lieben zwingt, jagende weide* ist *die zum jagen einladende weide, sláfende zît* ist *die zum schlafen einladende zeit* usw. noch im neuhochdeutschen haben wir ausser der bereits angeführten *fallenden krankheit* merere ausdrücke, in denen das participium causativ ist: *bleibende stätte = bleiben-lassende stätte, schwindelnde höhe = schwindeln-machende höhe, sitzende lebensweise = sitzen-machende lebensweise, wandelnde sucht = wandeln-machende sucht, hingebende pflege = sich-hingeben-machende pflege, aufopfernde tätigkeit = sich-aufopfern-machende tätigkeit* u. a.*) in anderen

---

*) Verschiden von disen wendungen erscheinen mir folgende: *ligende stellung, sitzende stellung, ruhende stellung, hüpfende bewegung, schlafender zustand* u. ä., denn hier sind *stellung bewegung zustand* nicht die ursache des *ligens sitzens hüpfens schlafens*, sondern vilmer das ergebniss. eine *sitzende lebensweise* oder *sitzende beschäftigung* ist eine *lebensweise* oder *beschäftigung welche zu vilem sitzen veranlasst* oder *viles sitzen erfordert*, eine *sitzende stellung* dagegen ist eine *stellung welche durch sitzen hervorgebracht wird* oder *in welcher man sich in folge des sitzens* resp. *wärend des sitzens befindet.* für *sitzende stellung* kann man sagen: *stellung eines sitzenden*, wollte man aber *sitzende beschäftigung* durch *beschäftigung eines sitzenden* widergeben, so würde das eine schiefe vorstellung erwecken. zwei kurze sätze machen das verhältniss klar: *er empfing mich in sitzender stellung = er empfing mich sitzend* oder *in der stellung eines sitzenden*, dagegen *er hat sich durch seine sitzende beschäf-*

fällen hat sich die einfache causativität zur permissiven reflexivität erweitert, so in ahd. *varantêr scaz* mhd. *varnde habe varndez guot* nhd. *farende habe,* welche Jacob Grimm

---

tigung krank gemacht = er hat sich krank gemacht durch seine beschäftigung welche ihn zu vilem sitzen nötigt und nicht *durch seine beschäftigung eines sitzenden,* denn es soll nicht eine beschäftigung bezeichnet werden, welche ein sitzender verrichtet, sondern eine solche, bei der jeder verrichtende sitzen muss. übrigens ist der in rede stehende gebrauch keineswegs eine eigentümlichkeit der participia, vile adjectiva zeigen ganz dieselbe merdeutigkeit, je nachdem eine eigenschaft personen oder sachen oder zuständen beigelegt wird. *ein sitzender mann, eine sitzende beschäftigung* und *eine sitzende stellung* verhalten sich unter einander eben so wie *ein gesunder mann, eine gesunde beschäftigung* und *ein gesundes befinden: ein gesunder mann = ein mann welcher gesund ist, eine gesunde beschäftigung = eine beschäftigung welche gesund macht, ein gesundes befinden = das befinden eines gesunden.* in ünlicher weise wechseln subjectivität und causativität bei *heiter lustig ernst traurig* u. a. *ein heiterer mann = ein mann welcher heiter ist* und *heitere musik = musik welche heiter macht, ein lustiger mann = ein mann welcher lustig ist* und *eine lustige geschichte = eine geschichte welche lustig macht;* eben so unterscheidet sich *ein ernster mann* von *einer ernsten geschichte, ein trauriger mann* von *einer traurigen geschichte* oder *nachricht.* andere adjectiva sind nur nach einer richtung hin gebräuchlich, in causativem sinne z. b. *freudig langweilig,* in subjectivem sinne z. b. *mutig tätig,* man erwäge: *ein freudiges ereigniss* d. i. *welches freude macht, ein langweiliger mensch* d. i. *der anderen langeweile bereitet,* dagegen *ein mutiger mann* d. i. *der selbst mut hat, ein tätiger mann* d. i. *der selbst tätig ist.* ich habe absichtlich bildungen mit *-ig* gewält, um zu zeigen, dass die entwickelung der bedeutungen von der form durchaus unabhängig ist: *mutig* und *freudig* sind ganz gleich gebildet, auch stehen die stammwörter *mut* und *freude* begrifflich auf einer stufe, denn beide bezeichnen einen gemütszustand, und doch gehen die bedeutungen aus einander; *lustig* und *traurig* sind von *mutig* und *freudig* ebenfalls nicht verschiden, aber in beiden haben sich subjectivität und causativität neben einander ent-

(a. o. s. 64) mit recht in passivem sinne fasst, denn es ist hier *farend = sich-faren-lassend;* eben so altfrs. *tha drivanda and tha dreganda = das sich-treiben-lassende und das sich-tragen-lassende.* eine fortsetzung diser ausdrucksweise ist bei uns *eine melkende kuh* d. i. *die sich-melken-lassende.* andere noch neuhochdeutsche, aber heute nicht mer übliche participia diser art zält Grimm auf, einige finden sich sogar bei classischen schriftstellern z. b. bei Goethe *die vorhabende reise = die beabsichtigte reise,* also in rein passivem sinne; änlich sind *mit zumachenden augen, mit aufhebenden händen, essende und trinkende dinge, verspürende besserung* u. a. m. nach dem aus den verschidenen sprachen gesammelten material wird uns dise ausdrucksweise nicht mer so befremdlich erscheinen, es war eine ganz natürliche sprachliche entwicklung, deren absterben wir villeicht zu beklagen haben.

Schon an einer anderen stelle (Präteritum, s. 106 anm.) habe ich die gotischen infinitive mit passiver bedeutung durch *sich-lassen* erklärt, ich kann jetzt dise auffassung als gesichert betrachten. die beiden entscheidenden stellen sind: *kvêmun — hailjan sik* (ἦλθον — ἰαθῆναι, Luc. 6, 18) und

wickelt. dazu kommt dann noch die reflexivität mit verschweigung des pronomens in *erbötig* neben *sich erbieten, rürig* neben *sich rären, gesellig* neben *sich gesellen,* ferner die passivität in *streitig* d. i. *was bestritten wird, durchsichtig* d. i. *was durchschaut wird* oder in permissivem sinne *was durchschaut werden kann.* es bedarf kaum noch des hinweises, dass die passivität auch hier nur die letzte stufe der causativität und permissivität ist, denn *streitig* ist eigentlich *streit erregend* und *durchsichtig = durchsicht gebend,* beide mit der ganz natürlichen zurückbeziehung auf den gegenstand selbst.

vilda — fram izvis gasandjan mik ($\dot{\epsilon}\beta o\upsilon\lambda\dot{o}\mu\eta\nu$ — $\dot{\upsilon}\varphi'$ $\dot{\upsilon}\mu\tilde{\omega}\nu$ $\pi\varrho o\tau\epsilon\mu\varphi\vartheta\tilde{\eta}\nu\alpha\iota$, 2 Cor. 1, 16), sonst ist das reflexivpronomen ausgelassen, wie so oft im gotischen beim verbum und regelmässig beim nomen. für die participia *mahts* und *skulds*, denen die function der passivität beigelegt wird, wo der infinitiv in passivem sinne mit inen verbunden erscheint, werde ich im folgenden abschnitte die schon früher behauptete activität weiter begründen, hier sei nur bemerkt, dass für den Goten gar kein bedürfniss vorhanden war, die passivität besonders auszudrücken, da auch in anderen fällen der einfache infinitiv vollkommen genügte und der zusammenhang den erforderlichen sinn ergeben musste. nach Luc. 6, 18: *kvêmun — hailjan sik* erkläre ich zunächst Luc. 5, 15: *garunnun — leikinôn fram imma* durch auslassung des pronomens und darnach dann eben so Luc. 8, 43: *ni mahta vas fram ainômêhun galeikinôn*, das participium *mahts* hier und sonst ist nur ein accedens, der eigentliche repräsentant der passivität ist wie Luc. 5, 15 und an anderen stellen das zu ergänzende reflexivpronomen. schon die beifügung der präposition *fram* weist darauf hin, dass auch in den constructionen mit *mahts* und *skulds* wirklich der infinitiv die passivität vertritt: *kvaþ þan du þaim atgaggandeim managein daupjan fram sis* (Luc. 3, 7; vgl. *kvêmun þan môtarjôs daupjan* Luc. 3, 12) *varþ þan gasviltan þamma unlêdin jah briggan fram aggilum in barma Abrahamis* (Luc. 16, 22) und eben so *uskiusan skulds ist fram þaim sinistam* (Mc. 8, 31). dagegen fasse ich in activem sinne den infinitiv *hvaiva vildêdi haitan ina* (Luc. 1, 62) sowie die von *haitan anabiu-*

dan abhängigen z. b. *anabauþ briggan hanbiþ is* (Mc. 6, 27) *haihait izai giban matjan* (Mc. 5, 43), wo der befel jedes mal an die umgebung gerichtet und dieselbe aufgefordert wird etwas zu tun. auch *sunus mans atgibada du ushramjan* (Mt. 26, 2) lässt sich in activem sinne deuten, wenn wir einen dativ der personen ergänzen, welchen der *sunus mans* übergeben wird, damit sie ihn kreuzigen; man vergleiche dazu *hlaif us himina gaf im du matjan* (Joh. 6, 31) sowie *atgaf sipônjam seinaim ei atlagidê-deina faur* (Mc. 8, 6) u. ä.

Es kann natürlich nicht meine absicht sein, hier über den infinitiv im allgemeinen mich zu verbreiten, bemerken will ich nur, dass die weglassung des reflexivpronomens bei demselben uns nicht befremden darf, weil ja der infinitiv seiner natur nach dem nomen angehört, wo wir die verschweigung des pronomens als regel erkannt haben. eigentümlich ist die gewinnung eines passivinfinitivs im sanskrit bei verben des *könnens* und *anfangens*, indem dise verba ins passivum treten und der infinitiv die active form behält, da es an einer passiven felt. ich möchte glauben, dass in disen fällen die persönliche construction jüngeres datums ist und sich erst aus der unpersönlichen entwickelt hat, denn das verbum *çákjâmi* oder *çaknómi* (ich kann) wird allein nur unpersönlich gebraucht: *çakjâtê* = *es wird gekonnt, es ist möglich.* dazu trat der active infinitiv und zwar ursprünglich mit dem casus verbi, also z. b. *çakjâtê drástum pitâram* = *es ist möglich den vater zu sehen,* woraus dann ser leicht und natürlich wurde: *çakjâtê drashtum pitâ'* = *der vater ist möglich zu sehen* d. i. *kann* *gesehen werden.* begünstigt wurde diser übergang durch die neutra, deren accusativ dem nominativ gleich lautete, so dass z. b. *çakjâtê tad váktum* == *es ist möglich dis zu sagen* one jede veränderung als persönliche construction aufgefasst werden konnte: *dis ist möglich zu sagen* d. i. *kann gesagt werden.**) in derselben weise deute ich die altlateinische verbindung des passivums von *possum queo nequeo* mit dem infinitivus passivi, sie wird entstanden sein

---

*) Selbstverständlich deute ich die wendungen mit den participien *çakitás* und *çákjas* in derselben weise, indem ich auf die persönliche construction des gr. δυνατός verweise. dise muss sich ebenfalls aus einem neutralen δυνατόν ἐστι entwickelt haben wie alle änlichen constructionen mit adjectivis; so ist dem satze: ἡ ὁδός ἀμήχανός ἐστιν ἐξελθεῖν ein ἀμήχανόν ἐστιν ἐξελθεῖν τὴν ὁδόν vorhergegangen. zu diser anname fürt, abgesehen von der unverständlichkeit der persönlichen construction überhaupt, die tatsache, dass vorzugsweise active infinitive hinzutreten, welche bei einer späteren umwandlung aus der unpersönlichkeit ganz begreiflich sind, deren verwendung aber bei dem vorhandensein selbständiger passivinfinitive unerklärlich ist, wenn wir die persönliche construction als die ursprüngliche ansehen. sätze wie χαλεπαί αἱ ὑμέτεραι φύσεις ἄρξαι oder ἡ αἰτία ἀπορωτάτη ἐστὶν ἀποδεῖξαι oder ὁ Θεμιστοκλῆς μᾶλλον ἑτέρου ἄξιος θαυμάσαι sind mit iren activen infinitiven auf griechischem boden durchaus unverständlich, wir müssten mit bestimmtheit passivinfinitive, also ἄξιος θαυμασθῆναι und ἀπορωτάτη ἀποδειχθῆναι erwarten. die persönlichen deutschen ausdrucksweisen wie *ein berg ist schwer zu ersteigen* dürfen uns dabei nicht irre machen, denn sie sind gewiss verhältnissmässig jung und ebenfalls als uneigentliche zu betrachten, wenigstens wird der ware sinn durch die jetzige form nicht logisch richtig widergegeben. der eigentliche gedanke ist: *bergsteigen* oder *das ersteigen eines berges ist schwer*, also müsste es heissen: *es ist schwer einen berg zu ersteigen*, die übertragung der schwirigkeit auf den berg als eigenschaft ist logisch falsch und kann nur die folge eines sprachlichen missverständnisses sein.

zu der zeit, als die sprache einen passivinfinitiv noch nicht ausgebildet hatte, so dass z. b. statt *forma in tenebris nosci non quita est* (Ter. Hec. IV, 1, 57) ursprünglich gesagt wurde *formam in tenebris noscere non quitum est* = es *war nicht möglich in der dunkelheit die* (acc.) *gestalt zu erkennen;* daraus wurde zunächst die persönliche construction *forma quita est noscere* (nach art des sanskrit) und endlich mit anwendung des neuen passivinfinitivs: *forma quita est nosci.* nun wurde die bezeichnung der passivität am verbum *können* überflüssig und man sagte *forma potuit nosci.* man vergleiche hierzu die sich vor unseren augen entwickelnde construction des sogenannten infinitivus futuri passivi (*amatum iri*) und man wird sich von der möglichkeit resp. richtigkeit meiner auffassung überzeugen. Gossrau (Lateinische Sprachlehre, s. 521) macht den vorgang deutlich. wie man im activum sagen konnte: *eo visum Brutum,* so musste auch mit umsetzung ins passivum möglich sein: *itur a me visum Brutum,* darnach sind in den sätzen: *Brutum visum iri a me puto* (Cic. Att. 15, 25) und *scripsisti te direptum iri a tuis* (Q. Fr. 1, 2, 1) die accusative *Brutum* und *te* als objecte zu *visum* und *direptum* zu fassen, die richtige übersetzung wäre also folgende: *ich glaube dass von mir gegangen wird* d. i. *dass ich im begriff bin den Brutus zu sehen.* es war natürlich, dass sich der übergang in die persönliche construction einstellte und sätze entstanden wie *reus paricidii damnatum iri videbatur* oder *contumelia quae factum itur.* mit dem letzteren satze decken sich die sanskritconstructionen wie *çakjáté drashṭum pitá'* ganz genau,

es wird aber niemand bezweifeln, dass die lateinische wen-
. dung nicht ursprünglich sein kann, sie wäre ganz unerklärlich. dasselbe gilt aber von den wendungen mit *çakjâtê* und änlichen: als ursprüngliche sind sie durchaus
unverständlich, dagegen als uneigentliche persönliche
constructionen erklären sie sich von selbst nach zalreichen
analogien anderer sprachen. griechische analoga wurden
schon in der anmerkung besprochen, ich erinnere deshalb
nur noch an die vilen persönlichen passiva im englischen
wie *I am sent for, he is plotted against, we are call-
ed upon, he was listened to, they are talked of, he
cannot be depended upon* usw. usw.

Wir sahen, dass im gotischen ser häufig das reflexivpronomen beim verbum wegbleibt und doch reflexiv-passive
bedeutung gilt (zu den oben zusammen·gestellten füge man
noch die bekannten *bimaitan = sich beschneiden lassen* und
daupjan = sich taufen lassen), ich suchte ferner warscheinlich zu machen, dass die althochdeutschen *ê*-verba mit
passiv-inchoativer bedeutung ebenfalls durch verschweigung
des pronomens zu erklären seien. nicht anders werden wir
in den verschidenen sprachen diejenigen verba zu beurteilen haben, welche bald transitiv bald intransitiv gebraucht
werden und bei denen die transitive bedeutung als die ursprüngliche fest steht. bei anderen, die ursprünglich nach-
weislich intransitiven oder richtiger selbsttätigen sinn
hatten, muss übergang in die causativität zugestanden
werden. letzterer art sind z. b. die französischen verba
apprendre und *accroître*,. deren ursprüngliche bedeutungen
unzweifelhaft *lernen* und *wachsen* gewesen sind, beide wur-

den causativ: *apprendre = lernen lassen* d. i. *leren* und
accroître = wachsen lassen d. i. *vermeren vergrössern;* das
letztere nam dann wider das reflexivpronomen zu sich und
so erklärt es sich, dass *accroître* und *s'accroître* gleichbedeutend neben einander stehen können. eine grosse
elasticität nach beiden richtungen hin besitzt die englische
sprache: ser vile transitive verba werden one pronomen
zugleich reflexiv gebraucht und vile intransitive haben
gleichzeitig causativen sinn. beispile der ersteren art sind
turn -- wenden und *sich wenden, bend = beugen* und *sich
beugen, extend = ausdenen* und *sich ausdenen, multiply =
vervilfältigen* und *sich vervilfältigen, spread = ausbreiten*
und *sich ausbreiten, improve = verbessern* und *sich verbessern* u. a. m. beispile der zweiten art: *bleed = bluten*
und *bluten lassen, grow = wachsen* und *wachsen lassen,
freeze = frieren* und *frieren lassen, drop = fallen* und
fallen lassen, fly = fliegen und *fliegen lassen, run = laufen* und *laufen lassen* usw. jedesfalls durch das medium
der reflexivität hat sich in manchen verben die passiv-
inchoative bedeutung neben der transitiven entwickelt:
deepen = vertiefen und *tiefer werden* d. i. *sich vertiefen,
harden = verhärten* und *hart werden* d. i. *sich verhärten,
lengthen — verlängern* und *länger werden* d. i. *sich verlängern, fatten = fett machen* und *fett werden* d. i. *sich fett
machen sich mästen, dry = trocknen* und *trocken werden*
d. i. *sich trocknen* usw.

Auch im griechischen wird die reflexiv-passive bedeutung häufig formell nicht ausgedrückt, indem active formen die functionen des mediums und passivums über-

nemen. dis ist natürlich nur durch den besonderen sprach-
gebrauch zu erklären, denn an sich konnten z. b. $\check{\varepsilon}\sigma\tau\eta\nu$
$\check{\varepsilon}\varphi\upsilon\nu$ $\check{\varepsilon}\delta\upsilon\nu$ $\check{\varepsilon}\alpha\gamma\alpha$ $\check{\varepsilon}\varrho\varrho\omega\gamma\alpha$ eben so gut transitiv wie passiv-
intransitiv gebraucht werden. in derselben weise hat ledig-
lich der sprachgebrauch über die bedeutung der aoriste
auf -$\eta\nu$ und -$\vartheta\eta\nu$ entschiden, welche der form nach durchaus dem activum angehören. das mediopassivum zeigt oft
genug reflexive bedeutung, dasselbe ist der fall bei den
in rede stehenden aoristen: $\dot{\alpha}\vartheta\varrho\iota\sigma\vartheta\tilde{\eta}\nu\alpha\iota = sich\ versam-$
$meln,\ \sigma\tau\varrho\alpha\varphi\tilde{\eta}\nu\alpha\iota = sich\ wenden,\ \varphi\alpha\nu\tilde{\eta}\nu\alpha\iota = sich\ zeigen$ usw.,
man sehe nur die vilen beispile in Krüger's grammatik
§ 52, 6, 1 (in beiden teilen). das reflexivum muss hier wie
sonst oft hinzu gedacht werden, wärend in $\dot{\alpha}\vartheta\varrho\iota\zeta o\mu\alpha\iota$
$\sigma\tau\varrho\dot{\varepsilon}\varphi o\mu\alpha\iota$ $\varphi\alpha\dot{\iota}\nu o\mu\alpha\iota$ nach der meinung der vergleichen-
den sprachforscher die reflexivität durch die form wirklich
ausgedrückt ist; ich persönlich bin freilich anderer meinung,
wie sich aus dem anhange ergeben wird.

Somit sind wir wider bei dem ausgangspuncte dises
abschnittes angelangt, nämlich bei der durch besondere formen bezeichneten passivität der verba, deren zurückfürung
auf die reflexivität allgemein anerkannt ist. die reflexivität
steht in der mitte zwischen activität und passivität, aber
wir sahen als vorstufen der letzteren die causativität und
permissivität sich entwickeln, auch so, dass die activität
sich unmittelbar zur causativität erweiterte und die reflexivität in der vorstellung sich von selbst ergab. es lässt
sich demnach aus den vorstehenden beobachtungen folgen-
gendes schema der bedeutungswechsel gestalten:

I. neutrale activität oder intransitivität,

   a) selbsttätige intransitivität,

   b) causative intransitivität;

II. objective activität oder transitivität,

   a) selbsttätige transitivität,

      1. objective selbsttätigkeit,

      2. subjective selbsttätigkeit oder reflexivität,

         α) eigentliche reflexivität,

         β) causative reflexivität,

         γ) permissive reflexivität,

         δ) reine passivität;

   b) causative transitivität,

      1. objective causativität,

      2. subjective causativität,

         α) reflexive causativität,

         β) reflexive permissivität,

         γ) reine passivität.

Auf den ersten blick wird es manchem parodox erscheinen, dass ich in den rubriken II a 2 α β γ δ und II b 2 α β γ zwei verschidene gruppen aufstelle, welche kaum von einander abweichen, allein es ist doch ein deutlicher unterschid vorhanden: in der ersten gruppe ist die reflexivität formell ausgedrückt und das eigentliche reflexivum zum causativen reflexivum erweitert, in der zweiten gruppe dagegen wird zur causativität die reflexivität nur hinzu gedacht und das einfache causativum zum reflexiven causativum erweitert. zur ersten gruppe gehören die verba, welche eine besondere form für das medium und passivum haben, zur zweiten gruppe die nomina, bei denen die reflexivität formell nicht bezeichnet wird. im übrigen sind für alle kategorien die belege in disem abschnitte enthalten, es genügt daher für jede ein beispil:

I, a: engl. *grow = wachsen,*

I, b: engl. *grow = wachsen lassen;*

II, a: gr. *ϑάπτειν = begraben,*

II, b: gr. *ϑάπτειν = begraben lassen;*

    II, a, 1: nhd. *drehen,*

    II, a, 2: nhd. *sich drehen,*

        II, a, 2, α: gr. *κείρομαι = ich schere mich,*

        II, a, 2, β: gr. *κείρομαι = ich lasse mich scheren
          = je me fais tondre,*

        II, a, 2, γ: gr. *ἀναγκάζομαι = ich lasse mich
          zwingen = je me laisse forcer,*

        II, a, 2, δ: *die fane dreht sich vom winde =
          wird gedreht;*

    II, b, 1: mhd. *minnende nôt = der lieben machende
      zwang,*

    II, b, 2: lat. *patria amanda = das sich lieben
      machende vaterland,*

        II, b, 2, α: skr. *jájjas = sich vereren machend,*

        II, b, 2, β: nhd. *heilbar = sich heilen lassend,*

        II, b, 2, γ: lat. *urbs condenda = die gebaut wer-
          dende stadt.*

Die erste unterabteilung ist natürlich jedes mal identisch mit der nächst höheren kategorie, also II a 2 α = II a 2 oder II b 2 α = II b 2 oder II b 1 = II b, doch glaubte ich das schema so machen zu müssen, wie ich es gegeben habe, weil die hier in betracht kommenden kategorien in der tat eine doppelbeziehung haben: sie sind einmal als ganzes der höheren kategorie untergeordnet, dann aber bilden sie auch gleichzeitig wider das erste glid der niederen kategorien und müssen so noch einmal als unterabteilung unter sich selbst gesetzt werden, denn es ist wol zu beachten, dass $\alpha\,\beta\,\gamma\,\delta$ unter II a 2 und $\alpha\,\beta\,\gamma$ unter II b 2 nicht einander coordinirt sind, sondern dass die folgende kategorie immer eine weiterentwickelung der vorhergehenden ist.

Wollen wir zum schlusse die ergebnisse unsrer beobachtungen in bestimmte worte fassen, so möchten folgende sätze das verhältniss zwischen activität und passivität am kürzesten darstellen:

1. die passivität entwickelt sich aus der activität durch das medium der reflexivität;

2. die reflexivität wird formell ausgedrückt oder sie ergibt sich aus der vorstellung und bleibt unbezeichnet;

3. beim verbum schwankt der sprachgebrauch, beim nomen ligt die reflexivität nur in der vorstellung.

II. Zur bedeutung der perfectparticipia.

Die resultate des ersten abschnittes füren zu der vermutung, dass auch die den perfectparticipien vorwigend
beiwonende passivität erst aus der in grossem umfange
noch nachweisbaren activität entstanden ist, da ja passivität überhaupt als etwas unursprüngliches überall sich darstellt und der übergang von der activität zur passivität
auf ganz natürlicher entwickelung beruht. eine nähere betrachtung der hauptsächlichsten indogermanischen sprachen
wird es zur gewissheit erheben, dass die in rede stehenden
participia in der tat denselben weg gegangen sind wie so
vile andere nominalbildungen.

Ich beginne mit dem sanskrit. meine angaben stützen
sich hier wie sonst auf die grammatiken von Bopp
Benfey und Max Müller, auf die sonstigen werke Bopp's
und die andrer autoritäten z. b. Pott's, endlich auch auf
Bopp's Glossarium comparativum linguae sanscritae (editio
tertia), nur bisweilen wird deshalb eine specielle berufung
nötig sein. es ist genügend bekannt, dass die *t*-participia
im sanskrit bei intransitiven verben active bedeutung haben,
teils in präteritalem und teils in präsentischem sinne, bisweilen bald in dem einen und bald in dem anderen. in

manchen fällen liesse sich die activ-intransitive bedeutung allerdings als das resultat eigentlicher passivität darstellen, z. b. *bhîtás = erschreckt* d. i. *fürchtend, sthitás = gestellt* d. i. *stehend, bhûtás = erzeugt* d. i. *geworden, buddhás = gelert* d. i. *wissend weise* u. a. m., aber wir kommen mit einer solchen anname nicht aus, da in ser vilen fällen an eine ursprüngliche passivität gar nicht gedacht werden kann. *bhávâmi* heisst *ich werde* und *ich bin*, darnach hat das participium *bhûtás* die doppelbedeutung *geworden* und *gewesen*, die letztere ist so sicher activ wie im slavisehen *l*-participium *bylŭ*, beide bilden mit dem hülfsverbum *sein* ein zusammengesetztes präteritum: skr. *bhûtô 'smi* = slav. *bylŭ jesmĭ = ich bin gewesen.* wenn aber *bhûtás = gewesen* actives participium zu *bhávâmi = ich bin* ist, so wird auch *bhûtás = geworden* in demselben verhältniss zu *bhávâmi = ich werde* gedacht werden müssen und nicht minder *bhîtás = fürchtend* neben *bíbhêmi = ich fürchte, buddhás = wissend* neben *bôˊdhâmi = ich weiss, patitás = gefallen* neben *pátâmi = ich falle, kruddhás = zürnend* neben *krúdhjâmi = ich zürne, tṛshitás = dürstend* neben *tṛˊshjâmi = ich dürste, ukshitás = gewachsen* neben *vákshâmi = ich wachse* usw. usw. bei denjenigen intransitiven verben freilich, welche die endungen des mediums haben, könnte man wider auf die passivität zurückgreifen, z. b. *mṛtás = gestorben* neben *mrijâtê = er stirbt, vṛddhás = gewachsen* neben *várdhatê = er wächst, diptás = glänzend* neben *díˊpjatê = er glänzt*, allein durch dise auffassung wird für die sache selbst wenig oder gar nichts gewonnen, denn die hier in betracht kommenden participia verhalten sich zu iren wurzeln nicht anders als diejenigen, bei denen nur active bedeutung möglich ist, wir werden daher bei der anname stehen bleiben müssen, dass bei allen intransitiven verben das *t*-participium active d. h. selbsttätig-intransitive oder reflexive bedeutung hatte, ganz in übereinstimmung mit den übrigen verbalformen, namentlich auch mit den beständig activen participien des präsens (z. b. *bhávan = seiend werdend, çvájan = wachsend*) und des perfectums (z. b. *babhúván = gewesen geworden, çûçuván = gewachsen*), welche bei transitiven verben stets transitiv sind, bei intransitiven aber dem intransitiven sinne ires tempus sich accomodiren; hier kann doch von ursprünglicher passivität gar nicht die rede sein. bemerkenswert ist auch die erscheinung, dass die verbalsubstantiva mit dem suffix *ti* bei den intransitiven verben der bedeutung nach zu dem participium stimmen: *sthítis = das stehen* neben *sthitás = stehend, çáktis = das können* neben *çaktás = könnend, vṛddhis = das wachsen* neben *vṛddhás = gewachsen, gátis = das gehen* neben *yatás = gegangen* u. a. m.; bei transitiven verben, deren participia passiven sinn haben, findet dise übereinstimmung nicht statt, hier haben die betreffenden substantiva vilmer active bedeutung wie die verba selbst: *úktis = das reden* neben *uktás = gesprochen, mátis = das denken* neben *matás = gedacht, çrútis = das hören* neben *çrutás = gehört* d. i. berümt, *kṛtis = das handeln* neben *kṛtás = gemacht* usw. übrigens haben weder die verbalsubstantiva von transitiven verben stets activen, noch die entsprechenden participia stets passiven sinn, vilmer erweitern sich jene auch zur passivität und dise zeigen öfter activität. das zu *karómi kṛnómi (ich mache handle)* gehörige *kṛtis (handlung)* heisst auch *werk* und *lied*, beide eigentlich *das gemachte* wie das neutrum *krtám* vom participium *krtás* = *gemacht*, auch das compositum *ákrtis* = *die gestalt* hat passiven sinn; *gátis* ist nicht nur *das gehen*, sondern auch *der weg* d. i. *der begangene; úktis* = *rede* als *gesprochene* ist ebenfalls passiv; *çrútis* ist *das hören*, aber auch *das gehörte das überlieferte; gátis* heisst *die geburt* d. i. *das geborenwerden*, ausserdem noch *das geborene*, nämlich *stamm geschlecht sprössling* u. ä. im gegensatz hierzu zeigen participia von transitiven verben öfter active bedeutung: *ádrtas* heisst *besorgt geachtet gepflegt*, aber auch *achtend sorgend; lubdhás* ist *begerend verlangend*, *dhrshtás* = *wagend unternemend*, *çaktás* = *könnend vermögend* neben *çakitás* = *möglich; gátás* heisst gewönlich *geboren*, aber *práģâtâ* von einer frau hat den activen sinn *geboren habend* (Bopp, Glossarium s. 146b), eben so *ápraģâtâ* und *áviģâtâ* — *nicht geboren habend* u. a. m. in anderen fällen hat das substantivirte neutrum activen, sinn in übereinstimmung mit dem verbalsubstantiv: *krtás* ist *gemacht* und *ápakrtas* = *beleidigt*, aber *´pakrtam* heisst *die beleidigung* d. i. *das beleidigende das beleidigen* (Bopp, a. o. s. 14b 73a), eben so ist *úpakrtam* = *die hülfe* d. i. *das helfende* (a. o. s. 73b), dagegen das simplex *krtám* = *werk* d. i. *das gemachte; matás* ist *gedacht* und *matám* = *der gedanke* d. i. *das gedachte* aber auch *das denken die meinung* (a. o. s. 285a) wie *mátis*, das compositum *sámmatas* heisst *geschützt geert* aber das substantivirte *sámmatam* ist in activem sinne *die zustimmung* usw. derartige erscheinungen sind an sich schwer begreiflich, sie erklären sich von selbst, wenn wir sie als nachwirkungen

der ursprünglichen activität ansehen, die passive bedeutung ist dann die später entwickelte wie in *kŕtis úktis gátis ĝấtis* u. ä.

Im altbactrischen sind die spuren alter activität noch in höherem masse vorhanden, ich stütze mich hier hauptsächlich auf Spiegel's „Grammatik der altbaktrischen Sprache" und Justi's „Handbuch der Zendsprache". wir sahen oben (s. 24 anm. 79), dass die *ja*-bildungen im altbactrischen häufiger den alten activen sinn bewart haben als im sanskrit, dasselbe gilt von den *t*-participien: nicht nur die intransitiven verba verwenden ir participium in activer bedeutung, sondern auch bei vilen transitiven findet sich neben der passivität die activität. beispile mit passiver bedeutung sind überflüssig, ich gebe nur solche, wo die active daneben besteht: *deretô* ist *gehalten* und *haltend*, *beretô* = *getragen* und *tragend* d. i. *träger*, *dâtô* = *geschaffen* und *schaffend* d. i. *schöpfer*, *âzaretô* = *gepeinigt* und *zaretô* = *peinigend* d. i. *bedrücker*, *ćiçtô* = *lerend* d. i. *lerer*, *darstô* = *seher*, *drustô* = *lügner*, *fravaretô* = *bekenner*, *meretô* = *erinnerer*. Justi und Spiegel betrachten in *ćiçtô (lerer) beretô (träger)* u. ä. das suffix *ta* als eine kürzung von *tar* (Justi, s. 371ª und unter den einzelnen artikeln; Spiegel, s. 90), es ist aber nur eine unerwisene hypothese, der ich durchaus nicht beistimmen kann, da die bildungen mit *tar*, namentlich die alten indogermanischen wie *pita* (acc. *pitarem*) *mâta* (acc. *mâtarem*) *brâta* (acc. *brâtarem*), das suffix sonst unversert erhalten; wenn also neben *bereta(r) dâta(r)* (voc. *dâtare*) *fravareta(r)* auch *beretô* (acc. *beretem*) *dâtô* (acc. *dâtem*) *fravaretô* (nom. sing. mit *ća*: *fravaretaç-ća*) erscheinen, so haben wir dise als selbständige nebenformen zu betrachten, die active bedeutung begegnet in den *t*-participien so oft, dass wir daran keinen anstoss nemen dürfen. einige weitere beispile werden das bestätigen: *vohvarstô = wol tuend* neben *varstô = gemacht, âçtutô = lobend preisend* neben *çtutô = geprisen gelobt, ġatô = schlagend* und geschlagen, *erezhukhdhô = war sprechend* und *war gesprochen, nashitô = erlangt habend, kâtô = liebend* und *geliebt, uzgaçtô ausgeschlagen habend, dusmatô = böses denkend* neben *matô = gedacht* u. a. m. in allen disen fällen denkt niemand an kürzung aus *tar*, warum also bei *beretô dâtô fravaretô?* es ist gar kein grund dazu vorhanden. oft findet eine abweichung des substantivirten neutrums vom eigentlichen participium statt, und zwar in zweifacher weise: bisweilen hat das participium passiven, das neutrum activen sinn, in anderen fällen ist es umgekert. beispile der ersteren art sind: *berekhdhô = erwünscht erseut* aber *berekhdhem = das senen das verlangen, nizhberetô = weggebracht* aber *nizhberetem = das wegfüren, fraokhtô = gesprochen* aber *fraokhtem = das sprechen, aiwidrukhtô = belogen* aber *aiwidrukhtem = das belügen, fradhâtô = geschaffen* aber *fradhâtem = das fördern, râtô = dargebracht* aber *râtem = das darbringen, shâtô = erfreut* aber *huoshâtem = das erfreuen* u. a. m. beispile der zweiten art: *humatô = gut denkend* aber *humatem = gut gedachtes, hûkhtô = gut redend* aber *hûkhtem = gut gesprochenes, hvarstô = gutes wirkend* aber *hvarstem = gutes werk, duzhvarstô = übel tuend* aber *duzhvarstem = übeltat, dusmatô = böses denkend* aber *dusmatem = böser gedanke, duzhûkhtô = böses redend* aber *duzhûkhtem =*

schlechte rede usw. bisweilen stimmen beide zusammen: *râtô = dargebracht* und *râtem = das dargebrachte* d. i. *die gabe, mithaokhtô = falsch gesprochen* und *mithaokhtem = falsches wort, fraçtaretô = zusammen gebunden* und *fraçtaretem = bündel.* — Auch das altpersische und die späteren cranischen sprachen, huzvâresch und pârsi, zeigen activität in den *t*-participien, aus diser ging das im folgenden abschnitte zu besprechende active participialperfectum hervor, welches dem schwachen präteritum der germanischen sprachen ganz gleich ist. im neupersischen hat unser participium ganz gewönlich activen sinn: *bardah* ist *getragen* aber auch *getragen habend,* wie schon das altbactrische *beretô = getragen* und *tragend.* das lateinische *fertus = fruchtbar* ist natürlich ebenfalls activ, denn *fruchtbar* ist *tragend;* es erscheint nicht überflüssig, schon hier auf dise berürung aufmerksam zu machen.

Ich komme zum griechischen, wo das *t*-participium zwar nicht das gewönliche perfectparticipium ist, aber doch in grossem umfange verwendung findet. die active bedeutung ist gar nicht selten, aber die reflexiv-permissive vil häufiger, und dise ist nach meiner ansicht nicht etwa die jüngere, sondern die ältere, welche in allen sprachen der reinen passivität vorhergegangen sein muss; spuren davon finden sich auch im sanskrit altbactrischen und lateinischen. für die activität sind mir folgende beispile zur hand: τλη-τός = *tragend duldend* (Il. 24, 49), der τλητός θυμός ist identisch mit dem τετληώς θυμός (τετληότι θυμῷ); μενετός = *bleibend wartend,* οἱ καιροὶ οὐ μενετοί (Thuc.) μενετοὶ θεοί (Ar. Av.); ἑρπετός = *kriechend,* ἑρπετόν = *kriechendes tier;*

δυνατός = vermögend, ἀδύνατος = unvermögend; λωβητός = schmähend hönend, ὁ πάντ' ἀκούων αἰσχρὰ καὶ λωβήτ' ἔπη (Soph. Phil. 607); πολύπλαγκτος = weit verschlagend, ὑψόσε δ' ἄχνη σκίδναται ἐξ ἀνέμοιο πολυπλάγκτοιο ἰωῆς (Jl. 11, 307. 308); ῥυτός = fliessend strömend; πλανητός = umherirrend (Plat. Tim.); στατός = stehend; ποτητός = fliegend, οὐδὲ ποτητὰ παρέρχεται (Od. 12, 62); ὕποπτος = argwönend, τὸ ὕποπτον = argwon, auch ὑπόπτως ἔχειν; ἀνόνητος = nichts nützend, περισσὰ κἀνόνητα σώματα (Soph. Ai. 758) ὦ πολλὰ λέξας ἄρτι κἀνόνητ' ἔπη (Soph. Ai. 1272); ἄγνωστος = unkundig (Pind.); ἄγευστος = nicht gekostet habend (Soph. Xen. Plat.); ἀδάκρυτος = nicht weinend (Hom. Soph. Eur.); ἄκλαυστος = nicht weinend (Aesch. Eur.), ἄκλαυτος (Od. 4, 494; Soph. El. 912); ἄπυστος = nicht wissend d. i. nicht erfaren habend (Od. 4, 675; 5, 127); ἄπαστος = nicht gegessen habend (Il. 19, 346 Od. 4, 788); ἀφύλακτος = nicht wachend unvorsichtig (Her. Aesch. Thuc. Xen.); ἀπροςδόκητος = nicht erwartend (Thuc.); ἄπρακτος ἄπρηκτος = nichts ausrichtend nutzlos unnütz (Il. 2, 121. 376; 14, 221; Thuc. Xen. u. a.); ἀστράτευτος = der nicht soldat gewesen ist (Aristoph. Dem. Lys.); ἀπρόσκεπτος = nicht vorherschend (Dem.); ἄπταιστος = nicht anstossend nicht stolpernd (Xen.) ἀπταίστως (Plat.); ἀπρονόητος = nicht vorher überlegend d. i. unbedachtsam (Xen.) u. a. m. die meisten der aufgezälten wörter haben neben der activen auch eine passive bedeutung und zwar besonders oft die permissive: τλητός = erträglich, οὐ γὰρ δή που τοῦτό γε τλητὸν παρέσυρας ἔπος (Aesch. Prom. 1064 f.) οὐκ ἔστι τοὔργον τλητόν (Soph. Ai. 466); δυνατός = möglich d. i.

was gemacht werden kann; ἄγνωστος = *unkenntlich,* ὄφρα μιν αὐτὸν ἄγνωστον τεύξειεν (Od. 13, 191 f.) ἀλλ᾽ ἄγε σ᾽ ἄγνωστον τεύξω πάντεσσι βροτοῖσιν (Od. 13, 397), auch Od. 2, 175 lässt sich ἄγνωστος πάντεσσιν als *unkenntlich allen* fassen; ἄπρηκτος = *unheilbar unabwendbar,* νῦν δέ μοι ἀπρήκτους ὀδύνας ἐμβάλλετε θυμῷ (Od. 2, 79) Σκύλλην δ᾽ οὐκέτ᾽ ἐμυθεόμην, ἄπρηκτον ἀνίην (Od. 12, 223). dise permissive bedeutung findet sich auch sonst ser häufig, grade in der älteren zeit, sowol one als mit α privativum: τρωτός = *verwundbar* (Il. 21, 568), κτητός = *erwerbbar* (Il. 9, 407), ἑλετός = *greifbar* (Il. 9, 409), λῃϊστός und λεϊστός = *fangbar erbeutbar* (Il. 9, 406. 408), γναμπτός = *biegsam* (Od. 11, 394 u. ö.), ῥηκτός = *zerreisbar verwundbar* (Il. 13, 323), στρεπτός = *biegsam lenksam* (Il. 9, 497; 15, 203), ἀκεστός = *heilbar* (Il. 13, 115), κλῃϊστός = *verschliessbar* (Od. 2, 344), ὀνομαστός = *nennbar* (Od. 19, 260; 23, 19), μαχητός = *besigbar* (Od. 12, 119), δωρητός = *beschenkbar* d. i. *wer durch geschenke gewonnen werden kann* (Il. 9, 526), παράρρητος = *ansprechbar* d. i. *wer sich zureden lässt* (Il. 9, 526); ἀδάμαστος = *unbezwinglich unerbittlich* (Il. 9, 158), ἄδιτος = *unbetretbar* (Il. 5, 448. 512 τὸ ἄδιτον), ἄϊστος = *unsichtbar* (Od. 1, 235), ἀκλητος = *unerbittlich* (Od. 10, 329), ἀκόρητος = *unersättlich* (Il. 12, 335 u. ö.), ἄκριτος = *unverständlich* (Od. 8, 505; Il. 2, 796), ἄλαστος = *unvergesslich unerträglich* (Il. 24, 105; Od. 4, 108), ἀμέτρητος = *unermesslich* (Od. 19, 512; 13, 249), ἀνήκεστος = *unheilbar* (Il. 5, 394; 15, 217), ἄρρηκτος = *unzerreissbar* (Il. 15, 37 u. ö.), ἄλυτος = *unlösbar* (Il. 13, 37. 360; Od. 8, 275), ἄσβεστος = *unauslöschlich* (Il. 16, 123) usw. dise beispile aus Homer mögen genügen, sie lassen sich leicht vermeren, namentlich wenn man noch Herodot Hesiod Pindar Aeschylus und Sophocles hinzunimt, von Plato Xenophon Euripides u. a. ganz abzusehen, welche ebenfalls ein reiches material lifern. ausser den drei bis jetzt in betracht gezogenen bedeutungen, der activen der permissiv-passiven und der rein passiven, lässt sich auch noch eine vierte, die causativ-passive, bis in die ältesten zeiten verfolgen. ich meine diejenigen wörter, welche durch lateinische gerundiva sich übertragen lassen oder unseren zusammensetzungen mit -*wert* entsprechen. Krüger (Poetisch-dialectische Syntax, § 56, 17, a. 1) gibt aus Homer nur ein beispil: $\dot{\alpha}\pi\acute{o}\beta\lambda\eta\tau o\varsigma$ = *despiciendus* = *verächtlich* (Il. 3, 65). deutsche wörter wie *verächtlich verwerflich* wurden oben (s. 77) als causativ dargestellt, wärend andere wie *versönlich verständlich* der permissiven kategorie zufielen: die ersteren bezeichnen eine notwendigkeit, die anderen eine möglichkeit. genau dasselbe verhältniss gilt hier für das griechische: $\iota\rho\omega\tau\acute{o}\varsigma$ = *verwundbar* $\dot{\alpha}\varkappa\varepsilon\sigma\tau\acute{o}\varsigma$ = *heilbar* enthalten eine möglichkeit, sind also permissiv, $\dot{\alpha}\pi\acute{o}\beta\lambda\eta\tau o\varsigma$ = *verächtlich* u. ä. dagegen haben den sinn der notwendigkeit, sind also causativ. ich gebe für die letztere kategorie noch merere beispile, um das hohe alter derselben zu erweisen: $\lambda\omega\beta\eta\tau\acute{o}\varsigma$ = *ein zu schmähender,* $\lambda\omega\beta\eta\tau\acute{o}\nu$ $\H{\varepsilon}\vartheta\eta\varkappa\varepsilon\nu$ (Il. 24, 531) = *macht verächtlich,* sowol vor den göttern als vor den menschen (vgl. 533); $\dot{\alpha}\gamma\eta\tau\acute{o}\varsigma$ = *bewundernswert* d. i. *der bewundert werden muss,* $\varepsilon\bar{\iota}\delta o\varsigma$ $\dot{\alpha}\gamma\eta\tau o\acute{\iota}$ (Il. 5, 787 u. ö.), formelhafter versschluss, also gewiss alt; $\gamma\varepsilon\lambda\alpha\sigma\tau\acute{o}\varsigma$ = *belachenswert lächerlich,* $\H{\varepsilon}\rho\gamma\alpha$ $\gamma\varepsilon\lambda\alpha\sigma\tau\acute{\alpha}$ (Od. 8, 307); $\nu\varepsilon\mu\varepsilon\sigma\sigma\eta\tau\acute{o}\varsigma$ = *tadelns-*

wert (Il. 3, 410 u. ö.); Krüger gibt (Attische Syntax, § 56, 17) ἐπαινετός = *lobenswert,* ψεκτός = *tadelnswert,* μαθητός = *lernenswert,* εὐκτός = *wünschenswert,* εὑρετός = *findenswert,* andere würden sich noch hinzufügen lassen, obwol die zal eine mer beschränkte ist, da die bildungen auf τέος die function der kategorie der notwendigkeit übernommen haben. ursprünglich hatten die bildungen auf τός gewiss in grösserem umfange den gerundiven sinn, diser ist erst allmählich seltner geworden wie in den deutschen adjectiven auf *bar* und *lich,* von denen namentlich die ersteren ein ganz analoges verhalten zeigen, indem sie statt der älteren causativen fast nur noch die permissive bedeutung zeigen. der sinneswechsel in wörtern wie ἀγητός = *bewundernswert* hat sich auf dem schon so oft als richtig erkannten wege vollzogen: ἀγητός war zuerst *bewundernd* in activselbsttätigem sinne, dann *bewundern lassend* in causativem sinne und mit ergänzung der reflexivität *sich bewundern lassend* d. i. *bewunderung hervorrufend* oder *bewundernswert.* wörter wie στρεπτός = *drehbar* d. i. *sich drehen lassend* in permissivem sinne gingen noch einen schritt weiter und στρεπτός = *gedreht* erreichte endlich die letzte stufe der reinen passivität. activität ist ferner noch ausgeprägt in zalreichen abstractis, welche irem ursprunge nach one frage mit den in rede stehenden bildungen identisch sind, wenn sie auch häufig eine abweichende betonung zeigen. der zurückgezogene accent der abstracta ist jedesfalls jünger und erst die folge der verschidenartigen verwendung, im sanskrit haben die substantivirten neutra den accent auf der endung behalten; im griechischen steht er

ebenfalls oft genug noch an seiner alten stelle, namentlich
wenn das entsprechende participialadjectiv nicht gebräuchlich ist. ποτός war ursprünglich *trinkend*, dann sonderte
sich als abstractum πότος = *das trinken* ab, ποτός aber
wurde auf dem bekannten wege *sich trinken lassend* d. i.
trinkbar und das neutrum ποτόν = *das sich trinken lassende*
oder *das getrunken werdende* d. i. *der trank das getränk.*
eben so ist z. b. ἄμητος == *das mähen* neben ἀμητός ==
gemäht geerntet, doch sind die alten grammatiker weder
hier noch sonst über die unterscheidung durch den accent
einig, warscheinlich weil in der lebendigen sprache selbst
vilfach schwanken von je her geherscht hatte. andere abstracta wie ἀλαλητός κωκυτός κοπετός ἀλοητός, welche
den accent auf der endung bewart haben, bestätigen die
ursprünglichkeit diser betonung, sowie die identität von
substantivum und adjectivum. auch substantivirte formen,
welche concreten inhalt haben, nemen vilfach an der zurückziehung des accents teil: φόρτος == *das zu tragende* d. i. *last
ladung*, χόρτος == *das bewarte das eingefridigte* d. i. *der hof-
raum*, κοῖτος == *das ligen machende* d. i. *das lager*, θάνατος
== *der sterben machende* d. i. *der tod* u. a. m. andere haben
den alten accent bewart: ἀγοστός γωρυτός ὀιστός βλαστός
φρυκτός usw. die hierher gehörigen neutra und feminina
zeigen dasselbe schwankende verhalten, z. b. ποτόν ξυστόν
φυτόν δετή ἐνετή κρυπτή neben πρόβατον σπάρτον κοίτη
ἐλάτη δαίτη.

Im lateinischen ist die active bedeutung mer vertreten als in irgend einer anderen sprache, mit ausname der
eranischen. ausser den stets angefürten *potus pransus cena-*

tus juratus gavisus ausus fisus solitus haben zunächst die deponentia das *t*-participium in activem sinne, dann aber kommen noch andere hinzu wie das schon genannte *fertus* = *fruchtbar* d. i. *tragend, consideratus* = *überlegend, tacitus* = *schweigend, circumspectus* = *umsichtig vorsichtig, consultus* = *überlegt habend* d. i. *kundig, adultus* = *erwachsen, conspiratus* = *sich verschworen habend, feta* = *geboren habend* und *gebärend, sceleratus* = *verbrechen begangen habend* u. a. m. unzweifelhaft war auch im lateinischen die active bedeutung von anfang an vorhanden, deshalb konnte in vilen fällen eine doppelbedeutung sich einstellen, z. b. in *consideratus circumspectus potus consultus*, und manche participia von deponentien sind sowol activ wie passiv: *adeptus* = *erlangt habend* und *erlangt, confessus* = *bekannt habend* und *bekannt, expertus* = *erprobt habend* und *erprobt, pactus* = *ausgemacht habend* und *ausgemacht* u. a. m. in derselben weise begegnen sich auch sonst activität und passivität: *perfusus* = *verschwendend verschwenderisch* und *verschwendet, inscitus* = *nicht kennend* und *nicht gekannt* usw. manche participia haben gradezu activ-reflexiven sinn: *remissus* = *sich gehen lassend* d. i. *lässig träge schlaff, attentus* = *sich anspannend* d. i. *aufmerksam, versus* = *sich wendend, moratus* = *sich aufhaltend, consuetus* = *sich gewönt habend, dejectus* = *sich senkend, editus* = *sich erhebend*. auch sonst sind participia nicht dem passivum transitiver verba zuzuweisen, sondern dem activum mit dem reflexivpronomen: *deditus* ist oft *qui se dedidit* als perfectparticip zu *se dedere*, eben so *cinctus* = *qui se cinxit, devotus* = *qui se devovit, occultus* = *qui se occuluit* oder *occulit* (*homo occultus* = *zurück-*

haltender mensch), temperatus = qui se temperavit oder *temperat, paratus = qui se paravit, sublevatus = qui se sublevavit* (Caes. B. G. I, 48). von ursprünglicher passivität kann hier gar nicht die rede sein, ein *homo occultus* wird nicht von einem anderen versteckt, sondern er selbst hüllt sich und seine meinung in dunkel; die fusskämpfer, welche bei Caesar *jubis equorum sublevati* mit den reitern schritt halten, werden nicht von anderen an den mänen der pferde aufgehängt, sondern sie hängen sich selbst an; *devotus* von jemand, der aus eigenem antribe sich weiht, kann unmöglich anders als selbsttätig-reflexiv gefasst werden, darum steht es auch z. b. bei Livius (VIII, 9) ganz analog dem vorher gebrauchten reflexivum *(quibus me pro legionibus devoveam)*, Decius lässt dem Manlius melden *se devotum pro exercitu = er habe sich für das her geweiht.* in disen und in anderen fällen würde es zu den albernsten künsteleien füren, wenn man auf wirkliche passivität zurückgehen wollte. reflexive causativität kann man annemen in *vectus* mit *curru* oder *equo,* wofür wir *farend* oder *reitend* setzen würden; der betreffende steigt mit der bestimmten absicht auf den wagen oder auf das pferd, sich weiter befördern zu lassen, darum ist *vectus = sich ziehen lassend.**) in

---

*) Dass es dem römischen sprachgenius ganz angemessen war, participia in reflexivem sinne zu gebrauchen, bestätigen auch noch ausdrücke wie *saxa rotantia* (Verg. Aen. 10, 362) *volrentia plaustra* (Ge. 1, 163) *volventibus annis* (Aen. 1, 234) u. ä. wenn es daneben auch heisst *rolvenda dies* (Aen. 9, 7) und *volvendis mensibus* (1, 269), so ist hier *volvendus* nicht verschiden von *volvens,* zu beiden ist *se* zu ergänzen und das gerundivum hat präsentische bedeutung, wie sie oft angenommen werden

änlicher weise lassen sich die participia einiger deponentia deuten: *usus = sich nutzen gewären lassend, fructus = sich genuss bereiten lassend;* permissiv sind *passus = über sich ergehen lassend, iratus = sich erzürnen lassend;* reine reflexivität ligt vor in *moratus = sich aufhaltend, nixus = sich stützend, reversus = sich zurück wendend, gloriatus = sich rümend* u. a. m. die permissive kategorie ist bei activ-transitiven verben oft vertreten, denn das participium hat stets disen sinn, wo das passivum mit *sich lassen* übersetzt werden muss, z. b. *commotus = sich bewegen lassend* zu *com-moveri = sich bewegen lassen, raptus = sich hinreissen lassend* zu *rapi = sich hinreissen lassen, deterritus = sich abschrecken lassend* zu *deterreri = sich abschrecken lassen.* ausserdem

---

muss, es ist ganz falsch das gerundivum nur auf zukünftige sachen zu beziehen. dass die notwendigkeit erst das resultat der reflexiven causativität ist, haben wir oben (s. 81 f.) erörtert, dasselbe gilt von der vorstellung der zukunft, welche nur neben-bei im gerundivum ausgeprägt ist. wenn ich sage: *epistola scri-benda est,* so ligt darin zunächst nur eine notwendigkeit, da aber der brief natürlich erst noch geschriben werden muss, da er also voraussichtlich geschriben w e r d e n w i r d, so ergibt sich eine nebenfolgerung von der notwendigkeit auf die zeit der ausfürung; handelt es sich um allgemein gültige regeln (z. b. *patria amanda est*), so fällt diser nebensinn ganz weg, er ist nur bei einmaligen vorschriften vorhanden und in warheit auch nur scheinbar. demnach konnte *volvendus* in seiner ur-sprünglicheren bedeutung *sich wälzend* gleichbedeutend sein mit *volvens,* villeicht liess sich Vergil lediglich durch metrische gründe bestimmen zwischen den beiden formen zu wechseln, auch ist es nicht unwarscheinlich, dass *rolvenda dies volvendis mensibus* alte formeln waren, in denen die einfache participial-bedeutung sich erhalten hatte wie in *oriundus secundus labun-dus;* auch *rotundus* ist *sich drehend* und vergleicht sich in änlicher weise mit *saxa rotantia.*

ist die permissivität noch ausgeprägt in participien mit dem verneinungspräfix *in*, z. b. *invictus* = *unbesigbar, immensus* = *unermesslich, indefessus* = *unermüdlich, indomitus* = *unbezämbar;* aber auch one *in*, z. b. *acceptus* = *annembar, distinctus* = *unterscheidbar deutlich, fractus* = *gebrechlich schwach;* ja sogar causativität ligt noch vor in *despectus* = *verächtlich, contemptus* = *verächtlich.* unter den substantivirten bildungen haben activen sinn: *tectum* = *das deckende* d. i. *das dach, delictum* = *das versehen* (als handlung), *noxa* = *die schadende* d. i. *der schaden, offensa* = *die beleidigung, repulsa* = *die zurückweisung* u. a. m. causativ ist *lectus* = *das ligen machende* d. i *das lager,* passiv *dictum* = *das gesagte, votum* = *das gelobte, factum* = *das getane* usw. wir sehen also im lateinischen dieselben variationen wie im griechischen und auch in den arischen sprachen.

Das gotische bietet nur ein beschränktes ergebniss, da uns gar zu wenig von der sprache erhalten ist, aber immerhin genug, um die merdeutigkeit der *t*-participia erkennen zu lassen. unzweifelhaft activ sind *þâhts* und *þûhts* in den compositis *anda-þâhts hauh-þûhts mikil-þûhts,* grade dise schon früh zu adjectiven gewordenen alten participia sind beweisend für das hohe alter der activität. activen sinn hat ferner *fravaurhts,* es ist vollständiges nomen agentis zu dem verbum *fravaurkjan* und so hat es auch Ulfilas aufgefasst, denn wie er das griechische ἁμαρτάνειν mit *fravaurkjan* übersetzt, so überträgt er ἁμαρτάνων (1 Tim. 5, 20) und ἁμαρτωλός durch *fravaurhts,* aber er verwendet für ἁμαρτάνων auch *fravaurkjands* (1 Cor. 8, 12), beweis genug, dass ihm beide participia principiell identisch waren, doch scheint *fravaurhts* mer die adjectivisch-substantivische d. h. die nominale function versehen zu haben, wärend *fravaurkjands* als wirkliches participium gebraucht wurde, das compositum *faura-fravaurkjands* steht sogar zweimal für das griechische perfectparticipium προημαρτη- κώς (2 Cor. 12, 21; 13, 2). dem got. *fravaurhts* entsprechen ahd. *farworaht* alts. *farwarht* ags. *forvorht*, alle bezeichnen den tätigen frevler, das wort hat also schon in der urgermanischen zeit disen activen sinn gehabt.*) wenn

---

*) Das got. *fravaurhts* lässt sich mit dem lat. *sceleratus* vergleichen, welches ich oben ebenfalls activ gedeutet habe. wir sagen freilich: *ein mit verbrechen behafteter mensch*, aber es kann doch nicht die rede davon sein, dass ein verbrechen jemandem von aussen angeheftet wird (es sei denn durch verleumdung), sondern der verbrecher ist durchaus selbsttätig, er wird durch sich selbst, durch seine eignen handlungen, was er ist. wollten wir *sceleratus* in passivem sinne erklären d. h. *durch verbrechen befleckt*, so werden wir dadurch nicht im geringsten gefördert, denn das gibt gar keinen vernünftigen sinn; wir müssten doch wider zur reflexivität greifen und sagen *sich befleckt habend*, wie oben *deditus = qui se dedidit* oder *devótus = qui se devovit*. das alles aber ist unnötige künstelei, wir denken uns einfach neben *scelerare* ein deponens *scelerari = ein verbrechen begehen*, wie z. b. *jocari* neben *jocare*, und dann ist *sceleratus — verbrechen begangen habend* d. i. *verbrecherisch lasterhaft verflucht*; auch das active *scelerare* kann ursprünglich nichts anderes bedeutet haben als *ein verbrechen begehen*, es ist mir deshalb gar nicht unwarscheinlich, dass die transitive bedeutung *durch ein verbrechen beflecken* d. i. *entheiligen verunreinigen* erst aus dem participium später entnommen wurde, zumal da das verbum äusserst selten ist. leichter wäre für das got. *fravaurhts* ursprüngliche passivität in anspruch zu nemen, denn wir könnten es denten als *verwirkt verarbeitet* d. i. *verdorben*. mancher wird villeicht dise auffassung für richtiger halten, da aber das

daneben in *handu-vaurhts* unzweifelhafte passivität erscheint, so darf uns das nach den vilfachen analogien der urverwanten sprachen nicht befremden. *usvaurhts (δίκαιος)* scheint im gegensatz zu *fravaurhts* zu stehen, so dass es jemand bezeichnet, der eine arbeit zu gutem ende gebracht hat. das verbum *usvaurkjan* lesen wir leider nur einmal, aber glücklicher weise in einer solchen construction, dass wir den absoluten gebrauch desselben zu erkennen vermögen: *ei mageiþ andstandan in þamma daga ubilin jah in allamma usvaurkjandans standan (ἵνα δυνηθῆτε ἀντιστῆναι ἐν τῇ ἡμέρᾳ τῇ πονηρᾷ καὶ ἅπαντα κατεργασάμενοι στῆναι*, Eph. 6, 13). darnach hatte das verbum nicht die transitive bedeutung *vollenden*, sonst würde Ulfilas nicht *in allamma*, sondern *allata* oder *alla* damit verbunden haben (die abweichung vom griechischen texte ist gewiss beachtenswert), *usvaurkjan* hiess vilmer gleichsam ein *urwerk verrichten* d. i. *etwas vollkommenes leisten*. auch hier ist das participium *usvaurkjands* nicht wesentlich verschiden von *usvaurhts*, ich neme daher für dises ebenfalls active bedeutung in anspruch und stelle es neben *fravaurhts*. das zu *þaurban* gehörige participialadjectiv *þaurfts* hat die dop-

---

got. *fravaurkjan* niemals *verderben* heisst, sondern immer ἁμαρτάνειν, und da die im texte erörterte übereinstimmung von *fravaurhts* und *fravaurkjands* nicht unbeachtet bleiben darf, so ziehe ich es vor, *fravaurhts* mit *þahts* und *þuhts* auf eine stufe zu stellen. der zu *fravaurkjan* einige male hinzu gefügte reflexive dativ *(fravaurhta mis* Mt. 27, 4; Luc. 15, 18*)* kann uns nicht stören, derselbe findet sich auch bei *þagkjan* (Mc. 2, 6; Luc. 1, 29); übrigens ist die construction jedesfalls alt, denn das alts. *farwirkian* nimt daran teil *(that sie im thâr farwirkien* Hel. 3395).

pelte bedeutung *nötig* (ἀναγκαῖος) und *nützlich* (ὠφέλιμος),
das compositum *naudi-þaurfts* dient ebenfalls zur übersetzung von ἀναγκαῖος. wie sind *nötig* und *nützlich* zu
vereinigen? das erste hat passives, das zweite actives ge-
präge, beide aber scheinen mir aus der causativität hervorgegangen zu sein. *þaurban* heisst *bedürfen nötig haben*,
also ist *þaurfts* == *bedürfniss* oder *verlangen erweckend* d. i.
begerenswert, daraus wurde einerseits *nötig* und andrerseits
leicht *nützlich*, denn das *begerenswerte* ist dem, der es erreicht, natürlich auch *dienlich* und *zuträglich*. permissivität
haben wir in *unatgâhts* == *unzugänglich* und in dem adver-
bium *unsahtaba* == *unbestreitbar*, zu dem ein adjectiv *unsahts*
mit sicherheit vorausgesetzt werden darf. activität sehe ich
noch in *mahts* und *skulds*, die verwendung in der construction
mit dem reflexiv-infinitiv kann dagegen gar nicht geltend
gemacht werden, wie ich schon oben (s. 87) andeutete; der
Gote benutzte nur die einmal vorhandenen participialadjectiva, um missverständnisse zu vermeiden, an sich hätte
er eben so gut die entsprechenden formen von *magan* und
skulan nemen können, denn die passivität lag unzweifelhaft
in dem zu ergänzenden reflexivpronomen. ich habe schon
früher (Präteritum, s. 106 anm.) *mahts* und *skulds* dem
gemäss gedeutet: *mahts* = *vermögend fähig im stande* und
skulds = *schuldig*, ich glaube hieran um so mer festhalten
zu können, da auch ags. *meaht* == *mächtig älmiht* == *allmäch-
tig* (vgl. Präteritum, s. 107) ahd. *scult* = *schuldig* (gl. Ker.
204ᵇ bei Hattemer) mhd. *unschult* == *unschuldig* altn. *skyldr*
= *schuldig pflichtig* noch spuren der activen bedeutung
sind. von dem persönlichen *skulds visan* mit dem reflexiv-

infinitiv, welches sechsmal vorkommt (Mc. 8, 31; Luc. 9, 44; 19, 11; Joh. 12, 34; 2 Cor. 5, 10; 12, 11), muss das unpersönliche neutrale *skuld ist* unterschiden werden, denn dises heisst entweder *es ist nötig* oder *es gehört sich, es ist erlaubt* (dis nur in negativen und in fragesätzen).*) dises *skuld ist* haben wir substantivisch zu fassen: *es ist verpflichtung vorhanden,* daher mit dem dativ: *skuld ist mis, þus, unsis, mann* u. ä. das neutrum ist in disem falle causativ und *skuld = schul-*

---

*) Unter der einwirkung der negation und des zweifels ist die notwendigkeit d. i. die causativität zur freiheit d. i. zur permissivität fortgeschritten, wie auch unser *sollen* mit der negation und in der frage dem *dürfen* ser nahe kommt, namentlich *er soll nicht* ist zimlich identisch mit *er darf nicht,* wärend *soll ich?* dem *darf ich?* noch nicht ganz gleich geworden ist. dieselbe unterscheidung kann man im gotischen zwischen *ni skuld ist* und *skuldu ist?* machen, obwol der griechische text in beiden fällen ἔξεστι hat. unser *dürfen* hat auch in der positiven aussage die permissive bedeutung angenommen und die ursprüngliche causative ganz aufgegeben, aus dem althochdeutschen und mittelhochdeutschen lernen wir, dass die negativen sätze den übergang vermittelt haben; auch die verwanten sprachen bestätigen dis. umgekert bemerkten wir oben (s. 14), dass *lassen* und *müssen* von der permissivität zur causativität sich erweitert haben, dasselbe gilt von *dürfen,* wenn wir es heute, wo es nicht mer causativ ist, in dem dort angegebenen sinne gebrauchen, auch *können* und *mögen* verhalten sich nicht anders. villeicht ist von *nicht sollen* und *nicht dürfen* diser ganze wechsel der vorstellungen ausgegangen, überhaupt mag in negativen sätzen das fortschreiten von der causativität zur permissivität sich vorzugsweise entwickelt haben, wie denn in der tat z. b. das *t*-participium am häufigsten mit dem verneinungspräfix oder mit der negation die permissive bedeutung entwickelt und bewart hat. auch das lateinische gerundivum und das griechische verbaladjectiv auf τέος zeigen dieselbe wandlung, nicht minder das neuhochdeutsche gerundivum.

dig machendes d. i. *notwendigkeit zwang* und in permissivem
sinne *erlaubniss freiheit.**) von regelmässigen schwachen
verben haben einige participia mit dem negationspräfix

---

*) Wenn einige male statt *skuld ist* die persönliche neutrale merzal *skulda sind* erscheint, so ist dis eine änliche licenz
der sprache, wie wir sie oben (s. 88 ff.) bei skr. *çakitás* gr. $\delta v\nu\alpha$-
$\tau \acute{v}_{\varsigma}$ u. a. erörterten. die beispile sind folgende: *rôdjandeins
þôei ni skulda sind* = λαλοῦσαι τὰ μὴ δέοντα (1 Tim. 5, 13) und
vaurda þôei ni skulda sind mann rôdjan = ῥήματα ἃ οὐκ ἐξόν
ἀνθρώπῳ λαλῆσαι (2 Cor. 12, 4). das letztere zeigt noch deutlich
den weg der entstehung: für *skulda sind mann* stand ursprünglich *skuld ist mann* und das relativum *þôei* war accusativ d. h.
object zu dem folgenden infinitiv *rôdjan*, dis wurde vergessen
und das neutrale unpersönliche *skuld ist* accomodirte sich dem
þôei, welches nun natürlich scheinbar subject wurde. in dem
ersten beispile ist aus dem participium *rôdjandeins* der infinitiv
rôdjan zu ergänzen, der satz hiess eigentlich *rôdjandeins þôei ni
skuld ist* scil. *rôdjan.* dass dise erklärung die richtige ist, lässt
sich noch aus dem gotischen selbst erweisen, denn Luc. 6, 4
lesen wir: *jah gaf* (ergänze *hlaibans*) *þaim miþ sis visandam
þanzei ni skuld ist matjan nibai ainaim gudjam* = καὶ ἔδωκε
καὶ τοῖς μετ' αὐτοῦ οὓς οὐκ ἔξεστι φαγεῖν εἰ μὴ μόνοις τοῖς ἱερεῖς;
beim masculinum war die versuchung nicht so gross, darum
blib hier die eigentliche construction gewart. zweifelhafter
wäre schon der satz: *hva taujid þatei ni skuld ist taujan in
sabbatô dagam* = τί ποιεῖτε ὃ οὐκ ἔξεστι ποιεῖν ἐν τοῖς σάββασι
(Luc. 6, 2), obwol hier *þatei* als object zu *taujan* noch deutlich
ist, aber wenn es Mc. 2, 24 heisst: *hva taujand sipônjôs þeinai
sabbatim þatei ni skuld ist,* so kann man leicht vergessen,
dass aus *taujand* der infinitiv *taujan* zu ergänzen ist, und *þatei*
für den nominativ d. h. für das subject zu *skuld ist* halten. war
nun das object zu dem zu ergänzenden infinitive ein neutraler
pluralaccusativ, so ergab sich aus *þôei skuld ist* fast von selbst
þôei skulda sind. dass dise uneigentlichen persönlichen constructionen von den eigentlichen mit dem masculinum und femininum *(skulds* und *skulda)* wesentlich verschiden sind, ist unschwer zu sehen, denn obwol *þôei ni skulda sind mann rôdjan*
scheinbar übereinkomnt mit *sumus mans skulds ist atgiban in*

permissive bedeutung: *unbilaistips = unerforschlich* (Röm. 11, 33), *unusspillôps = unverkündbar unbeschreiblich* (Röm. 11, 33; 2 Cor. 9, 15), *unfairlaistips = unerforschlich* (Eph. 3, 8), *ungavagips = unbeweglich* (1 Cor. 15, 58), *ungafairinôps = untadelhaft* (1 Tim. 3, 2 u. ö.). das letztere streift noch nahe an die causativität, one das präfix *un-* würde *gafairinôps* einem gerundivum gleich stehen. zweifellose activität ligt noch vor in dem substantivum *andbahts*, wenn auch die etymologie des wortes unklar ist, und ferner in *gazds dauravards*, auch wol in *môds* (eigentlich *der denkende*, vgl. gr. μῆτις und μῆνις).

Noch im mittelhochdeutschen finden sich zimlich vile spuren von activer bedeutung des participiums bei transitiven verben, die passive bedeutung gilt dann meist daneben. neben das got. *andaþâhts* stellt sich hier *bedâht = bedenkend* oder *sich bedenkend* d. i. *besonnen* mit seinem negativen gegenstück *unbedâht*, eben so verhalten sich *gedâht verdâht* und *unverdâht*; auch im neuhochdeutschen gelten *bedacht, wol bedacht, unbedacht* gelegentlich noch in activem sinne, für gewönlich sind sie so ausser gebrauch gekommen und auf die passivität beschränkt. fernere beispile im mittelhochdeutschen sind: *verwaenet = anmassend* d. i. *zu vil hoffend* oder *zu vil erwartend anspruchsvoll, ver-*

---

handuns mannê, so weist doch der dativ *mann* noch auf die activität des infinitivs *rôdjan* hin und lässt *skulda sind* als eine uneigentliche personificirung des ursprünglichen *skuld ist* erkennen, namentlich wenn man daneben den satz *þanzei ni skuld ist matjan* erwägt. bei dem persönlichen *skulds ist* ist von alle dem keine spur vorhanden, wir haben einfach zu den infinitiven das pronomen zu ergänzen und damit ist alles in ordnung.

ruochet == achtlos sorglos d. i. *nicht achtend* oder *sich nicht kümmernd, verschuldet = schuldvoll* d. i. *eine schuld auf sich geladen habend* u. a. man kann dise participia auch reflexiv fassen, da sie zu der reflexivität der verba *sich verwaenen sich verruochen sich verschulden* zu gehören scheinen, sie würden demnach auf eine stufe treten mit lat. *deditus devotus* u. ä. dise verwendung der participia ist nicht erst im mittelhochdeutschen entstanden, denn es finden sich spuren davon auch im althochdeutschen, und wenn hier die ausbeute geringer ist, so haben wir das mer dem beschränkten umfange der denkmäler als einem wirklichen mangel zuzuschreiben. bei Notker finden wir *ferruomet == arrogans* d. i. *sich rümend sich überhebend* und das gegenstück *unferruomet (sih ana mîna diemuoti wie unferruomet ih pin*, Ps. 87ᵃ; vgl. Graff IV, 1142); dem mhd. *verwaenet* entspricht bei Notker *feruuândes herzen = se probantis conscientiae*, eben dahin gehört, nur mit andrer modification der grundbedeutung, *uiruuântêr == dissolutus* d. i. *verzweifelnd* neben dem präsensparticipium *viruuánnantêr* in derselben bedeutung von *faruuánnan = desperare* d. i. *aufhören zu hoffen*, also *uiruuántêr = aufgehört habend zu hoffen*, ausserdem hat Graff (IV, 866) noch die pluralform *unpiuuántu immemores*, natürlich auch in activ-reflexivem sinne zu *sih piuuânan* gehörig. mit dem präfix *un* gibt es im mittelhochdeutschen eine grössere zal rein activer beispile: *unbetraht == nicht überlegend, unverdaget = nicht schweigsam, unversmaehet--=nicht verachtend, unversuochet = nicht versucht habend, ungespilt = nicht gespilt habend, ungetanzet = nicht getanzt habend* u. a. m. zur reflexivität stellen sich *unbehuot*

= leichtsinnig d. i. *sich nicht hütend, unbesorget = sorglos furchtlos* d. i. *sich nicht sorgend, unversent = sich nicht abgehärmt habend, ungenietet = unerfaren ungeübt* d. i. *sich nicht beflissen habend, ungerüemet = sich nicht rümend, ungefräget = nicht gefragt habend, ungetihtet = nicht gedichtet habend;* die beiden letzteren bespricht schon Grimm in dem capitel über die participia (IV, s. 71). noch heute haben bei uns die participia von intransitiven verben activen sinn wie im sanskrit: *gewandert gereist verblüht verwelkt abgelebt geruht gedient* usw. wir dürfen uns nur nicht dadurch täuschen lassen, dass wir vile derselben mit *haben* verbinden, um das perfectum und plusquamperfectum zu gewinnen, als wären es transitive verba, z. b. *ich habe gelebt, die blume hat geblüht, er hat lange geruht, sie hat treu gedient;* richtiger sagen wir: *ich bin gewandert, ich bin gereist, die blume ist verblüht, die blätter sind verwelkt* usw. die Engländer sind noch weiter gegangen und haben überall bei intransitiven verben ir *have* eingefürt, auch im französischen dient *avoir*, wo *être* am platze wäre. man hat mit der zeit aufgehört, die eigentliche passive bedeutung des mit *haben* verbundenen participiums zu fülen, und das perfectum dann auch da mit *haben* gebildet, wo es streng genommen falsch und sinnlos ist. manche der hier in betracht kommenden participia werden auch adjectivisch gebraucht, manche nur so, und dann ist die active natur noch ganz deutlich erkennbar: *ein gedienter soldat, ein abgelebter greis, eine verblühte blume, ein verdienter beamter, ein weit gereister mann.* reflexiv wie mhd. *verwuenet* ahd. *ferruomet* sind nhd. *abgehärmt ausgeruht* u. a. zimlich häufig ist im mittelhoch-

deutschen die permissivität mit dem präfix *un-* verbunden: *unbekant = unerkennbar, unbeweget = unbeweglich, unerwant unerwendet = unabwendbar, unversüenet = unversönlich, ungezalt unzälig, unververêret = unerschrocken* d. i. *sich nicht erschrecken lassend, unernert = unrettbar* u. a. m. im jetzigen neuhochdeutsch ist dise kategorie ausgestorben, weil besondere suffixe dafür vorhanden waren.

Der analogie wegen unterziehe ich auch die starken participia der germanischen sprachen einer kurzen betrachtung. dieselben haben in dem *n*-participium des sanskrit ir ebenbild: got. *bugans* = skr. *bhugnás*, got. *bitans* = skr. *bhinnás* (für *bhidnás*), got. *vigans* = skr. *vignás*. wärend aber im sanskrit nur verben mit bestimmten wurzelauslauten das suffix *-nás* gestatten, one dass dabei auf die verbalclasse irgend welche rücksicht genommen wird, hat sich dises suffix in den germanischen sprachen bei allen starken verben festgesetzt, ist aber in der bedeutung mit demjenigen der schwachen verba durchaus identisch; auch im sanskrit ist ein bedeutungsunterschid zwischen den beiden participien nicht vorhanden. die intransitiven starken verba der germanischen sprachen haben natürlich stets active bedeutung, ganz wie die intransitiva im sanskrit. dis gilt bis auf den heutigen tag und kann nie anders gewesen sein. got. *vahsans vaurþans gaggans* waren von je her active perfectparticipia zu *vahsan vaurþan gaggan*, sie hatten denselben selbsttätigen sinn wie unsere neuhochdeutschen *gewachsen geworden gegangen.* erst wenn die verba in der zusammensetzung oder sonst transitiven sinn annemen, dann erhält das participium passive bedeutung,

z. b. *begangen überschritten bestigen besessen.* aber auch bei transitiven verben konnten die alten germanen das participium in activem sinne gebrauchen, dis lert uns das durch alle sprachen gehende zum adjectivum gewordene *trunken* = *getrunken habend.* schon im gotischen lesen wir *drugkans* in diser bedeutung: *drugkans ist* (1 Cor. 11, 21) und *drugkanai vairþand* (1 Thess. 5, 7 bis), eben so im altnordischen *drukkinn* (Sigrdrf. 29), im angelsächsischen *druncen* (z. b. Beov. 531. 1468), im altsächsischen *druncan* (Hel. 2054. 2061), im althochdeutschen *trunchan trunkan foltrunkan wintrunchan upartrunchan,* im mittelhochdeutschen *trunken ungetrunken übertrunken,* im neuhochdeutschen *trunken betrunken weintrunken,* im altfrisischen *drunken,* im englischen *drunk,* im dänischen *drukken,* im schwedischen *drucken;* daneben ist das eigentliche participium mit passiver bedeutung ganz gewönlich. dises eine beispil würde schon genügen, um für die urgermanische zeit die activität auch bei transitiven verben zu constatiren, es gibt aber noch andere beispile, welche unzweifelhaft alt sind: ahd. *firloganér* = *levis* (gl. Mons. u. ö.) d. i. *oft gelogen habend* oder *oft lügend lügenhaft,* eben so noch bei uns *verlogen;* ahd. *giuuizzenér* = *gnarus, giuuizana* = *minime ignari* (Graff I, 1096), eben so mhd. *gewizzen* = *verständig gewissenhaft besonnen, verwizzen* = *verständig* und das gegenteil *unverwizzen;* ahd. *uermezzen* = *arrogans* (gl. Jun.) d. i. *sich vermessend,* eben so mhd. *vermezzen* und auch noch bei uns *vermessen;* mhd. *bescheiden* = *verständig* d. i. *wer recht und unrecht zu unterscheiden weiss* nebst *unbescheiden,* nhd. *bescheiden* und *unbescheiden* in modificirter bedeutung; nhd.

vergezzen = *gedankenlos vergesslich* nebst *unvergezzen*, im neuhochdeutschen noch in *gott-vergessen er-vergessen pflicht-vergessen*; mhd. *versunnen* = *bedächtig überlegend* nebst *un-versunnen*, bei uns *besonnen* = *sich besinnend*; mhd. *verstanden* = *verständig* d. i. *verstehend* oder *verstanden habend* nebst *unverstanden*; mhd. *verschwigen* = *schweigsam* und noch heute *verschwigen* in demselben activen sinne; mhd. *verhalten* = *zurückhaltend* d. i. *sich haltend an sich haltend*, auch nhd. *ungehalten* = *zornig* d. i. *sich nicht haltend*; mhd. *genozzen* = *genossen habend* nebst *ungenozzen* u. a. m. namentlich mit dem präfix *un* findet sich die active bedeutung noch häufiger, wie vorher beim schwachen participium: *ungezzen* = *nicht gegessen habend*, *ungevohten* = *nicht gefochten habend*, *ungeriten* = *nicht geritten habend*, *ungesehen* = *nicht gesehen habend*, *ungesungen* = *nicht gesungen habend*, *ungetrunken* = *nicht getrunken habend*. im neuhochdeutschen ist dise ausdrucksweise abgekommen, *ungegessen* und *ungetrunken* haben sich freilich erhalten, würden aber von guten schriftstellern kaum noch gebraucht werden. mit dem präfix *un* ist im mittelhochdeutschen auch die permissivität verbunden, ebenfalls in übereinstimmung mit derselben erscheinung beim *t*-participium: *ungenesen* = *unheilbar*, *unerbolgen* = *sanftmütig* d. i. *nicht leicht erzürnbar*, *unvergezzen* = *unvergesslich*, *ungemezzen* = *unermesslich*, *unverschwigen* = *unverschweigbar*, *unbetwungen* = *unbezwingbar*, *ungesehen* = *unsichtbar* u. a. m. aus dem gotischen sind hier anzureihen: *ungasaihvans* = *unsichtbar* (2 Cor. 4, 4 u. ö.) *unandsakans* = *unbestreitbar* (Skeir. 47), aus dem althochdeutschen *ungimezzan* (*ungimezcenera meginchrefti*, Hym. 26, 5), *unintlohane*

= *inpenetratae* d. i. *undurchdringlich* (Graff II, 139), *unirrá-
ten* = *incomprehensibilis* (No. Ps. 63ª 63ᵇ), *unanfuntan* = *in-
sensatus insensibilis* (*unanfuntaniu, unanfuntane, unanfun-
tanorin,* Graff III, 536), *unuparuuntan* = *invictus* (Hym. 22,6),
unerstriten = *inexpugnabilis* (No. Boeth.) u. a. auch im neuhochdeutschen finden sich *unermessen unverstanden unver-
gessen* u. ä. noch permissiv gebraucht, obwol sie in neuerer
zeit immer seltner werden.

Werfen wir einen rückblick auf die in betracht gezogenen sprachen, so finden wir eine auffallende übereinstimmung, die vier stufen der activität causativität permissivität und passivität keren immer wider; beweis genug,
dass alle vier in die indogermanische urzeit zurückreichen.
jedesfalls war damals und auch nach der trennung die
activität wol berechtigt und in weiterem umfange gebräuchlich, in den einzelnen sprachen hat sie bald mer bald weniger
an boden verloren, aber ire nachwirkungen reichen bis in
die neueste zeit, im neupersischen ist sie noch ganz lebendig.
unzweifelhaft war dis auch in der urgermanischen periode
noch der fall, erst mit der zeit hat die passivität den sig
davon getragen, daher ist es durchaus unbedenklich, das
schwache präteritum aus dem participium herzuleiten, der
nächste abschnitt wird dise frage besonders zu behandeln
haben.

———

III. Das schwache präteritum der germanischen sprachen.

Im zweiten abschnitte glaube ich bewisen zu haben,
dass die ursprüngliche bedeutung der *t*-participia eine active
gewesen ist und dass dise nach der trennung in den einzelnen sprachen fortgelebt hat. es darf uns demnach nicht
überraschen, wenn wir in diser oder jener sprache das
participium zur bildung einer neuen activen tempusform
benutzt sehen, es ist vilmer ganz leicht erklärlich und nicht
auffallender, als dass z. b. im lateinischen zwei tempora
für das passivum durch verbindung eines hülfsverbums mit
dem participium gewonnen wurden; daneben werden dieselben formen beim deponens als active tempora gebraucht,
wider eine ganz natürliche erscheinung, da das participium
hier active bedeutung hat. im altbactrischen sahen wir die
activität reich entfaltet, es scheint als wenn die sprache
noch die fähigkeit besessen hätte, jedes participium je nach
bedürfniss bald in activem bald in passivem sinne zu ver-
werten, und dise fähigkeit hat sich bis zum neupersischen
fortgepflanzt, sie ist gleichfalls erkennbar in den übergangs-
stufen. in der tat haben nun auch die eranischen sprachen
das active perfectparticipium zur neubildung eines activen

tempus benutzt, vom altbactrischen und altpersischen an
bis in die neueste zeit. Spiegel nennt dises tempus das
participialperfectum und handelt darüber in seinen verschidenen grammatiken, ich werde das nötige hier mitteilen
und durch übertragung in lateinische lettern für jedermann
verständlich machen, da dise eigentümlichkeit der cranischen
sprachen vorzüglich geeignet ist, das bildungsprincip des
germanischen schwachen präteritums zu illustriren.

Im altbactrischen sind die formen noch nicht ser
häufig (Spiegel, s. 253), die meisten beispile gehören der
dritten person singularis an, die zweite ist seltner. Spiegel
vermutet indessen wol mit recht, „dass dieselbe Form für
alle Personen im Gebrauch war und dass sich aus dem
Zusammenhange ergeben musste, welche Person eigentlich
gemeint sei". über die unterscheidung des participialperfectums von dem reduplicirten perfectum lässt sich schwer
etwas sagen, doch scheint jenes „eine vergangene, einmal
geschehene Handlung" auszudrücken (Spiegel, s. 319); Justi
freilich erklärt die drei stellen, welche Spiegel als beispile
gibt, anders. Spiegel übersetzt: *jaṭ bâ paiti nâ ashava
nmânem uzdaçta* = *wenn ein reiner mann die wonung auf-
geschlagen hat, avi dim vañta avi dim irita = an ihn
hat er gespien ihn hat er beschmutzt; puthrem aêm
narô varsta = das kind hat diser mann gezeugt;* Justi
dagegen erklärt *uzdaçta* und *varsta* im ersten und dritten
satze als medialformen, *uzdaçta* als III. sg. imperfecti (Handbuch 152ª) und *varsta* als III. sg. aoristi (a. o. s. 268ᵇ),
die beiden anderen (*vañta, irita*) deutet er zwar auch als
participialperfecta, übersetzt sie aber durch das präsens:

avi dim vañta = ihn bespeit er (s. 267ª) und *avi dim irita
= er bekotet ihn* (s. 56ᵇ). auch sonst gehen die beiden gelerten in der auffassung der formen aus einander. Spiegel
gibt (s. 253) als beispile für die dritte person *paitita irita
vañta* (Vd. V, 6) *aokhta* (Yt. 21, 2) *avabereta* (Vd. VIII, 112)
gûsta (Yt. 13, 87) *varsta* (Vd. XV, 41) *upaêta nishaçta* (Vd.
XVI, 36) *nista* (Vd. XVIII, 37) und zweifelnd *paitighnita*
(Yt. 13, 67), für die zweite person *parsta* (Vd. XI, 34ff.),
ausserdem aus den Gâthâs (s. 392) *bakhstâ* (31, 10) *raoçtâ*
(29, 9) *viskjâtâ* (30, 3) *thraostâ* (45, 7) *deretâ* (43, 4) *hêmfrastâ* (46, 3) *frastâ* (48, 2) *jaçtâ mañtâ* (31, 7. 19) *gûstâ*
(31, 19) *gerezhdâ* (29, 1) *aogedâ* (32, 10). von disen deutet
Justi als mediale imperfecta *raoçta* (257ª) *mañtâ* (225ᵇ)
jaçtâ (244ᵇ) *gerezhdâ* (102ª), als aoriste *aokhta* (263ª)
gûsta (105ª) *varsta* (268ᵇ) *aogedâ* (263ª), als passivparti-
cipia *upaêta* (55ª) *nishaçta* (318ᵇ), als nomen agentis *deretâ*
(für *deretâr*, 160ª), für *nista* schreibt er *niçta* und erklärt
es als *ni + çta* (173ᵇ), das von Spiegel citirte *avabereta* finde
ich bei ihm gar nicht. als participialperfecta betrachtet
auch Justi *paitita (er lässt fallen, 183ᵇ) irita (er bekotet,
56ᵇ) vañta (er bespeit, 267ª) paitighnita (erschlägt ficht,
114ª) bakhstâ (er teilt mit, 209ª) parstâ (er fragt, 186ª;
statt *frastâ* bei Spiegel) *thraostâ (du pflegtest, 141ª bis)
hêmfrastâ (du hast dich befragt, 186ᵇ) viskjâtâ* oder nach
Westergaard *vishjâtâ (sie entschiden und sie wälten, 310ª)*,
ausserdem teilt er disem tempus folgende formen zu: *thrao-
sta (er pflegte, 141ª) derestâ (es fesselt, 148ᵇ) aibiderestâ
(ich halte fest, ib.) khshmâ aibiderestâ (ir mögt unterweisen,
ib.) jukhtâ (er verband, 248ª) fravaretâ (sie wälte, 268ª)*.

von denjenigen formen, welche Justi im gegensatze zu Spiegel als mediale imperfecta erklärt, sind zwei wol in der tat als solche anzuerkennen: *daçta uzdaçta* neben den präsensformen *daçti âdaçtê* und dem participium *dâtô dhâtô, jaçtâ* neben dem präsens *jêçtê;* dagegen *raoçta mañtâ gerezhdâ* sind als imperfecta ser zweifelhaft, sie können eben so gut aoriste oder participialperfecta sein, und alle diejenigen formen, welche Justi als ao.·'ste hinstellt, lassen sich mindestens mit derselben berechtigung mit Spiegel*) als participialperfecta fassen, bei *dâtâ* (*sie gaben,* 151ª) scheint mir das sogar unbedingt geboten, denn die III. plur. erscheint, so vil ich sehe, im altbactrischen nie anders als mit *ñ-t.* ausserdem haben wir dem participialperfectum wol noch folgende formen zuzuweisen, welche Justi anders erklärt: *jôi aiwikareta dusmatahê = welche aufmerken auf schlechte gedanken,* eigentlich wol *aufmerkend* als participium und nicht als adjectivum (3ª); *perenê îm zâo heñgata = in fülle nun die erde zusammen gekommen* d. i. *hat sich gesammelt,* wo Justi participium perfecti medii ansetzt (101ᵇ); *jê . . çiçtâ = welcher verkündigt* und *ké vâo açiçtâ   wer hat euch verkündigt,* wo Justi imperfectum medii annimt (110ᵇ), aber *çiçtâ* stimmt zu den präsensformen gar nicht (III. sg. *çinaçti),* dagegen vortrefflich zu dem participium *çiçtô = lerend* d. i. *lerer* und *çiçta = die lerende* d. i. *die weisheit; kaçnâ deretâ – wer hält,* wo Justi, wie schon bemerkt wurde, abweichend von Spiegel nomen agentis an-

---

*) Spiegel hält nur die einzige form *mūçta (er dachte)* für eine sichere mediale aoristform, sie gleicht auch in der tat dem skr. *ámañsta (er dachte)* so ser, dass man nicht zweifeln kann.

setzt (160ᵃ), ich schliesse mich Spiegel's meinung an; *kuthra vâćô avibûta = wie die worte hinzugelangend?* d. i. *wie sollen sie hinzugelangen*, wo Justi participium perfecti passivi ansetzt (216ᵃ). ursprünglich ist one frage bei dem participialperfectum das genus bezeichnet worden, wir dürfen uns daher nicht wundern, wenn gelegentlich noch spuren davon sich zeigen. so steht neben dem als femininum gebrauchten *fravaretâ (sie wälte)*, welches Justi als participialp e r f e c t u m deutet, das männliche *âvaretô (er wälte)*, wo derselbe gelerte (267ᵇ) wirkliches participium medii annimt; auch *skjâtô (er freut sich, 310ᵃ)* wird nach disem princip zu erklären und nicht mer als participium zu betrachten sein; nicht minder *raptô (er geht, 253ᵇ)*, wofür Spiegel *jatô* hat, natürlich mit derselben bedeutung. ein beispil für das neutrum würde sein *pairiurvaêstem (es bedeckt, 68ᵇ)*, wo Justi ebenfalls mediales participium ansetzt. mit der zeit ist die unterscheidung der geschlechter unterbliben und so gewann die form den character einer verbalform, wobei die person jedes mal aus dem zusammenhange sich ergab oder durch ein pronomen bezeichnet wurde. ein hülfsverbum war dabei durchaus überflüssig, wie man sich leicht klar machen kann, z. b. der satz *kaçnâ deretâ zãm = wer haltend die erde?* ist ganz verständlich, freilich an sich zunächst one bestimmte zeitbeziehung, aber im zusammenhange kann es nicht zweifelhaft sein, ob die handlung in der vergangenheit gegenwart oder zukunft ligt. demnach kann der satz heissen: *wer hielt die erde?* oder *wer hält die erde?* oder auch *wer wird die erde halten?* vergangenheit und gegenwart sind am häufigsten vertreten, zukunft ligt in dem satze: *kuthra*

vâćô avibûta = *wie die worte hingelangend?* d. i. *wie werden die worte hingelangen?* aus der frage ergibt sich das
von selbst. durch den ton und die vorstellung kann das
zukünftige auch den character des wunsches oder des be-
feles annemen: *khshmâ . . . aibîderestâ* = *ir . . . unterwei-
send!* d. i. *ir mögt* oder *sollt unterweisen.* auch sonst werden partieipia one hülfsverbum als verba finita gebraucht,
man vergleiche Spiegel s. 325 (auch 271), überhaupt felt
das hülfsverbum ser oft.

Im altpersischen sind nur wenige beispile des fraglichen tempus zu belegen, aber sie genügen, um die existenz
zu beweisen, ich gebe sie nach Spiegel „Die altpersischen
Keilinschriften”. sechs male findet sieh die formel *hami-
trijâ hañgmatâ paraitâ patis . . .* = *die aufständischen
sammelten sich (und) zogen aus gegen . . .* (inschriften
von Behistân II, 32. 38. 43. 52. 58; III, 64), wo Spiegel
beide partieipia als verba finita deutet. eines von beiden
muss jedesfalls verbum finitum sein, ob beide, das könnte
zweifelhaft erscheinen, denn es wäre auch möglich *hañgmatâ*
als wirkliches participium zu fassen und zu übersetzen: *die
aufständischen versammelt zogen aus,* indessen es entspricht
dem stile der inschriften besser zu interpretiren: *die aufständischen sammelten sich, sie zogen aus gegen etc.*
beispile für die III. sg. sind Beh. III, 26: *paçâva kâra
Pârça hja v(i)thâpatij haćâ jadâjâ fratarta* = *darauf
das persische volk, welches beim clan*) (war), aus der*

---

*) Spiegel erklärt *hja vithâpatij* = *je nach dem clane* (s. 90),
wörtlich kann es nur heissen: *welches im* oder *beim clan,* den
vithâ ist instrumentalis und das dem persischen *patij* entsprechende

*vererung**) *fortging;* Naqs-i-Rustam *a,* 44. 45: *Pârçahjâ martijahjâ d'uraj arstis parâgmatâ — des persischen mannes weithin die lanze reichte.* für die erste person bietet die inschrift des Artaxerxes Ochus zwei beispile, freilich müssen wir dabei den accusativ *mâm* beide male als nominativ gelten lassen, da jedoch im späteren pârsi die form *mĕm* als nominativ erscheint, so dürfen wir mit Spiegel (s. 115) unbedenklich auch jenes *mâm* in diser function anerkennen, zumal da die jüngeren inschriften auch andere spuren von sprachentartung zeigen (vgl. Spiegel, s. 112 ff.). der schluss der genannten inschrift lautet: *es spricht Artaxerxes der könig: mich Auramazda und Mithra der gott schütze und*

–––––– ⸻

altbactrische *paiti* mit dem instrumentalis heisst *auf: paiti zemâ* oder *zemâ paiti = auf der erde,* es bezeichnet also eine berürung und wol auch zugehörigkeit, so dass *hja vithâpatij* bedeuten könnte: *welches zum clan gehörte,* nämlich zu dem des aufrürers Vahjazdâta. auf die deutung des uns vorzugsweise interessirenden participialperfectums *fratarta* hat übrigens diser ausdruck nicht den geringsten einfluss.

*) Auch das nomen *jadâ* ist zweifelhaft, die früheren erklärer leiten es von der wurzel *jaǵ (vereren),* Spiegel übersetzt es durch *weideplätze,* wenn auch zweifelnd. ich habe mich der älteren auffassung angeschlossen, weil sie nach meiner ansicht einen besseren sinn gibt, die beziehung auf den redenden Darius ist ganz natürlich. man könnte auch noch einen allgemeineren ausdruck wälen und sagen: *aus der ergebenheit* oder *botmässigkeit* oder gradezu *aus dem gehorsam,* denn die fortsetzung ist: *es wurde von mir abtrünnig, zu dem Vahjazdâtu ging es, er wurde könig in Persien.* in dem ausdruck *haçâ jadâjâ fratarta* kann weiter nichts ligen als eine bezeichnung dafür, dass das volk von dem aufrürer sich beschwatzen liess, weil er sagte: *ich bin Bardija, der son des Kurus;* es wurde *ungehorsam* und *abtrünnig* und wante sich dem aufrürer zu. übrigens ist auch *jadâjâ* one wesentliche bedeutung für *fratarta,* die präposition *haçâ* zeigt klar, dass *fru-tarta = fort-ging* sein muss.

dises land und tja mâm kartâ d. i. *was ich gemacht habe.*
die sonstige formel ist *tja manâ kartam* oder *tjamaij kartam =
was von mir gemacht ist,* eine veränderung der phrase ligt
also entschiden vor, da kann es denn mit hinblick auf *mĕm*
im pârsi (Spiegel, Grammatik der Pârsisprache s. 64) in
der tat kaum zweifelhaft sein, dass *mâm* schon zur zeit des
Artaxerxes Ochus anfing in den nominativ einzudringen
und dass wir in dem zweimaligen *mâm kartâ (kartâ* mit
â für *a* wie auch in einigen anderen formen) einfach ein
participialperfectum zu sehen haben, zumal da eine andre
construction und erklärung gar nicht möglich ist. wenn in
derselben inschrift auch der alte nominativ *adam* erscheint,
so kann das nicht erheblich ins gewicht fallen, denn er
steht in der alten einleitungsformel *adam Artakhsatřâ
khsâjathija = ich bin Artakhsatra der könig,* wo die erhaltung der alten form nahe lag. neben dem öfter vorkommenden *paraitâ = sie zogen aus* begegnet auch merere
male ein *paraitâ (ziehet aus)* als imperativ und in verbindung damit *ǵatâ (schlaget).* beide formen werden als
II. plur. imperativi erklärt, sie könnten aber auch participialformen sein, wie wir vorher im altbactrischen das
participialperfectum als vertreter des imperativs kennen
lernten, doch das ist natürlich nur eine unsichere möglichkeit und es mag neben den singularformen *paraidʿij (ziehe
aus) ǵadʿij (schlage),* welche in der dritten inschrift von
Behistân (14. 15) in demselben zusammenhange vorkommen,
geratener sein, die pluralformen *paraitâ ǵatâ* ebenfalls als
wirkliche imperative zu betrachten. neben dem participialperfectum mit activer bedeutung hat das altpersische auch

ein passives. am häufigsten finden sich die schon angefürten formeln *tja manâ kartam* und *tja-maij kartam — was
von mir gemacht ist,* einmal finde ich auch one pronomen
tja kartam = was gemacht ist (Naqs-i-Rustam *a*, 48). ausserdem ist zimlich häufig die wendung *thakatâ âha avathâ-
sâm hamaranam kartam = da war es als-inen die schlacht
gelifert wurde.* ferner heisst es in der ersten inschrift von
Behistân 67. 68: *avathâ adam tja parâbartam patijabaram
= so ich, was hinweggebracht war, zurückbrachte;* in der
vierten von Behistân (47. 48) steht zweimal kurz hinter
einander *naij nipistam = nicht ist geschriben* und gleich
darauf (52) *jathâ manâ . . . d'uvartam = wie von mir . . .
vollbracht ist.* ein beispil für das masculinum bietet die
erste von Behistân (31. 32): *jathâ Kambuǧija Bard'ijam
avâǵa kârahjâ azdâ abava tja Bard'ija avaǵata = als Kam-
buǵija den Bardija erschlagen hatte, des heres (oder dem
here) unkunde war, dass Bardija erschlagen war.* ein
beispil für das femininum haben wir in den inschriften von
Persepolis (J, 23) und zwar in futuraler bedeutung: *jad'ij
kâra Pârça pâtu ahatij, hjâ d'uvaistam sijâtis akhsatâ —
wenn das persische her geschützt sei* (d. i. *sein wird*), *so auf
lange(?) das glück unzerstört sein wird;* man vergleiche
hierzu das beim altbactrischen bemerkte. in einigen fällen
ist das participium vom hülfsverbum begleitet, wie in dem
so eben angefürten satze *jad'ij kâra Pârça pâta ahatij =
wenn das persische her (oder volk) geschützt sei* d. i. *sein
wird.* ferner in der ersten inschrift von Behistân (61. 62):
*khsatřam tja hačâ amâkham taumâjâ parâbartam âha =
die herschaft welche von unserem stamme hinweggenommen

war, kurz vor dem angefürten *tja parábartam* one *áha*. in der vierten von Behistân (46) steht: *á-maij anijaśćij vaçij açtij kartam* = *auch von mir anderes viles ist gemacht* und bald darauf (51): *avaisâm naij açtij kartam* — *von jenen nicht ist gemacht.* endlich lesen wir noch zweimal die I. plur. *âmâtâ amahj* (Beh. I, 7; A, 11) in der formel *haćâ paruvijata âmâtâ amahj*, welche Spiegel übersetzt: *von alters her sind wir erprobt* mit berufung auf das altbactrische *âmâtô* — *fähig kundig;* das simplex *mâtô* heisst aber auch *geschaffen* und dise bedeutung scheint mir in den zusammenhang besser zu passen, denn Darius zält die reihe seiner anen auf und färt fort: *aus alter zeit stammen wir her, seit alter zeit sind wir könige.* bei passiver bedeutung findet sich auch im altbactrischen gelegentlich das hülfsverbum: *jezi aṅhaṭ upaṡtem* — *wenn es befleckt ist* (Justi, s. 55ᵃ) *jaṭ bavâni aiwiçaçtô* — *wenn ich gescholten* oder *beleidigt werde* (a. o. s. 290ᵇ), doch ist die form one hülfsverbum wol häufiger.

Im huzvâresch sehen wir das participium als tempus finitum vollständig entfaltet, imperfectum und aorist, welche im altbactrischen und altpersischen dem participialperfectum noch überlegen sind, haben disem neuen tempus gänzlich weichen müssen, es ist keine spur mer von inen vorhanden. es sind zwei formen zu unterscheiden, die eine besteht aus dem blossen participium, die andere fügt hülfswörter hinzu. Spiegel nennt sie perfectum I und perfectum II, „ersteres ist das Tempus historicum, während das letztere eine bestimmt in der Vergangenheit geschehene Handlung darstellt" (Grammatik der Huzvâresch-Sprache,

s. 114). ausserdem ist die wichtige und interessante tatsache zu constatiren, dass beide perfecta in übereinstimmung mit dem participium one äusserliche unterscheidung der form sowol in activem als in passivem sinne gebraucht werden, worin wir eine deutliche fortsetzung der im altbactrischen geltenden doppelbedeutung des participiums vor uns haben; man vergleiche Spiegel's grammatik §§ 114. 115. 122. ferner ist zu bemerken, dass dieselbe unflectirte form des participiums für alle personen genera und numeri gilt; personalendungen werden noch nicht angehängt, nur ein einziges *guftam (ich sprach)* weiss Spiegel anzufüren (s. 113), hält es aber wol mit unrecht für einen feler, denn da in dem nur wenig jüngeren pârsi grade auch die erste person mit dem personalsuffix *-am* erscheint, so ist nicht einzusehen, weshalb nicht schon im huzvâresch dise form gelegentlich eingetreten sein sollte, namentlich wenn das personalpronomen ausgelassen wurde. für gewönlich wird nämlich das die person bezeichnende pronomen entweder selbständig gesetzt oder irgend einem anderen redeteile im satze angehängt (s. 113), bei der form mit dem hülfsverbum macht dises die person kenntlich. das participium hat meist den vocalischen auslaut verloren, bisweilen erscheint aber noch ein *u* (oder *o* ?), welches wir als eine nachwirkung des alten *a* ansehen müssen. einige beispile werden das verhältniss klar machen. die verba *kantan (machen)* und *burtan (tragen)* haben die participia *kant (oder kantu, kanto)* *) und *burt (oder burtu, burto)*,

---

*) Das *n* in *kantan kant* ist aus *r* hervorgegangen, die formen lauten im pârsi und im neupersischen *kardan kard;* auch

demnach lautet das erste perfectum durch alle personen *kant* und *burt: kant = feci fecisti fecit fecimus fecistis fecerunt* und *burt = tuli tulisti tulit tulimus tulistis tulerunt.* dieselben formen haben nun auch passive bedeutung, also *kant = factus (-a, -um) est* und *burt = latus (-a, -um) est.* treten hülfsverba hinzu, so wird an disem verhältniss nichts geändert: *kant hanmanam*)* heisst *ich habe gemacht* und *ich bin (werde) gemacht, burt hanmanît* heisst *er hat getragen* und *er ist (wird) getragen.* intransitive verba sind natürlich auf die active bedeutung beschränkt gebliben: *ruçt = gewachsen* und *wuchs wuchsen* (wider für alle personen), *ruçt hanmand = sie sind gewachsen; bût = gewesen* und *war waren* (für alle personen), *bût hanmanim = wir sind gewesen.*

Im **pârsi** herscht im allgemeinen dasselbe verhältniss wie im huzvâresch, aber es ist zunächst der fortschritt in

---

sonst erscheint *n* für *r,* z. b. *punçitan* (fragen) = pars. *purçidhan* neupers. *purçidan,* ein durchgreifendes lautgesetz ist das aber keineswegs, denn *burtan veçtartan* u. a. sind unversert gebliben.

*) Ich gebe dise lesung nach Spiegel's übertragung der huzvâresch-schrift in hebräische, enthalten in dem buche Spiegel's „Die traditionelle Literatur der Parsen" (Wien 1860). dort gibt der verfasser eine umschreibung der in der grammatik vorkommenden citate und ein glossar, beide in hebräischer schrift mit hinzufügung von vocalen. es wäre mir one dises hülfsmittel unmöglich gewesen, alle in der grammatik enthaltenen wörter in huzvâresch-schrift zu entziffern, denn merere einfache zeichen können eine drei- vier- oder fünffache bedeutung haben und manche ligaturen gehen über dise zal der möglichkeiten noch weit hinaus. die lesung *hanmanam* ist keineswegs sicher, noch unsicherer ist die der übrigen hülfswörter für *sein,* ich übergehe sie daher ganz.

der entwickelung zu bemerken, dass die erste person singularis die personalendung *-am* angenommen hat, man sehe darüber Spiegel „Grammatik der Pârsisprache" (§ 79); für die übrigen personen weiss Spiegel keine formen mit endungen zu belegen. die dritte singularis erscheint ser häufig, aber stets one endung, die zweite singularis findet sich ebenfalls one endung (§ 81 anm.) und eben so die dritte pluralis, die erste pluralis kommt überhaupt nicht vor (vgl. § 74) und für die zweite pluralis felt es an belegen für das participialperfectum. beispile für die I. sg. sind *giriftam = ich ergriff*, *nihâdham = ich stellte setzte*, *zadham (ich erschlug)*; für die II. sg. *minît = du hast gedacht*, *kard = du hast gemacht*, *dât = du hast gegeben* (§ 81 anm.); für die III. sg. *kard = er machte*, *raft = er ging*, *bût = er war*, *purçît = er fragte*, *dât = er schuf*, *awazat = er erschlug*, *dvâreçt = er eilte* u. v. a.; für die dritte pluralis gibt Spiegel an der betreffenden stelle in der grammatik (§ 79) keine beispile, aber es finden sich einige in den der grammatik beigegebenen sprachproben: *vañdât = sie erlangten empfingen*, *bût = sie waren*, *raft = sie gingen*. die form one hülfsverbum kommt auch in passiver bedeutung vor, ich gebe einige beispile aus den sprachproben: *dât = wurde gegeben*, *brehinît* und *brehinaçt = wurde geschaffen*, *pâêvaçt = sind gebunden*, *dât = wurden geschaffen*. im pârsi gibt es drei hülfsverba für *sein*: *ham (hôm)* *éçtam* und *bôm*, von denen vorzugsweise die beiden ersten one jeden unterschid mit dem participium verbunden werden, je nach bedürfniss in activer oder passiver bedeutung. einige beispile werden dis illustriren: *tâsit ham = ich habe geschaffen*, *niçuçt haê —*

du hast gesessen, ĝuft heñṭ — *sie haben gesagt, bûṭ éçtam* —
ich bin gewesen, muṭ éçteṭ — *er ist gekommen, gumârd
éçteñṭ* — *sie haben bestellt;* dem gegenüber in passiver bedeutung: *dâṭ éçteṭ* — *er ist geschaffen, kard éçteṭ* — *ist gemacht, bakht éçteṭ* — *ist bestimmt, kard heñṭ* — *sie sind gemacht, dâṭ heñṭ* — *sie sind geschaffen, gumârd éçtenṭ* — *sie
sind bestellt.* auch ein plusquamperfectum ist im pârsi vorhanden; in activer bedeutung: *hupârd éçtâṭ* — *er hatte
verschlungen;* in passiver bedeutung: *bakht éçtâṭ* — *war bestimmt verteilt, çtard bûṭ* — *war getroffen geschlagen, kard
éçtâṭ* — *war gemacht.* intransitive verba gehen natürlich
über die activität nicht hinaus. über die form des participiums ist zu merken, dass im gegensatz zum huzvâresch,
wo das alte *t* überall unversert ist, im pârsi eine erweichung
in *ṭ dh* und *d* statt gefunden hat: das alte *t* ist nur nach
consonanten geblieben, mit ausname von *n* und *r*, nach denen
d (im auslaut auch *ṭ*) eingetreten ist; nach vocalen erscheint im
inlaut *dh* oder *d*, im auslaut *ṭ*, doch haben die in arabischer
schrift aufgezeichneten texte hier ebenfalls *d.* zum schlusse
stelle ich kurz die formen und bedeutungen übersichtlich zusammen, wozu ich das transitive verbum *kardan (machen)* und
das intransitive *bûdan (sein)* wäle, es ist ja gleichgültig, ob
grade von disen beiden alle formen belegt sind:

a) einfache form

bûdham — *ich war*	*kardam* = *ich machte (und wurde gemacht)*	

bûṭ =	*ich war* *du wurst* *er war* *sie waren*	*kard* =	*ich machte (und wurde gemacht)* *du machtest (und wurdest gemacht)* *er machte und wurde gemacht* *sie machten und wurden gemacht*

b) zusammengesetzte form

bûṭ	*ham* / *éçtam*	ich bin ge- wesen	*kard*	*ham* / *(éçtam)*	= ich habe gemacht (und *bin gemacht worden*)
bûṭ	*haê* / *(éçtaê)*	= du bist ge- wesen	[*kard*	*haê* / *éçtaê*	= du hast gemacht und *bist gemacht worden*]
bûṭ	*(haçt)* / *éçteṭ*	er ist gewesen	*kard*	*(haçt)* / *éçteṭ*	er hat gemacht und *ist gemacht worden*
bûṭ	*heñṭ* / *éçteñṭ*	= sie sind ge- wesen	*kard*	*heñṭ* / *éçteñt*	= sie haben gemacht und *sind gemacht worden*

[*bûṭ éçtâṭ* er war gewesen] *kard éçtâṭ* er hatte gemacht und *war gemacht worden.*

für die eingeklammerten formen und bedeutungen habe ich keine belege gefunden, aber sie sind an sich unbedenklich und dürfen nach der analogie der übrigen fälle wol mit sicherheit vorausgesetzt werden. zweifeln könnte man, ob *kard haê* oder *éçtaê = du bist gemacht worden* mit recht angesetzt ist, denn ich finde einmal den auffallenden ausdruck *gereftâr baê = du wirst ergriffen* (Spiegel, a. o. § 71) mit dem nomen agentis in passiver bedeutung, aber es ist doch kaum warscheinlich, dass dis die gewönliche umschreibung für das passivum der zweiten person gewesen sein sollte.

Im neupersischen hat sich das verhältniss mer geklärt und vollständig geregelt. das nackte participium dient nur noch in der dritten person singularis als verbum finitum, die übrigen personen haben nach dem vorbilde der ersten person die gewönlichen verbalsuffixe angenommen. die zusammengesetzte form hat zwischen den verben *bâdan* (*sein*) und *shudan* (*werden*) *) so unterschiden, dass das erstere für die activen, das zweite für die passiven tempora gebraucht wird; die einfache form hat nur noch active bedeutung. das participium hat in der zusammensetzung die endung *-ah* one unterschid für geschlecht und zal. als beispile wäle ich wegen der vergleichung wider das intransitive *bûdan* (*sein*), welches natürlich kein passivum hat, und das transitive *kardan* (*machen*):

a) einfache form

bûdam	= ich war	*kardam*	= ich machte
bûd(ê)	= du warst	*kard(ê)*	= du machtest
bûd	= er war	*kard*	= er machte
bûdîm	= wir waren	*kardîm*	= wir machten
bûdêd	= ir waret	*kardêd*	= ir machtet
bûdand	= sie waren	*kardand*	= sie machten

b) zusammengesetzte form

1) activum

bûdah am	= ich bin gewesen	*kardah am*	= ich habe gemacht
bûdah ê	= du bist gewesen	*kardah ê*	= du hast gemacht
bûdah (ast)	= er ist gewesen	*kardah (ast)*	= er hat gemacht
bûdah îm	= wir sind gewesen	*kardah îm*	= wir haben gemacht
bûdah êd	= ir seid gewesen	*kardah êd*	= ir habet gemacht
bûdah and	= sie sind gewesen	*kardah and*	= sie haben gemacht

---

*) Man schreibt auch *bûden shuden kerden bûdem kerdem bûdid kerdid* etc., ich habe mich der von Müller (Wiener sitzungsberichte 39. 43. 44) befolgten umschrift angeschlossen.

bûdah bûdam	{ — ich war gewesen	*kardah bûdam*	{ — ich hatte gemacht
bûdah bûdê	{ = du warst gewesen	*kardah bûdê*	{ = du hattest gemacht
bûdah bûd	{ — er war gewesen	*kardah bûd*	{ er hatte gemacht
bûdah bûdîm	{ = wir waren gewesen	*kardah bûdîm*	{ ... wir hatten gemacht
bûdah bûdêd	{ = ir waret gewesen	*kardah bûdêd*	{ = ir hattet gemacht
bûdah bûdand	{ = sie waren gewesen	*kardah bûdand*	{ — sie hatten macht

2) passivum

kardah shuvam	{ := ich werde gemacht	*kardah shudam*	{ = ich wurde gemacht
kardah shuvê	{ = du wirst gemacht	*kardah shudê*	{ = du wurdest gemacht
kardah shuvad	{ = er wird gemacht	*kardah shud*	{ = er wurde gemacht
kardah shuvîm	{ = wir werden gemacht	*kardah shudîm*	{ = wir wurden gemacht
kardah shuvêd	{ = ir werdet gemacht	*kardah shudêd*	{ = ir wurdet gemacht
kardah shuvand	{ = sie werden gemacht	*kardah shudand*	{ == sie wurden gemacht

kardah shudah am	{ = ich bin gemacht worden usw.	*kardah shudah bûdam*	{ — ich war gemacht worden usw.

in der dritten person singularis perfecti activi steht *bûdah kardah* auch one *ast* (vgl. Bopp, Vergl. Gram. II, § 627), ich habe deshalb das hülfswort an diser stelle eingeklammert. änliches gilt von der zweiten person der einfachen form, welche nach Spiegel (Grammatik der Pârsisprache, § 81

anm.) noch im neupersischen, wie im pârsi, one personal-
zeichen erscheint, also *bût kard* (statt *bûdê kardê*) wie in
der dritten person. auch die zweite person der zusammengesetzten form findet sich häufig one das hülfswort *ê*,
aber nach dem, was Vullers (Institutiones linguae per-
sicae I, § 108) hierüber mitteilt, steht dise kürzere form nur
ausnamsweise one hamza („per licentiam poeticam"), das
gewönliche *guftahi* (*du sprachst*) ist demnach aus *guftah-ê*
entstanden d. h. das hülfswort *ê* (*du bist*) lente sich eng
an den participialstamm an und *guftahê* musste dann in
(*guftaghê* oder) *guftahi* übergehen, wie aus *pistahê* ein
pistaghê oder *pistahi* hervorging (vgl. Vullers, a. o. § 107).
die einfache form *bûdam bûdê bûd* etc. *kardam kardê kard*
etc. wird gewönlich als eine zusammenziehung aus *bûdah
am kardah am* angesehen, man vergleiche Bopp (Vergl.
Gram. II, § 627; Vocalismus, s. 72 f.) und Pott (Wurzel-
Wörterbuch II, 1, s. 473), und allerdings sind die endungen
identisch mit dem hülfsverbum *am*, wie man aus dem aufgestellten paradigma ersehen kann; aber es sind auch
dieselben endungen wie am gewönlichen verbum: *bûd-am
kardam — buv-am* (*ich bin*) *bar-am* (*ich trage*), *bûd-ê kard-ê
= buv-ê bar-ê, bûd-îm kard-îm == buv-îm bar-îm, bûd-êd
kard-êd== buv-êd bar-êd, bûd-and kard-and buv-and bar-and*.
mit rücksicht auf dise tatsache gesteht schon Bopp (Vocalismus, s. 73 anm.) zu, dass die erklärung von *kardam* aus
kardah am sich „über den Charakter einer Vermuthung"
nicht erheben könne, die erwägung der historischen entwickelung gibt eine einfachere und jedesfalls richtigere auffassung an die hand. wir sahen, dass schon im pârsi an

den alten participialstamm für die erste person die endung
-am trat, natürlich ist hier an eine zusammensetzung nicht
zu denken, denn das hülfsverbum ist *ham*, formen wie *kardam
guftam giriftam* sind vilmer unzweifelhaft nur nach der
analogie von *ham éçtam* gebildet d. h. sie haben ein personalsuffix angenommen, welches *ich* bedeutet, und wenn
dises *ich* anderweitig im satze bezeichnet ist, dann kann
es am verbum felen. ich entneme von Spiegel hierfür zwei
beispile: *avam né . . . karṭ = ich nicht . . . gemacht
habe* (Gram. § 53) und: *kem . . né diṭ   wie-ich . . nicht
gesehen habe* (a. o. § 54); *avam* ist selbständiges pronomen der ersten person, in *ke-m* ist *m* das personalsuffix, welches im pârsi häufig an präpositionen und con-
junctionen gehängt wird, *ke = wie* also *ke-m = wie-ich*
(vgl. Spiegel, a. o. §§ 53. 54). wir sehen hieraus deutlich,
dass die endung von *kardam* lediglich aus dem bedürfnisse
hervorging, die person zu bezeichnen, ein hülfsverbum war
durchaus überflüssig, wie die beiden angefürten sätze und
hundert andere deutlich zeigen. von *kardam* ist *karṭ ham*
zu trennen, beide bildungen sind selbständig, das erste ist
tatsächlich eine einfache, das zweite eine zusammengesetzte
form, wie beide schon im huzvâresch gleich berechtigt
neben einander stehen. die einfache form hat im pârsi,
wenn das pronomen felte, die erste person durch ein an-
gehängtes -*am* bezeichnet, wovon schon *guftam* (*ich sprach*)
im huzvâresch ein vorbote ist, aber erst das neupersische
hat eine durchgängige unterscheidung aller personen eingefürt. die erste person ist eine directe fortsetzung der
pârsiform und es war natürlich, dass, wie *búdam* zu *baram*

stimmte, so auch *bûdê bûdîm bûdêd bûdand* nach *bavê bavîm bavêd bavand* sich richteten. die dritte person *bûd* blib one personalsuffix, weil hier kaum ein bedürfniss eintreten konnte, die person besonders zu bezeichnen, jedesfalls sind *bûd kard* als uralte formen anzuerkennen, neben denen *bûdah kardah* one frage als die jüngeren gelten müssen; denn weder im huzvâresch noch im pârsi erscheinen jemals solche formen als tempus finitum; das pârsi kennt sie überhaupt nicht und im huzvâresch werden die participia auf *-tak* nur als wirkliche participia oder als nominalformen gebraucht. Bopp fürt zur stütze seiner erklärung an, dass mit substantiven und adjectiven das verbum substantivum stets verwachsen könne, z. b. *mardam* = *ich bin ein mensch* und *busurkam* = *ich bin gross*, doch hier felt in der dritten person nie das hülfsverbum und nach Vullers (Institutiones I, § 91) lassen grade die wörter, welche auf *h* endigen, nur ausnamsweise und nur in der dritten person eine zusammenziehung eintreten, in der zweiten aber wird aus *-h* + *ê* *hⁱ* d. i. *h* mit hamza, welches ich nicht besser zu umschreiben weiss. das alles dient nur zur bestätigung meiner ansicht: *bûdam* ist einfach *gewesen-ich* und erst *bûdah am* entspricht unserem *gewesen bin-ich*.

Fassen wir die erscheinungen der betrachteten fünf eranischen sprachen zusammen, so ergibt sich folgende historisch nachweisbare entwickelung:

1) schon in den beiden alteranischen dialecten, im altbactrischen und im altpersischen, sehen wir das perfectparticipium die function der tempora finita übernemen, doch haben die alten tempora

der vergangenheit noch das übergewicht; die bedeutung der neu entstehenden tempusform ist teils activ teils passiv, wie auch — im altbactrischen wenigstens — das participium bald in activem bald in passivem sinne gebraucht wird; in activer bedeutung steht das participium allein, bei der passiven tritt manchmal das hülfsverbum *sein* hinzu; genus und numerus waren ursprünglich unzweifelhaft geschiden, wie das altpersische noch deutlich erkennen lässt, auch im altbactrischen sind davon noch spuren vorhanden;

2) etwa 800 bis 900 jare nach den jüngsten persischen keilinschriften sehen wir im huzvâresch eine vollständige umwälzung in der verbalflexion vollzogen, die alten tempora der vergangenheit sind verschwunden und das participialperfectum herscht ausschliesslich; die bedeutung ist wie früher bald activ bald passiv, bei der letzteren tritt aber meist ein hülfsverbum hinzu, häufig auch bei der activen; die unterscheidung der participialformen nach genus und numerus hat gänzlich aufgehört, das participium ist allgemeines verbum finitum; die person ergibt sich aus dem zusammenhange oder wird durch ein pronomen bezeichnet, tritt ein hülfsverbum hinzu, so ist sie natürlich an disem zu erkennen;

3) in dem etwas jüngeren pârsi dauern die verhältnisse des huzvâresch im ganzen unverändert fort, doch ligt darin ein fortschritt, dass die

erste person eine endung angenommen hat, welche
freilich auch noch felen kann, wenn die person anderweitig bezeichnet ist;

4) im neupersischen endlich ligt die entwickelung abgeschlossen vor, indem namentlich für activität und passivität durch die anwendung verschi-
dener hülfswörter gesonderte formen gewonnen
sind; der alte einfache participialstamm hat nur
noch active bedeutung, er hat ausserdem die schon
im pârsi vorbereitete flexion für alle personen
durchgefürt, nur in der dritten person singularis
ist die alte form unverändert gebliben.

Vergleichen wir mit den neupersischen tempusformen
das germanische schwache präteritum und die mit dem
participium gebildeten zusammengesetzten tempora, so ist
die übereinstimmung frappant, es felen nur die dem activen
kardah am und *kardah bûdam* entsprechenden formen, da
das participium transitiver verba in activer bedeutung nicht
mer gebräuchlich ist. auch den germanischen sprachen
müssen imperfectum und aorist schon früh abhanden gekommen sein, da keine spur mer davon aufzufinden ist.
ein ersatz war nötig, nichts lag näher als die verwendung
des perfectparticipiums, villeicht war dis schon lange als
tempus finitum im gebrauch und verursachte oder beschleu-
nigte wenigstens den verlust der alten tempora, wie dis in
den eranischen sprachen vor unseren augen sich vollzieht.
zu der zeit, wo wir die germanischen sprachen zuerst kennen
lernen, ist die entwickelung bereits vollendet, das neue
tempus steht schon auf der stufe des neupersischen *kardam*

d. h. es hat personalendungen angenommen, die übereinstimmung geht sogar so weit, dass auch im germanischen die dritte person singularis one endung geblieben ist; ausserdem freilich auch die erste, doch dis war auf germanischem boden natürlich. man vergleiche das oben gegebene *kardam* mit den daneben stehenden formen von *machte* und man wird staunen über den grad der identität. neben das intransitive *bûdam* halte man das ebenfalls intransitive *wanderte* und neben das zusammengesetzte *bûdah am* das auf demselben princip beruhende *bin gewandert*, ist eine genauere übereinstimmung möglich? dasselbe gilt aber für alle intransitiven verba der beiden sprachen, die identität ist gradezu überwältigend. der umstand, dass das participium transitiver verba passive bedeutung hat, kann gegen die herleitung des präteritums aus demselben gar nicht mer in betracht kommen, denn die ausbildung dises tempus fällt unzweifelhaft in eine zimlich frühe zeit, in welcher das participium noch active bedeutung hatte, erst später, als das tempus längst fertig war, ging der active sinn verloren und nun entstand eine differenz zwischen *machte* und *gemacht*, welche bei *wanderte* und *gewandert* resp. *bin gewandert* eben so wenig vorligt wie beim persischen *kardam* und *kardah* resp. *kardah am*. auf die dauer konnte natürlich ein actives zusammengesetztes tempus bei den transitiven verben nicht entbert werden, da aber inzwischen das participium die active bedeutung aufgegeben hatte, so war ein actives *bin gemacht* neben dem alten *machte* unmöglich geworden, man bildete deshalb die künstliche umschreibung mit *haben* aus, die auch in den romanischen sprachen das active perfectum hat ersetzen müssen. später vergass man, dass in diser form das participium ursprünglich accussativ und attribut des satzobjects war, dass also der absolute gebrauch dises tempus one objectsaccusativ eigentlich ganz sinnlos ist. heute sind absolute perfecta wie *ich habe geschriben, ich habe gearbeitet, ich habe gebaut* u. ä. ganz gewönlich, an sich sind sie unerklärlich, erst durch ein zurückgehen auf iren ursprung werden sie verständlich: der gegenstand der tätigkeit müsste eigentlich als object hinzu gefügt sein. die missverstandene bedeutung diser form hat dann auch vile intransitive verba in die analogie gezogen, wir empfinden nicht im geringsten, dass wir den grössten unsinn zu tage fördern, wenn wir sagen: *die blume hat geblüht, der mond hat geglänzt, die fackel hat geleuchtet, der hund hat gebellt* u. v. a., wärend wir noch richtig sprechen in den ausdrücken: *ich bin gereist, ich bin gewandert, ich bin geeilt* (daneben auch *ich habe geeilt*) usw. zu übersichtlicher vergleichung des deutschen mit dem persischen gebe ich folgendes kurze schema, wobei für jede form die erste person genügt:

a) einfache form

bû-d-am: wander-t-e   *kar-d-am: mach-t-e*

b) zusammengesetzte form

α) activum

bû-d-am: bin gewander-t   *kar-d-ah am: [habe gemacht]*
bû-d-ah bûdam: war gewander-t *kar-d-ah am: [hatte gemacht]*

β) passivum

kar-d-ah shuvam: werde gemach-t

kar-d-ah shudam: wurde gemach-t.

Eine kräftigere stütze für meine ansicht vom schwachen

präteritum kann es gar nicht geben. wer bei diser überwältigenden identität einzig und allein dem zweifelhaften gotischen -*dédun* zu liebe an der zusammensetzung noch festhalten will, trotzdem dass die gewichtigsten gründe für die teilung -*d-édun* vorhanden sind, trotzdem dass die sichersten tatsachen innerhalb des gotischen selbst und in den übrigen germanischen sprachen der zusammensetzungstheorie ganz unüberwindliche schwirigkeiten entgegenstellen, welche bei der herleitung aus dem participium als ganz natürliche und selbstverständliche erscheinungen sich darstellen, wer bei allen disen verhältnissen, meine ich, noch die möglichkeit einer entstehung des -*édun* im gotischen leugnen will, wer es vorzieht fort und fort allen germanischen sprachen unmögliche lautvorgänge aufzubürden, um eine alte theorie zu halten, oder wer über dise unmöglichkeiten durch eine an sich ganz und gar unbegreifliche blosse angleichung an das participium sich hinweg setzen zu können glaubt, auf dessen bekerung verzichte ich gern. wer aber sich entschliessen kann, den durch die zusammensetzungstheorie erst geschaffenen schwirigkeiten dreist ins gesicht zu sehen und die möglichkeit einer anderen erklärung zuzugeben, auf den wird die gewaltige analogie der eranischen sprachen einigen eindruck machen, er wird anerkennen, dass durch meine erklärung nicht nur alle bisherigen schwirigkeiten mit einem schlage beseitigt werden, sondern dass auch nach form und bedeutung eine einfachere analyse nicht möglich ist.

Was nun die bildung des participiums und präteritums betrifft, so stelle ich jetzt ganz bestimmt in abrede, dass die silbe *ja ji* des präsens der ersten schwachen conjugation jemals über das präsens hinaus gegangen ist. wir sehen in den urverwanten sprachen das perfectparticipium unendlich häufig seinen eigenen weg gehen, im sanskrit und altbactrischen nimt es an den classeneigentümlichkeiten niemals teil, eben so wenig im griechischen und lateinischen, wo das präsens noch oft genug seine besondere form hat, wärend das participium ganz anders aussiht. mit vollem rechte hat schon Scherer· (Zur Geschichte, s. 182) ausgesprochen, dass participium und präteritum von *sandjan* nicht anders lauten könnten als *sandeiþs* und *sandeida* (von *nasjan* müssten sie *nasjiþs* und *nasjida* lauten), wenn er aber als grundformen hierfür *sandajaþs* und *sandajada* ansetzt, so kann ich ihm darin nicht folgen, solche nach indogermanischem muster (d. h. eigentlich nur nach dem sanskrit) reconstruirte formen erscheinen mir auf germanischem boden durchaus unstatthaft. wie *sandeis sandeiþ* auf *sandijis sandijiþ* zurück weisen, so könnten auch den hypothetischen *sandeiþs sandeida* nur *sandijiþs sandijida* voraus gegangen sein, höchstens könnte man *sandjiþs sandjida* zugeben, wie man ja gewönlich auch *sandeis sandeiþ* aus *sandjis sandjiþ* entstehen lässt. doch die formen *sandeiþs sandeida* existiren gar nicht, sondern nur *sandiþs sandida* und in übereinstimmung damit *nasiþs nasida*. ich behaupte nun one weiteres: dise formen sind nicht aus älteren mit *j* entstanden, sie haben nie etwas anderes als das *i* vor der endung gehabt, denn z. b. *nasjida* wäre one allen zweifel eben so unverändert geblieben wie *nasjis nasjiþ*, und wollte man *nasjada* vermuten, so würde man nicht gefördert sein, denn die passivformen *nasjada nasjanda* und eben so *sandjada sandjanda* zeigen nicht die geringste neigung, ir *ja* in *i* zu verwandeln. Scherer färt fort: „Wenn die Formen gleichwohl *sandida, sandiþs* lauten, so müssen wir uns wohl vorläufig mit dem Hinweis begnügen, dass die starke (bindevocalische) Conjugation im Germanischen füglich als die Normalabwandlung gelten durfte und dass ihr gegenüber im Praesens der ersten schwachen nur das dem „Bindevocal“ vorausgehende *i (j)* als charakteristisch erscheinen konnte: vergl. in der goth. Composition der Sub-stantiva *arbi-numja, mari-saivs*, wofür man *arbja-numja, marja-saivs* erwartet“. was zunächst *arbi-* und *mari-* betrifft, so haben wir sie einfach auf alte *i*-stämme zurück zu füren, welche als selbständige wörter verloren gegangen sind; wird ein *ja*-stamm zur composition benutzt, so bleibt er un-versert, wie *hrainja-hairts* deutlich zeigt, namentlich *marja-* wäre geblieben wie *midja-sveipains fraþja-marzeins lubja-leis vadja-bôkôs*. im übrigen stützt sich dise anname Scherers auf die vorher (s. 179) von ihm aufgestellte behauptung, dass *nasja* aus *nasaja* entstanden sei durch schwächung des ersten *a* zu *i*, ausfall des *j* zwischen den beiden vocalen und übergang des *i* in *j*, er nimt also folgenden verlauf an: *nasaja — nasija — nasi-a — nasj-a* und meint, allein dises *i* resp. *j* sei in das präteritum übergegangen. meine auffassung kommt im resultate der seinigen gleich, in so fern als auch ich die herübername eines *i* aus dem präsens voraussetze, aber mein *i* ist nicht das seinige, d. h. ich neme nicht denjenigen laut, welcher im präsens als *j* erscheint, sondern dasjenige *i*, welches früher vor disem *j* gestanden hat. ich habe oben (s. 30 f. anm.) zu zeigen gesucht, dass

die germanische grundform *nasija* gewesen sein muss, d. h.
das ableitende *ja* trat an einen *i*-stamm, ich teile also *nasi-ja*
und lasse aus *nasi-* die formen *nasiþs nasida* entstehen. ich
meine nun natürlich nicht, dass sämmtliche verba der ersten
classe auf wirkliche *i*-stämme sich stützen, sondern *ja*-verba
wurden auch von *a-* und *u*-stämmen abgeleitet, nachdem die
schablone einmal geschaffen war, und dann traten auch im
participium und präteritum die suffixe mit *i* an, d. h. *-iþs*
und *-ida* wurden eben so schablonenhaft wie *-(i)jan.* in
änlicher weise wird das suffix *-iþa* one unterschid an *a- i-*
und *u*-stämme gefügt, obwol es ursprünglich gewiss nur den
i-stämmen zukam, denn das eigentliche suffix ist *-þa*, wie
gaunô-þa und *air-þa* noch erkennen lassen. die erklärung,
welche Scherer gleich darauf (s. 183) als „Möglichkeit"
hinstellt, ist in irem ergebnisse ebenfalls zimlich dieselbe
wie die meinige, nur bedeutend künstlicher, denn er meint,
es könnte dem *arbaidida* ein *arbaidim dâm* voraus gegangen
sein. ich lene dis natürlich ab, da ich die zusammensetzung
überhaupt leugne, vermute aber, dass Scherer hiernach das
participium ebenfalls als eine directe ableitung von *arbaidi-*
betrachtet und *arbaidi-þs* ansetzt; wir würden also hier genau
zusammen treffen. ein sicherer prüfstein für die richtigkeit
diser auffassung ist das verhalten der fraglichen formen
bei stämmen mit vocalischem auslaut, die schon oben
(s. 39 f. anm.) berürt wurden. *gakviujan taujan straujan
stôjan* bilden die präterita *gakvivida tavida stravida stauida,*
durchaus unbegreiflich, wenn wir das *j* ins präteritum übertragen wollen, dagegen ganz natürlich, wenn wir ein suffix
-ida gelten lassen, welches an den ursprünglichen stamm

trat: aus *kviu-jan* wurde *kviv-ida* statt *kviu-ida* wie im genitiv *kviv-is* statt *kviu-is*, *kviujida* oder *kviujada* wäre niemals einer solchen wandlung ausgesetzt gewesen. den eigentümlichen wechsel von *tavida stravida* und *stavida* kann ich hier nicht erörtern, aber so vil ligt auf der hand, dass im gotischen aus *taujida straujida stôjida* oder *taujada straujada stôjada* nimmer jene wirklich vorhandenen formen entstanden wären, eben so wenig wie *taujiþ stôjiþ* u. ä. einer veränderung unterlagen. dasselbe gilt natürlich für die participia, von denen freilich nur *gastraviþs* und *ananiviþs* belegt sind, aber die übrigen ergeben sich mit sicherheit aus den präteritis, wie umgekert aus *ananiviþs* das präteritum *ananivida* zweifellos hervorgeht. ich verglich schon oben die hypothetische grundform *niujida* oder *niujada* mit dem substantivum *niujiþa* und dem passivum *ananiujada*, es ist klar, dass *nivida* und *niviþs* auf einem ganz anderen bildungsprincip beruhen müssen. es bestätigt sich auch von diser seite der oben (s. 36 anm.) von mir angenommene alte stamm *niu- niv-*, welcher sich dem *kviu- kviv-* an die seite stellen würde, wie auch *nivida* und *kvivida* identisch sind. dass *kviv-* ein *a*-stamm war, zeigt die flexion *kvivai kvivaizê kvivans* etc., wir haben hier also gleich ein beispil, dass die suffixe *-i-þs -i-da* fertig an den stamm gehängt wurden, berechtigt sind sie in *arbaidi-da daili-da mati-da arbaidi-þs daili-þs mati-þs* u. v. a. es ligt hier dasselbe verhältniss vor wie z. b. zwischen *unhraini-þa* vom alten *i*-stamme *hraini-* und *garaiht-i-þa* vom *a*-stamme *garaihta-*; bildungen wie *airzi-þa fairni-þa mildi-þa* sind nicht auf *ja*-stämme zurückzufüren, sondern auf die disen zu grunde ligenden alten *i*-stämme, nur *niuj-i-þa* ist von *niu-ja-* abgeleitet und darum auch unverändert gebliben. übrigens ist grade das nebeneinanderstehen von *niujiþa* und *ananiviþs* ganz besonders geeignet, das bildungsprincip der participia erkennen zu lassen, denn *niujiþa* ist ja eigentlich nichts anderes als das substantivirte femininum zu einem participium *niujiþs;* dises wäre natürlich eben so unversert gebliben wie *niujiþa, ananiviþs* stützt sich also one jeden zweifel auf den älteren stamm *niv-,* welcher in *niu-klahs* erhalten ist, wärend *niuja-satiþs* als ein jüngeres compositum sich ausweist.

Es fragt sich nun weiter: war bereits in urgermanischer zeit das suffix des participiums (und präteritums) mit dem bindevocal *i* verwachsen, so dass es stets mit demselben angefügt wurde? oder konnte in alter zeit das *t (þ d)* auch unmittelbar an den stamm treten? ich habe bereits in meiner ersten schrift (s. 158 ff.) das verhältniss von got. *brannida* und ahd. *branta* erörtert, one mich bestimmt zu entscheiden, ob dem ahd. *branta* ein *brannita* vorher gegangen sei d. h. ob wir im got. *brannida* die germanische urform vor uns haben, ich bin jetzt für meine person fest überzeugt, dass die suffixe *-iþs* und *-ida* erst im gotischen schablone für die verba der ersten classe geworden sind, dass aber in altgermanischer zeit das participial-*t* an jeden stamm one bindevocal treten konnte. der beweis hierfür ligt in den gotischen participien *skulds munds kunþs mahts þaurfts bauhts (fra-bauhts) vaurhts (fra-vaurhts us-vaurhts handu-vaurhts) þahts (anda-þahts) þuhts (hauh-þuhts mikil-þuhts).* dass die fünf ersten nicht aus *skuliþs muniþs kunniþs magiþs þaurbiþs* hervorgegangen sind, wird wol jeder one weiteres zugeben,

bei den vier anderen ist aber eben so wenig an eine ältere
form mit *i* zu denken, da die entsprechenden formen der
verwanten sprachen sich vollkommen mit den gotischen
decken, das hohe alter aller also nicht bezweifelt werden
kann, denn innerhalb der einzelnen sprachen sind sie unerklärlich, als urgermanische mit altem ursprünglichem *t*
haben sie nichts auffallendes. grade die erhaltung des *t* in
disen formen zeigt deutlich, dass von alters her eine enge
verbindung mit dem vorhergehenden consonanten bestanden
hat, namentlich *mahts* und *bauhts* sind von durchschlagender
beweiskraft, ir *ht* kann nur einer zeit entstammen, wo noch
das alte unverschobene *t* an den stamm trat und sich die
media assimilirte. in der speciell gotischen zeit hatte das
t dise kraft bereits verloren, das lernen wir aus der II. sing.
magt, welche an die stelle eines älteren *maht* getreten ist,
denn dass die germanische urform hier *maht* war, kann
wegen altn. *mátt* ags. *meaht* alts. *maht* ahd. *maht* mhd. *maht*
nicht bezweifelt werden; die Goten haben eben eine neue
form geschaffen, wie sie der individualität irer sprache angemessen war, die übrigen Germanen, welche das *t*-suffix
der zweiten person sonst aufgegeben hatten, setzten tradi-
tionsmässig die alte form fort, aber auch die Scandinavier
bliben der überliferung treu.

Die *t*-suffixe stehen unter einander in engem zusammenhange, die participia und participialadjectiva *mahts munds
kunþs þaurfts bauhts fra-vaurhts hauh-þúhts* berüren sich
unmittelbar mit den substantiven *mahts gamunds gakunþs
þaurfts faur-bauhts fra-vaurhts þúhtus*, man könnte leicht
eine grössere zal solcher begegnungen aus den verschidenen

germanischen sprachen sammeln, sicherlich war in alter zeit das material noch vil umfangreicher, als wir jetzt ermitteln können. ein altgermanisches nomen mit direct an den stamm gefügtem *t*-suffix ist das ahd. *brant* mhd. *brant* nhd. *brand*, dem altn. *brandr* und ags. *brand* entsprechen, zu demselben stimmt das participium *gibrantêr*, die älteste und einzige flectirte form, welche wir kennen, nichts ist natürlicher als hier dasselbe enge verwantschaftsverhältniss anzunemen wie in den vorher aufgezälten fällen: das unflectirte *gibrennit* ist die jüngere nach der allgemeinen schablone gebildete form und dasselbe muss vom gotischen *gabranniþs* gelten, welches erst später von dem zu vermutenden substantivum *brands* oder *brandus* sich entfernte. in änlicher weise ist ahd. *giwahtêr* uralt und steht in beziehung zu dem substantivum got. *wahtvô* ahd. *wahta* alts. *wahta*, beide sind von dem altgermanischen stamme *vak-* durch ein altes *t* abgeleitet; das unflectirte ags. *veaht* ist von entscheidendem gewicht, denn dise form muss alt sein, da sie in speciell angelsächsischem gewande *veeced* lauten würde. nach demselben princip sind auch *bidahtêr gizaltêr gisaztêr* u. ä. sogenannte rückumgelautete participia zu beurteilen, in der flectirten d. i. der älteren form haben wir auch die ältere lautgestalt zu erkennen, die unflectirte d. i. die jüngere form wurde später hinzu gebildet, natürlich nach der inzwischen geschaffenen schablone, und drang dann auch gelegentlich in die flectirte form ein. die unflectirten angelsächsischen *seald þeaht gereaht ástreaht* u. ä. sowie die altsächsischen *gisald gitald*, welche den entsprechenden althochdeutschen und mittelhochdeutschen participien völlig gleich stehen, bekunden wider deutlich das hohe alter der form, man vergleiche mein Präteritum s. 152 ff. besonders interessant und instructiv sind die den got. *þâhts þûhts vaurhts* genau entsprechenden unflectirten ags. *forþôht geþûht gevorht* ahd. (*gidâht*) *kedûht gevorht* mhd. *gedâht gedâht gewotht*, doppelt interessant, weil die unzweifelhaft jüngeren ahd. *gedenchet gewurchet* mhd. *gewürket* das für neubildungen massgebende princip klar erkennen lassen. nicht minder wichtig ist die übereinstimmung von ahd. *brâht* mhd. *brâht* nhd. *gebracht* alts. *brâht* altfrs. *brocht* ags. *brôht* engl. *brought*, auch dis ist sicher eine altgermanische form, denn im gotischen würde das participium ebenfalls *brâhts* lauten, leider ist es nicht belegt.

In den urverwanten sprachen besteht ebenfalls formgleichheit zwischen dem participium und den sonst mit *t* gebildeten nominibus. im sanskrit stimmen z. b. participium und verbalsubstantiv stets überein: *mṛtás* = *mṛ́tis*, *uktás* = *úktis*, *sthitás* = *sthítis*, *matás* = *mátis* u. v. a. im lateinischen ist *missus* = *missio*, *captus* = *captio*, *interdictus* = *interdictio* usw. eine ganze anzal von bildungen zeigen hier immer denselben stamm: *captus(i) captio captus(us) capturus captura acceptor*, das gefül der zusammengehörigkeit war noch lebendig; später in den romanischen sprachen ist es erstorben, wo nicht die alten formen erhalten sind und also traditionell die beziehungen fortgepflanzt werden, da sind neubildungen an die stelle getreten, welche ire eigenen wege gehen. derselbe gang der entwickelung zeigt sich schon früher in den germanischen sprachen, die alten stammverwantschaften werden immer seltener, heute sind nur noch schwache überreste davon vorhanden. die form der participia ist wesentlich dieselbe gebliben, nur ist die schablone immer mer zur herschaft gelangt, aber die verwanten nominalbildungen haben sich gänzlich abgetrennt, substantiva wie *macht andacht brand* dauern aus alter zeit wol noch fort, aber neue werden nicht mer hinzugefügt.

Eine besondere besprechung erfordern noch die participia von *t*-stämmen, welche in flectirter form keinen silbenzuwachs und meist auch nur einfaches *t* zeigen. hat hier überall eine zusammenziehung statt gefunden? ich glaube, nein. nemen wir z. b. das noch heute als adjectivum gebräuchliche *getrost,* so lässt sich unschwer dartun, dass schon im althochdeutschen das flectirte *gitrôstêr,* von dessen angeblicher vorstufe *gitrôstitêr* nirgends eine spur aufzufinden ist, in der tat die von anfang an allein berechtigte form war. um es kurz zu sagen: *gitrôstêr* ist ursprünglich gar nicht participium von *trôstan,* sondern mit dem präfix *gi* direct von dem substantivum *trôst* abgeleitet. schon im gotischen bezeichnen adjectiva mit *ga* das versehensein oder behaftetsein mit dem stammworte: *gaskôhs* = mit schuhen versehen d. i. *beschuht, gavamms* = mit flecken behaftet d. i. *befleckt,* eben so noch im mittelhochdeutschen: *gezan* = mit zänen versehen, *gehâr* = mit haren versehen, *geman* = mit mannen versehen, *gezagel* = mit schwanz versehen, *geman* = mit mäne versehen u. a. m. die fähigkeit zu solchen bildungen ist uns abhanden gekommen, wir sagen stets *bezant bemannt beschuht behart geschwänzt,* darum glauben wir, *gitrôstêr* müsse aus *gitrôstitêr* entstanden sein, obwol die notwendigkeit einer solchen anname durch nichts zu erweisen ist. ich neme keinen anstand, *gitrôstêr* mit den angefürten adjectiven auf eine stufe zu stellen und das unflectirte *getrôstet* (bei Notker) für eine schablonenmässige neubildung zu erklären. *gitrôstêr* und das präsens *trôstan* sind demnach schwesterformen, beide abgeleitet von dem hauptwort *trôst;* es ist ser leicht möglich, dass das adjectivum älter ist als das verbum, auf alle fälle ist es leicht begreiflich, dass *gitrôstêr* d. i. *mit trost behaftet* als participium zu *trôstan* dienen konnte, denn es ist dem sinne nach so vil wie *getröstet.* wenn schon bei anderen stämmen die anfügung eines *t* nicht nötig war, wenn also z. b. noch mhd. *gehâr* dasselbe bedeuten konnte wie *gehâret,* dann war es ganz natürlich, dass ein *t*-stamm eines zweiten *t* noch weit weniger bedürftig war. im mittelhochdeutschen ist neben flectirtem *getrôster* die unflectirte form bald *getrôst* bald *getroestet,* letztere gibt sich durch ir *oe* als die jüngere deutlich zu erkennen, sie ist wirkliches vollständiges participium zu *troesten* wie das nhd. *getröstet, getrôst getrôster* aber sind die directen fortsetzungen aus althochdeutscher zeit, von einem rückumlaut in folge einer zusammenziehung kann gar nicht die rede sein, denn aus *getroestet getroesteter* hätte wol *getroest getroester* entstehen können, niemals aber *getrôst getrôster.* was in aller welt hätte hier einen übergang von *oe* zu *ô* bewirken sollen? die ganze theorie vom rückumlaut mag ein brauchbares hülfsmittel sein zur erlernung der grammatischen formen, in warheit hat diser vorgang nie statt gefunden, sondern die dabei in betracht kommenden participia (und präterita) haben von alters her die ursprünglichen vocale bewart, wärend im präsens der umlaut platz griff. die jüngeren unflectirten participia richteten sich dann natürlich nach dem inzwischen umgelauteten präsens, zu *troesten* wurde *getroestet* gebildet, wo bei Notker noch *getrôstet* galt, das flectirte *getrôster* aber blib davon unberürt und hat überhaupt nie anders gelautet. althochdeutsch und mittelhochdeutsch befolgen in der behandlung der formen dasselbe princip, nur dass im mittelhochdeutschen in die unflectirte form der umlaut eindringen musste, im neuhochdeutschen ist die verbalschablone vollständig zur herschaft gelangt, wir unterscheiden nicht mer das flectirte participium von dem unflectirten, überall gilt die neue form als wirkliche ableitung vom präsens. wir sagen: *ich bin getröstet* und eben so: *der getröstete mann,* das alte *getrost* dient nur noch als adjectivum.

Einige weitere beispile werden das gesagte bestätigen. zu dem verbum ahd. *heftan* mhd. *heften* gehört das flectirte participium ahd. *gihaftêr* mhd. *gehafter,* dagegen unflectirt ahd. *giheftit* mhd. *geheftet* und *gehaft.* auch hier soll *gihaftêr gehafter* aus *giheftitêr gehefteter* zusammengezogen und dann rückumlaut eingetreten sein. ich leugne dis ganz entschiden und behaupte: *gihaftêr* hat nie eine andere gestalt gehabt, es enthält denselben stamm wie das participialadjectivum got. *hafts* ahd. *haft* mhd. *haft* alts. *haft* ags. *häft* und unterscheidet sich von disem nur durch das präfix *gi;* es enthält aber auch denselben stamm wie das abgeleitete präsens got. *haftjan* ahd. *heftan* mhd. *heften,* ist also älter als dises. das unflectirte *giheftit* ist natürlich wider jüngere neubildung, wie namentlich das zum adjectivum gewordene *gihaft* deutlich zeigt. dises lautet auch unflectirt immer *gihaft*, natürlich, denn man betrachtete es nicht als participium zu *heften*, es war also gar keine versuchung vorhanden, dasselbe durch ein neues *giheftit* zu ersetzen, wie sich dises als wirkliches participium ganz von selbst einstellte. im mittelhochdeutschen dauert das verhältniss wie im althochdeutschen fort, im neuhochdeutschen gilt das alte *haft* nur noch in zusammensetzungen wie *tugend-haft war-haft ernst-haft* u. ä., das participium ist auch in flectirter form wirkliches participium von *heften* geworden: *das buch ist geheftet* und *ein geheftetes buch*.

Neben den adjectiven *gimuatêr ubarmuotêr widarmuatêr diemuotêr* steht *kedeomuatêr gediemuotêr* als participium zu *deomuatan diemuoten gediemuoten*. auch hier lässt sich die entstehung aus *gedeomuotitêr* durch nichts erweisen, schon in der benedictinerregel lesen wir den dativ *ketheomuatemu* (s. 109 bei Hattemer), wärend in demselben denkmale die unflectirte form *kedeomuatit* (s. 48) lautet. ich behaupte: *kedeomuatêr* ist identisch mit *deomuatêr*, das präsens *deomuatan* ist erst aus disem abgeleitet und gab dann zu dem unflectirten *kedeomuatit* veranlassung, das alte *kedeomuatêr* dauerte unbeinträchtigt fort und diente ganz naturgemäss als participium zu dem neuen präsens, da es dem sinne nach (*mit demut behaftet*) diser function durchaus gewachsen war.

Die flectirten *gigurtêr bigurtêr* sind wider directe ableitungen von dem nomen *gurt*, welches zwar im althochdeutschen nicht belegt ist, aber unzweifelhaft vorhanden war, wie wollte man sonst mhd. *über-gurt umbe-gurt under-gurt* erklären? auch *gurtil* weist auf ein einfaches *gurt* mit sicherheit zurück. *gigurtêr bigurtêr* heissen also nach alter weise: *mit einem gurt versehen,* wozu bedurfte es da noch der anfügung eines *t?* das präsens *gurtan* ist von demselben stamme gebildet und villeicht jünger als sein participium. nur die jüngere unflectirte form zeigt den zuwachs eines *t:* ahd. *gigurtit bigurtit* mhd. *gegürtet begürtet,* die kürzeren mhd. *gegurt begurt* zeigen schon durch das beständige felen des umlauts, dass sie die ursprünglicheren sind. im neuhochdeutschen ist natürlich das alte *gigurtêr* durch ein wirklich von *gürten* abgeleitetes *gegürteter* ersetzt.

Besonders instructiv ist das zu *forahtan forhtan* gehörige participium *arforhtêr kaforahtêr* mit dem unflectirten nominativ *got-forht* (Tat. 7, 4), welches sicherlich mit dem got. *faurhts* identisch ist; es ist ebenfalls eigentlich nicht participium von dem präsens *forhtan,* sondern beide sind selbständige bildungen und ergänzen sich gegenseitig.

Ist es schon je einem menschen eingefallen, die griechischen verbaladjectiva κρυπτός κλεπτός ῥιπτός πεπτός πεκτός von den präsensstämmen κρύπτω κλέπτω ῥίπτω πέπτω πέκτω abzuleiten? jedermann gibt zu, dass die participia auf den einfachen stamm zurückgehen. über das τ im präsens gehen die ansichten aus einander, man vergleiche Curtius „Das griechische Verbum" (s. 227 ff.); mir persönlich erscheint es unzweifelhaft, dass die beiden τ identisch sind d. h. dass der präsensstamm weiter nichts ist als der participialstamm mit personalendungen. die active bedeutung steht dem nicht entgegen, wie sich aus dem abschnitte über die perfectparticipia ergibt.

Wenn nun im griechischen (und auch in anderen

sprachen) die unabhängigkeit des participiums vom präsens allgemein anerkannt wird, warum in aller welt soll das in den germanischen sprachen nicht eben so gut möglich gewesen sein? erst im neuhochdeutschen sehen wir durchgängig das participium als eine weiterbildung des präsensstammes kenntlich gemacht, es gibt keinen unterschid mer zwischen flectirter und unflectirter form, überall ist der zuwachs eines *t* deutlich vorhanden, überall herscht (mit ganz wenigen ausnamen) der vocal des präsens, ein eclatanter beweis, dass die kürzeren formen mit nicht umgelauteten vocalen erbstücke aus alter zeit waren, welche erst im neuhochdeutschen der immer weiter um sich greifenden schablone erlegen sind. erst jetzt ist die hochdeutsche sprache auf der stufe der absoluten regelmässigkeit der verbalflexion angelangt, welche wir im gotischen schon im vierten jarhundert ausgebildet sehen. ist es denkbar, dass in voralthochdeutscher zeit dieselbe schablonenhafte gleichmässigkeit bereits vorhanden war, um dann für jarhunderte in einer später entstandenen ungleichmässigkeit unterzugehen? eine solche anname stände in widerspruch mit dem sonst in allen sprachen hervortretenden streben nach uniformirung, fast überall erweist sich das scheinbar unregelmässige d. i. das von der schablone abweichende als altertümlich, als nachklang aus einer früheren zeit reicherer formenentfaltung oder einer grösseren selbständigkeit der einzelnen bestandteile der verbalflexion. bei weitem die meisten ablautenden verba der älteren germanischen sprachen unterschiden im präteritum den stamm der merzal von dem der einzal, die neueren haben überall dise selbständigkeit aufgehoben:

entweder musste die einzal der merzal oder umgekert die merzal der einzal sich accomodiren, alles in folge des ganz natürlichen strebens nach gleichmässigkeit. wenn also die längste zeit sogar in demselben tempus einzal und merzal unabhängig von einander sein und bleiben konnten, wie vil mer war dis möglich bei zwei ganz verschidenen verbalformen, es ist deshalb die anname nicht zu kün, dass die formelle abhängigkeit des participiums vom präsens erst mit der zeit sich ausgebildet hat, worauf die historische entwickelung vom althochdeutschen bis zum neuhochdeutschen unverkennbar hinweist. die participia *gebrannt gesant gewant gekannt genannt* erscheinen uns heute unregelmässig, es sind die letzten trümmer der alten selbständigkeit des participiums, nicht selten werden die regelmässigen d. h. die neuen schabloneformen *gesendet gewendet genennet* daneben gebraucht. die zu adjectiven oder substantiven gewordenen participia sind diser neuerung nicht ausgesetzt: *der gesante der bekannte der verwante* u. ä. werden unverändert bleiben; eben so die adjectiva *getrost bereit,* als participia kommen solche formen nicht mer vor, sie lauten immer *getroestet bereitet gegürtet gefürchtet geheftet* usw.

Nach dem für *gitrôstêr gihaftêr bigurtêr arforahtêr gemuotêr kedeomuatêr* aufgestellten princip werden, wo nicht alle, so doch vile participia von *t*-stümmen im althochdeutschen und mittelhochdeutschen zu beurteilen sein: sie sind nicht von dem präsens durch hinzufügung eines neuen *t* gebildet, sondern sie stützen sich direct auf die nomina, welche auch dem präsens zu grunde ligen. so deute ich *inluuhtêr behuotêr girihtêr gibreitêr* u. a. m. auch die ad-

jectiva *gegatêr ungegatêr gesit(êr)*, welche participialen sinn
haben, sind von den zu grunde ligenden *t*-stämmen one
weiteres abgeleitet, erst im mittelhochdeutschen erscheint
gesitet wie von einem verbum *gesiten*. wenn die participia
von *t*-stämmen mit vorhergehenden vocalen häufig *tt* zeigen,
so glaube ich nicht, dass dis noch eine reminiscenz der zusammenziehung ist, denn dann würden wol, namentlich in
den ältesten denkmälern, gelegentlich formen mit bindevocal
erscheinen, ich finde aber erst bei Otfrid das flectirte
zispreitite (III, 26, 36) mit *i*, wärend der ältere Tatian die
formen *zispreitê* (176, 3) und *cispreitiu* (135, 30) bietet. es
ist dis um so auffallender, weil dises denkmal den bindevocal sonst ser begünstigt, aber keineswegs in altertümlicher
weise, sondern im gegenteil modernisirend, denn formen
wie *giuuentitê* (39, 7) *gisentitê* (142, 1) *ginemnitan* (4, 12)
gisezzitu (25, 1) geben sich durch ir *e*, welches dem umgelauteten präsens entnommen ist, als neubildungen zu erkennen, wärend *gisantâ* (13, 21) *furbrantu* (71, 3) *aruualztan*
(217, 2) *gisaztu* (68, 3) und das unflectirte *giuuant* (67, 9;
138, 11) in übereinstimmung mit anderen älteren denkmälern die unabhängigkeit vom präsens bewart haben.
demnach muss auch *zispreitê* (sogar mit éinem *t*) neben
dem späteren *zispreitite* Otfrid's als wirklich ältere form
gelten. man findet das material aus dem Tatian in meinem
Präteritum (s. 135 f.), auch das verhalten der übrigen haupt-
denkmäler ist dort zu sehen (s. 129 ff.). ausserdem vergleiche
man, was ich über die unflectirten ahd. *gizalt kasalt fursalt*
brâht kedâht keworht und ir verhältniss zu den genau entsprechenden angelsächsischen und altsächsischen gesagt

habe (s. 152 ff.), es ist klar, dass die daneben bestehenden *gizelit gisclit gewurchet* jünger sind.

In übereinstimmung mit dem flectirten participium befindet sich das präteritum, ein eclatanter beweis für die alte verwantschaft beider. wie aber die ältere kürzere form des participiums in unflectirtem zustande durch schablonenhafte neubildungen dem präsens untergeordnet wurde, so entstanden auch neben der älteren kürzeren form des präteritums schon frühzeitig neue formen mit dem bindevocal *i*. ich habe nachgewiesen, dass die präterita mit sogenanntem rückumlaut von ursprünglich kurzsilbigen stämmen denen mit bindevocal an alter überlegen sind (Präteritum, s. 146 ff.), die übereinstimmung von ahd. *zalta salta* alts. *talda salda* ags. *tealde scalde* altn. *talda* u. ä. (vgl. a. o. s. 151) lässt keine andere erklärung zu. wenn also *zelita sclita quelita* sowol durch den bindevocal *i* als durch das aus dem präsens eingedrungene *e* sich unzweifelhaft als jünger erweisen, so werden bindevocalische präterita wie *heftita* (Tat.) *restida heftida* (Is.) ganz eben so zu beurteilen sein, denn auch sie haben das umgelautete *e* des präsens. wie das participium solcher stämme, welche schon ein ableitendes *t* enthielten, eines zweiten *t* nicht bedürftig war, so konnte natürlich auch das präteritum als eine sprossform des participiums durch blosse anfügung der endungen gebildet werden, ich teile also *haft-a rast-a* und erkläre sie: *ich machte haft* d. i. *fest, ich machte rast;* die verschidenen endungen mussten vollständig ausreichen, um präsens und präteritum zu unterscheiden. in derselben weise ist *liuht-a = ich machte licht, riht-a = ich machte grade,*

*lust-a = es machte lust, gurt-a = ich machte gurt, breit-a =
ich machte breit, tôt-a = ich machte tot, foraht-a = ich hatte
furcht, brant-a - ich machte brand, antwurt-a = ich machte
antwort, angest-a = ich machte angst, durst-a = es machte
durst, huot-a ich hielt wache, trôst-a = ich machte trost,
arbeit-a = ich machte arbeit* usw. es ist gar nicht einzusehen,
warum in allen disen fällen das präsens älter sein und
dem präteritum zu grunde ligen soll. one die theorie der
zusammensetzung hätte man gewiss dise verhältnisse schon
längst anders aufgefasst, aber da ein hülfsverbum in jenen
präteritis enthalten sein sollte, so war man natürlich genötigt, die zusammenziehung für alle fälle vorauszusetzen,
obwol grade das entstehen von *heftita restida sentita sezzita
selita zelita quelita* neben *hafta rasta santa sazta salta zalta
qualta* deutlich zeigt, dass die allgemeine abhängigkeit des
präteritums vom präsens erst später ausgebildet wurde. es
fällt mir natürlich nicht ein, den bindevocal *i* für die altgermanische zeit gänzlich leugnen zu wollen, aber jedesfalls
war er im gebrauch mer beschränkt, als das gotische vermuten lässt, namentlich an *t*-stämme wurde schon in
ältester zeit das suffix *-a* one weiteres angefügt: ahd. *forht-a*
mhd. *vorht-e* sind ursprünglicher als got. *faurhtida*, dises
ist eine neubildung wie das altniderfränkische *forhtida*
(Ps. 63, 10; *forhtedon* Ps. 54, 21) und das neuhochdeutsche
fürchtete, alle drei gingen aus dem streben hervor, zu dem
präsens got. *faurhtjan* anfr. *forhtan* nhd. *fürchten* ein deutlich weiter gebildetes präteritum zu besitzen.

Grosse übereinstimmung herscht zwischen dem alemannisch-bairischen und dem angelsächsischen, indem beide

von langsilbigen stämmen die präterita one, von kurzsilbigen meist mit bindevocal bilden, und diejenigen ursprünglich kurzsilbigen stämme, welche one bindevocal gebraucht
werden, sind ebenfalls auf beiden seiten dieselben: *sazta* = *sette, dahta* = *þeahte, strahta* = *streahte, rahta* = *reahte, wahta* = *veahte, zalta* = *tealde* u. a. ist dises verhältniss
nicht im höchsten grade überraschend? freilich finden sich
auch gelegentlich abweichungen, z. b. *sclita* bei Notker
(Ps. 396a) neben ags. *scalde*, aber das sonst im althochdeutschen häufig vorkommende *salta* (Otfr. Tat.) sowie das
alts. *salda* beweisen, dass *sclita* an die stelle eines früheren
salta = *scalde* getreten ist. andrerseits findet sich im angelsächsischen neben *tealde* = *zalta* auch *telede* (Andr. 1105),
welches ebenfalls als jüngere neubildung anerkannt werden
muss, wie auch in der benedictinerregel *kizelita* (33) und
bei Otfrid *zelita* (35 mal, *zalta* 108 mal) neben dem gewönlichen und älteren *zalta* (= alts. *talda* altn. *talda*) entstanden ist. die präterita *heftita sentita rehhita dechhita* u. ä.
in den Monseer fragmenten sind nicht echt bairisch, sondern
nach dem muster der fränkischen vorlage gebildet, neben
sentita begegnet ja in der tat merere male *santa* und das
flectirte participium *kasantan;* selbständig bairisch sind
ausserdem *ambahta antwurta* u. a.

In der mitte zwischen alemannisch-bairisch und angelsächsisch stehen der Tatian, die altniderfränkischen psalmen
und der Heliand. alle drei haben freilich ire besouderen
eigenheiten, doch stimmen sie darin überein, dass sie dem
bindevocal einen grösseren spilraum gestatten, der Heliand
am wenigsten. die gebiete der drei denkmäler stossen an

einander, die geographische lage würde also gestatten eine gemeinsame spätere entwickelung anzunemen, wärend alemannisch-bairisch und angelsächsisch, welche ganz getrennt waren, schwerlich durch zufall zu der auffallenden übereinstimmung gelangt sind. eine nähere betrachtung der einzelheiten bestätigt dise allgemeine erwägung, wir werden sehen, dass namentlich die psalmen dem Tatian nahe stehen, in einigen fällen auch der Cottonianus des Heliand, dessen dialectfärbung so wie so eine annäherung an das niderfränkische zeigt. ich kann natürlich nicht alles widerholen, was ich früher (Präteritum, s. 120 ff. 132 ff.) über die bildung des präteritums im altsächsischen und im Tatian zusammen gestellt habe, ich beschränke mich auf die vergleichung wichtiger einzelheiten. besonders erwäge man die präterita von *t*-stämmen. im Tatian finden wir one bindevocal *liuhta rihta giougozorhta thursta lusta bigurta leitta (leita) spreitta beitta (beita) wanta santa forhta*, mit bindevocal *wâtita heldita umwirdita cundita miltita âhtita ambahtita heftita antwurtita* und neben dem intransitiven *liuhta* (1, 4) das transitive *inliuhtita* (13, 4). die niderfränkischen psalmen haben one bindevocal *scutta* (gl. L.) *thursta trôsta huoda leida sunda (santa)*, mit bindevocal *quedida cundida mendida bescendida êhtida (âhtida* gl. L.) *heftida restida* (gl. L.) *forhtida*. im Heliand one bindevocal *quadda (quedda) âhta (êhta) liuhta rihta lêsta hefta awerda lêdda strîdda fôdda huoda wenda sanda (senda) cûdda*, mit bindevocal *andwordida (C.) beldida (M. C.) thurstida (C. 5644) nâdida (M. C.) wrêdida (M. C.)* und neben dem öfteren *lêsta* auch einmal *lêstida (C. 2858, M.* hat *lêsta)*. die in den drei denkmälern verschiden behandelten stämme habe ich gesperrt, damit man sie schneller übersehen kann. es wird nun wol nicht leicht jemand behaupten, dass die psalmen dem Tatian oder Heliand gegenüber durch besondere altertümlichkeit sich auszeichnen, also ist zunächst *forhtida* neben *forhta* im Tatian als jüngere bildung anzuerkennen. alle althochdeutschen denkmäler kennen übereinstimmend nur *forhta*, sogar die Monseer fragmente haben 4 mal *forahta*, woraus wir auch für den fränkischen dialect des Isidor auf ein *forahta forhta* schliessen dürfen, denn ein etwaiges *forhtida* würde doch wol wenigstens an einer der vier stellen in die bairische umarbeitung übergegangen sein, man denke an den wechsel von *sentita* und *santa*, von denen das erste in der vorlage stand. eben so gilt *vorhte* im mittelhochdeutschen. das *forhtida* der psalmen ist also eine spätere weiterbildung und stellt sich neben das nhd. *fürchtete*. auch *quedida* neben *quadda (quedda)* im Heliand ist jünger, denn *quadda* stimmt zu ahd. *quatta* (Otfr. und gl.) *chatta* (No.), ein *quetita* ist nirgends zu finden, dagegen tritt auch noch das altn. *kvaddda* bestätigend ein. wenn nun *forhtida* und *quedida* zweifellos jüngere formen sind, so reihen sich naturgemäss *heftida êhtida* usw. als solche an, d. h. *hefta âhta (êhta)* im Heliand sind älter in übereinstimmung mit *hafta âhta* im alemannisch-bairischen und bei Otfrid sowie mit ags. *häfte êhte*. dass in folge dessen auch die hochfränkischen *heftida* (Is.) *heftita* (Tat.) und *âhtita* (Tat.) irer scheinbaren altertümlichkeit entkleidet werden müssen, gebietet die logik der tatsachen. jüngere formen zeigt der Cottonianus des Heliand in den einmaligen *lêstida* (2858) und *thurstida* (5644), statt des ersteren hat der Monacensis das ältere *lésta*, das zweite felt in disem codex, weil die betreffende stelle in eine lücke fällt, man darf *thursta* erwarten, da nirgends eine andere form als *dursta* erscheint, sogar Tatian und die psalmen haben ebenfalls *thursta; thurstida* steht auf einer stufe mit dem nhd. *dürstete*. das präteritum *andwordida* stimmt zu *antwurtita* im Tatian, sonst begegnet nur *antwurta* mit ausname des einmaligen *antwurtita* bei Otfrid (IV, 23, 39), wofür der bairische schreiber von *F antwurta* setzte; sogar die Monseer fragmente haben 10mal *antwurta* und kein einziges *antwurtita*, sollte man daraus nicht schliessen dürfen, dass auch die im dialecte des Isidor abgefasste vorlage nicht *antwurdida*, sondern *antwurda* hatte? dass die berürung zwischen alemannisch-bairisch und angelsächsisch wirklich alt ist, dafür spricht besonders noch die begegnung von ahd. *ralta* (voc. St. Gall.) *bifalta* (Otfr.) *erfalta* (No.) mit dem ags. *befealde* (Gen. 1010); der Heliand hat *felda* und in den psalmen stand *befellida* (gl. L.), also auch hier wider die bestätigung der vorher constatirten altersverhältnisse. wenn nun im gegensatze zu den erörterten verschidenheiten die präterita *liuhta rihta leitta wanta santa* im Tatian zu *liuhta rihta lédda wenda sanda (senda)* im Heliand stimmen und *leida sanda (santa)* aus den psalmen sich dazu gesellen, alles in übereinstimmung mit alemannisch-bairisch (auch Otfrid) und angelsächsisch, wer will da noch behaupten, dass hier eine spätere zusammenziehung vorligt. es ist im gegenteil klar, dass die fränkischen präterita auf *-ita -ida*, welche zu den nächstverwanten dialecten nicht passen, erst nach der trennung nach der analogie anderer fälle gebildet

worden sind. der dialect des Isidor ist in diser hinsicht am
weitesten gegangen, er war auch geographisch vom alemannisch-bairischen einerseits und vom sächsischen andrerseits
am weitesten entfernt. der südfränkische dialect Otfrid's
ist der alten form treuer gebliben, stösst er doch auch unmittelbar an das alemannische gebiet, nur *antwurtita an-
gustita bouhnita lougnita* entfernen sich von *antwurta angesta*
(No.) *pauhhanta* (gl. Hrab. Maur.) *lougenda* (No.) im alemannisch-bairischen. sonstige abweichungen und überein-
stimmungen sind aus meinen verzeichnissen (Präteritum,
s. 120—142) zu entnemen.

Es ist lonend, noch einen blick auf die kurzsilbigen
stämme zu werfen, weil auch hier die vergleichung zu interessanten resultaten fürt. fast vollständige übereinstimmung,
mit ausname des Isidor resp. der Monseer fragmente, herscht
in folgenden fällen: hochdeutsch *wahta sazta lazta salta
zalta* = angelsächsisch *veahte sette lette scalde tealde* =
altsächsisch *wahta* (M. 4778) *satta (setta) latta (letta)
salda talda,* wozu noch altnordisch *vakta setta latta selda
talda* verglichen werden müssen. die zal derartiger ent-
sprechungen lässt sich leicht vermeren, wenn man davon
absehen will, dass in diser oder jener gruppe eine lücke
ist, mag es an belegen felen oder mag neubildung eingetreten sein. der erste fall gilt z. b. bei ahd. *dahta* = ags.
þeahte = altn. *þakta* oder ahd. *tualta dualta* = ags. *dvealde*
= altn. *dvalda,* wo im altsächsischen kein *thahta dualda*
belegt ist; der zweite fall gilt bei ahd. *qualta* = ags. *cvealde*
= altn. *kvalda* oder ahd. *rahta* ags. *reahte* = altn. *rakta,*
wo im altsächsischen *quelida rekida* neu gebildet sind. auf

der anderen seite gibt es nun eine anzal kurzsilbiger präterita, wo hochdeutsch sächsisch und angelsächsisch übereinstimmend nur bindevocalische formen haben: hochdeutsch
nerita werita ferita skerita giburita fremita denita digita =
altsächsisch *nerida werida ferida skerida giburida fremida
thenida thigida* = angelsächsisch *nerede werede ferede
seyrede geberede fremede þenede þygede.* andere liessen sich
hinzufügen, wo nur zwei gruppen sich begegnen und die
dritte entweder unbelegt ist oder abweicht. bindevocallos
sind z. b. auf sächsisch-angelsächsischer seite *lagda (legda)
hugda (hogda)* — *lägde legde (laede léde) hogde,* dagegen
im hochdeutschen *legita hugita* (doch *farhocton* K. 37);
umgekert entspricht dem sächsisch-angelsächsischen *terida
terede* ein hochdeutsches *zarte.* dem niderfränkischen *scutta*
gleicht *scutta* bei Notker, Otfrid dagegen hat *scutita.* dem
angelsächsischen *ähredde* lässt sich das mhd. *ratte* (part.
arratte Hym. 21, 3) an die seite stellen, Otfrid hat *retita.*

Ist es gestattet, aus den vorstehenden vergleichungen
einen schluss zu ziehen, so würden wir etwa zu folgendem
ergebnisse kommen: zur zeit der absonderung der
westgermanischen sprachen von einander scheint
eine anzal kurzsilbiger stämme im präteritum den
bindevocal gehabt zu haben, nach der trennung
wurde derselbe auf andere kurzsilbige, welche ihn
ursprünglich nicht gehabt hatten, übertragen und
weiter in den mittleren dialecten auch auf manche
langsilbige, bei denen alemannisch-bairisch und
angelsächsisch der tradition treuer bliben. im einzelnen ist hier natürlich noch manches näher zu untersuchen

und zu bestimmen, im ganzen und grossen aber glaube ich den richtigen weg zur erkenntniss des ursprünglichen eingeschlagen zu haben. möchten auch andere ire aufmerksamkeit disem gegenstande schenken.

Ich bin natürlich weit entfernt, für alle alt- und mittelhochdeutschen präterita absolute ursprünglichkeit in anspruch zu nemen, die analogie ist one zweifel auch hier wirksam gewesen und hat formen geschaffen, welche den wirklich alten änlich sind, one selbst alt zu sein. so sind, um einige beispile zu geben, die mittelhochdeutschen präterita *tihte trahte ahte* selbstverständlich nach der analogie von *rihte lûhte âhte* u. ä. gebildet, denn jene verba waren im althochdeutschen *dihtôn trahtôn ahtôn* mit den präteritis *dihtôta trahtôta ahtôta*. da jedoch im mittelhochdeutschen die unterscheidung der drei schwachen conjugationen aufhörte und die präsentia *tihten trahten ahten* auf eine stufe traten mit *rihten liuhten âhten,* so wurden auch ire präterita in dise analogie hereingezogen, *tihte trahte ahte* sind also nicht aus *tihtete trahtete ahtete* zusammengezogen, sondern sie haben sich an *rihte lûhte âhte* angelent. das präteritum zu mhd. *enden* ist *endete* und *ante,* letzteres ist natürlich keine alte form, sondern eine analogiebildung nach *wante sante nante* (von *nenden*) u. ä., *endete* ist die ältere und richtigere form, denn das verbum war ursprünglich *enteôn entôn;* auch *ante* ist keine zusammenziehung aus *endete,* dise würde *ente* ergeben haben, sondern angleichung an *wante sante nante.*

Im mittelhochdeutschen stehen neben einander *selte* und *salte, zelte* und *zalte, quelte* und *qualte* u. a. m. man pflegt dise doppelgestalt des präteritums dadurch zu erklären, dass man ein kurzsilbiges und ein langsilbiges präsens ansetzt, nach der von mir als unhaltbar nachgewiesenen theorie (Präteritum, s. 146 ff.), der sogenannte rückumlaut stehe ursprünglich nur langsilbigen stämmen zu, für präterita von kurzsilbigen verben mit rückumlaut sei daher unorganische verlängerung anzunemen. die sache ist einfach folgende: mhd. *salte zalte qualte* sind directe fortsetzungen von ahd. *salta zalta qualta, selte zelte quelte* dagegen stützen sich auf die jüngeren nebenformen *selita zelita quelita,* der bindevocal fiel aus und das *e* blib natürlich trotz der zusammenziehung unverändert. wir haben hier den deutlichsten beweis von der nichtigkeit der rückumlautstheorie. oder sollte wirklich im ernste noch jemand glauben wollen, dass ein *sel-te* für *selete* wegen ursprünglicher kürze bestehen blib, ein *sell-te* aber wegen unorganischer verdoppelung in *salte* übergegangen sein könnte? ich bekenne, dass so etwas mein fassungsvermögen übersteigt.

Die aus der vergleichung der westgermanischen dialecte gewonnenen resultate bestätigen, was ich über *dursta liuhta rihta hafta* u. ä. bereits früher (Präteritum, s. 162 ff.) vermutete, sie sind wie die participia *inliuht-êr giriht-êr gihaft-êr* one hinzufügung eines neuen *t* direct aus älteren *t*-stämmen entnommen. was macht die zusammensetzungstheorie dem gegenüber? sie muss annemen, dass z. b. ein früheres *heftitâtun* (got. *haftidêdun*) in westgermanischer zeit zuerst in *haftun* zusammenschrumpfte, um dann wider in *heftitun* erweitert zu werden. besonders lerreich ist das präteritum *dursta,* dem im gotischen ein aus dem participium *þaursiþs* zu entnemendes *þaursida* entsprechen würde; zu disem stimmt *dursta* genau so wie ahd. *branta sazta* zu got. *brannida satida*, d. h. *dursta* ist gar nicht präteritum zu dem jüngeren präsens *durstan*, sondern zu einem verlorenen *dursan* oder *durran*, hier stützen sich also präsens und präteritum beide ganz deutlich auf denselben stamm *durst* == got. *þaurst-ei*, von einer entstehung aus *durstita* kann gar nicht die rede sein, vilmer ist das erweiterte *thurstida* im Cottonianus nur eine concession an das junge präsens *thurstian* oder *thurstan*. in ünlicher weise sind ahd. *tôta nôta* mhd. *tôte nôte* ursprünglich präterita zu *t*-losen präsensstämmen, dauerten aber fort, nachdem *tôtan nôtan* resp. *toeten noeten* ins präsens eingedrungen waren. das alte participium *tôtêr* wurde allmählich adjectivum und besteht als solches noch heute, daneben ist *getötet getöteter* als wirkliches participium zu *töten* neu gebildet.

Was die bedeutung betrifft, so ist es absolut unbedenklich, dass präsens und präteritum in allen solchen fällen denselben stamm haben: *riht-a liuht-a trôst-a bigurt-a tôt-a nôt-a* unterschiden sich von *riht-u liuhtu trôst-u bigurt-u tôt-u nôt-u* genügend, *a ôs a* etc. galten eben als endungen des präteritums, *u is* (*ist*) *it* etc. als endungen des präsens; was brauchte man mer, wenn der stamm schon ein *t* hatte? dass die active bedeutung des präteritums neben der passiven des participiums nicht massgebend ist, lert der abschnitt über die perfectparticipia, bei intransitiven verben kommt dises missverhältniss überhaupt gar nicht in betracht. überdis sind wir im stande, bei mereren präteritis die unmittelbare entstehung aus dem participium auch begrifflich noch zu erkennen, denn im gotischen stimmen *mahta skulda þâhta þûhta fravaurhta* zu den participialadjectiven *mahts skulds -þâhts -þûhts fravaurhts*. in alter zeit war es überall so, wie in den cranischen sprachen, erst später wurden die participia transitiver verba auf die passivität beschränkt, die vilfachen spuren früherer activität wurden oben (s. 118 ff.) erörtert. nachdem einmal das präteritum geschaffen war, bestand es natürlich weiter, auch als es in der bedeutung zum participium nicht mer stimmte. wenn also participia wie *gitrôstêr bigurtêr inliuhtêr* mit irem passiven sinne unmittelbar aus *trôst gurt liuht (leoht)* entnommen werden konnten, so war das eben so gut möglich bei den activen präteritis *trôst-a gurt-a liuht-a*. ja wir wollen selbst den fall setzen, was aber falsch wäre, das participium habe im germanischen von alters her nur passive bedeutung gehabt, so könnte auch daraus ein ernstliches bedenken gegen die herleitung des präteritums aus dem participium nicht erwachsen, denn in unzäligen fällen nemen in allen sprachen passive wortstämme in der ableitung active bedeutung an, d. h. die abgeleitete bildung hat causativen oder productiven sinn. ligt nicht in den präsensformen *trôstu gurtu liuhtu* ganz dasselbe verhältniss vor? man wende nicht ein, dass hier einmal ein ableitendes *j* vorhanden gewesen sei, denn auch im präteritum könnten ursprünglich die endungen anders gelautet haben, als sie in den überlieferten stadien der meisten altgermanischen dialecte sich darstellen, das alemannische *ô*, an welchem auch das altfränkische des Isidor teil genommen hat, weist klar genug auf ältere vollere endungen hin. den in neuester zeit widerholten versuch (Paul-Braune, Beiträge I, s. 455), jene *-tôm -tôt (-tônt)* *-tôn* als contractionen aus *-tâtum -tâtut -tâtun* darzustellen, muss ich als gänzlich verfelt betrachten, denn wenn schon der übergang eines angeblichen *neritôtun* durch ausfall des *t* in *neritô-un* (und weiter durch contraction in *neritôn*) eine horrende zumutung an den glauben kaltblütiger ist, so muss doch die wandlung der angeblichen grundform der III. sg. conjunctivi *neritâti* oder *neritôti* in *neriti* selbst den gläubigsten als bare unmöglichkeit erscheinen. ich leugne die möglichkeit des ausfalles eines *t* zwischen vocalen ganz entschiden, so lange mir nicht unzweifelhafte fälle diser art aus dem althochdeutschen beigebracht werden, die präterita der reduplicirenden verba beweisen gar nichts, denn auch hier beruhen die ausfälle von consonanten oder gar consonantengruppen zwischen vocalen lediglich auf der ganz unerwisenen behauptung, dass der anlaut jener präterita die alte reduplicationssilbe sei, dass mit anderen worten die west- und nordgermanischen dialecte eine verschmelzung von reduplications- und stammsilbe hätten eintreten lassen. dass durch dise hypothese den sprachen die fabelhaftesten lautvorgänge und die absonderlichsten zwischenformen aufgebürdet werden, hat bis jetzt noch niemanden abgeschreckt, an der alten lere fest zu halten, nach meiner überzeugung ist z. b. das ahd. *slêf sleaf sliaf* (oder richtiger *sliaf sleaf slêf)* einfach durch abwerfung der reduplicationssilbe aus *seslêf* == got. *saislêp* entstanden, beide aber gehen auf ein älteres *sesliâp* zurück und die grundform des präsens war *sliâpan.* mer darüber im vorwort.

Vor der hand halte ich also daran fest, dass in dem

alemannisch-fränkischen *ô* die ältere und annähernd ursprüngliche gestalt der endungen bewart ist. das *ôs* der II. sing.
ist im ganzen althochdeutschen gebiete und auch im altsächsischen vorhanden, die merzal hat sich an das starke präteritum angelent. es kann nicht bezweifelt werden, dass
in *neritôs* und *neritôn* dasselbe *ô* enthalten ist, da aber
neritôs als composition allen erklärungsversuchen wider-
strebt, so müssen wir *-ôs* natürlich als endung betrachten
und eben so das *-ôn* der merzal. ich möchte glauben,
dass an den stamm des participiums einfach die präsensendungen der *ô*-conjugation gehängt worden sind,
die vergangenheit wurde ja unzweifelhaft durch das *t* bezeichnet. so findet wenigstens das *s* von *neritôs* eine ganz
natürliche erklärung und auch sonst steht diser deutung
kaum etwas entgegen. die differenz zwischen got. *nasidês*
und ahd. *neritôs* ist dieselbe wie bei got. *dagê* = ahd. *tako*,
aber dem got. *gastê* entspricht ahd. *kestio kesteo* und später
kesto gesto, ist es zu kün, den beiden sprachen einen verschidenen entwickelungsgang beizulegen und got. *gastê* aus
gasteo gastio durch contraction entstehen zu lassen? derselbe
vorgang könnte dann bei *nasidês* = *neritôs* statt gefunden
haben und die grundform *neriteôs* gewesen sein, wie ja
tatsächlich die *ô*-verba in alter zeit oft genug mit *eô* erscheinen, z. b. *sûfteôn enteôn êreôn*, wo später *sûftôn entôn
êrôn* gelten. über die entstehung von *nerita* aus älterem
nerito neritô habe ich früher gehandelt (Präteritum, s. 183 ff.),
das *î* des conjunctivs wird dem starken präteritum entnommen sein, wo es ursprünglich gewiss ebenfalls durchgängig lang war; das got. *nêmi* neben *nêmeis nêmeima*

nêmaiþ haben wir one zweifel als eine kürzung aus *nêmai*
zu betrachten, denn im präsens stimmt *nimai* zu *nimais*
nimaima nimaiþ. die I. III. sing. ind. *nasida nerita* könnte
übrigens auch von anfang an one personalbezeichnung gebliben sein, got. *a* — ahd. *a* neben got. *ês* = ahd. *ôs* spricht
dafür, man müsste sonst wol auch hier im gotischen *ê* erwarten. ahd. *nerita* würde ich dann freilich nichts desto
weniger auf *nerito* (aber nicht *neritô*) zurück füren und *nasida*
nerito als den ursprünglich männlichen, später geschlechtslos
gewordenen nom. sing. in schwacher flexion erklären. oder
es ständen *nasida nerito* für *nasidja neritio* und wären nominative eines schwachen *ja*-masculinums. die anhängung von
präsensendungen an den participialstamm wäre ganz unbedenklich, denn auch im neupersischen hat *kardam kardê* etc.
dieselben endungen wie *baram bavê* etc. auch lat. (*amabam*)
amabas amabat etc. unterscheiden sich in den endungen (mit
ausname der I. sing.) nicht von (*amo*) *amas amat*, der zusatz *b*
bezeichnet die vergangenheit, die endungen sind lediglich per-
sonalsuffixe; an zusammensetzung glaube ich auch hier nicht.

Für die richtigkeit der herleitung des präteritums aus
dem participium d. h. für die enge verwantschaft desselben
mit nominalbildungen fallen endlich noch die präterita ahd.
gionsta (Otfr. III, 22, 29; V, 25, 101) *konsta* (Otfr. III, 16, 7)
alts. *gionsta afonsta* (Hel. 2557. 1043) *consta* schwer ins
gewicht, denn sie treffen genau zusammen mit den substantiven *unst* und *cunst;* das *o* der präterita ist ja natürlich aus *u* entstanden. die zusammensetzungstheorie ist
hier vollständig ratlos, für mich ist es ser leicht erklärlich,
dass, wie beim nomen die suffixe *t* und *st* wechseln, so

auch in einer dem nomen entsprossenen verbalform
neben blossem *t* gelegentlich ein *st* erscheinen kann. in
änlicher weise ist auch das suffix der II. sing. vom präteritum der starken verba im altgermanischen bald *t* bald
st gewesen, man vergleiche darüber meine ausfürungen
(Präteritum, s. 54 ff.). das präteritum *bigunsta* (Is. XV^b, 21;
XIX^b, 17) wird gewönlich für eine falsche analogiebildung
nach *gunsta* für *giunsta* gehalten, aber schon Jacob Grimm
(Zeitschr. f. d. A. VIII, 17) war geneigt, dasselbe für „organisch" zu halten, und in der tat steht es mit dem hauptworte ahd. *bigunst* mhd. *begunst* im schönsten einklange,
es tritt demnach als dritter wol berechtigter zeuge für mich
neben *onsta* und *consta*. ein vierter zeuge ist das alts.
farmunsta (Hel. 2659. 5288), dessen stamm im mhd. *munst*
sein nominales seitenstück findet. können tatsachen deutlicher sprechen?

Zum schlusse gebe ich nun noch eine schlagende analogie aus einem ganz fremden sprachgebiete, nämlich aus
dem ungarischen, welches bekanntlich zum finnischen
sprachstamme gehört. ich verdanke die kenntniss der zu
besprechenden erscheinung einem jungen Ungarn, herrn stud.
phil. Asboth, welcher mich auf dieselbe aufmerksam machte
und mit grosser freundlichkeit mir das nötige material zur
verfügung stellte. die tatsache ist folgende: auch das ungarische besitzt ein perfectparticipium mit *t*, welches bei
intransitiven verben active, bei transitiven verben passive
bedeutung hat, genau in übereinstimmung mit den indogermanischen sprachen, z. b. *ál-t   gestanden* von *ál-ni*
stehen und *ad-ott - gegeben* von *ad-ni - geben*. von disem

participium wird ein präteritum gebildet, welches
stets active bedeutung hat, und zwar ist die III. sing.
in unbestimmter form immer identisch mit dem participium,
also *ad-ott = gegeben* und *er gab, ál-t = gestanden* und
er stand, ad-ott alma = gegebener apfel aber *almát ad-ott
= er gab einen apfel* oder *äpfel* (das *t* an *almá-t* ist zeichen
des accusativs). die übrigen personen hängen die sonst
üblichen personalendungen an, wobei, wenn es die wollaut-
gesetze erlauben, der bindevocal *o* ausfällt und einfaches *t*
erscheint, wie schon bei *ál-t*. also:

ál-t = gestanden

ál-t-am = *ich stand*
ál-t-ál = *du standest*
ál-t = *er stand*
ál-t-unk = *wir standen*
ál-t-atok = *ir standet*
ál-t-ak = *sie standen*

ad-ott = gegeben

ad-t-am = *ich gab*
ad-t-ál = *du gabst*
ad-ott = *er gab*
ad-t-unk = *wir gaben*
ad-t-atok = *ir gabet*
ad-t-ak = *sie gaben.*

ein beispil mit bewartem *o* ist *mond-ott-am = ich sagte* neben
mond-ott · gesagt und *er sagte*. die transitiven verba haben
ausser diser unbestimmten auch eine bestimmte form, welche
gebraucht wird, wenn das object den artikel bei sich hat.
hier nimt auch die III. sing. ein personalsuffiix an, also
pénzt ad-ott = er gab geld aber *a pénzt ad-t-a = er gab das
geld*. ob das participium transitiver verba früher auch
active bedeutung gehabt hat, lässt sich nicht feststellen,
nach der versicherung des herrn Asboth hat es jetzt nur
noch passiven sinn, und doch steht das unzweifelhaft daraus
hervorgegangene perfectum mit activer bedeutung daneben.

also selbst diejenigen, welche die ursprüngliche activität der germanischen participia zu leugnen versuchen sollten, werden die möglichkeit der entstehung des schwachen präteritums aus dem participium nicht in abrede stellen können, ist aber einmal dise möglichkeit zugegeben, so habe ich gewonnenes spil, denn alles in den einzelnen sprachen weist auf den organischen zusammenhang der beiden verbalformen hin.

Anhang.

Zur erklärung der personalendungen.

Es kann nicht meine absicht sein, hier eine vollständige besprechung der personalendungen anzureihen, nur
zwei puncte will ich berüren, welche bei einer beurteilung
der herschenden ansichten besonders in betracht zu ziehen
sind. der erste punct betrifft die endungen des medio-
passivums, der zweite das verhalten der zweiten personen.

Die von Kuhn und Bopp begründete theorie von der
ursprünglichen verdoppelung der personalpronomina im
medium ist schon von mereren seiten angefochten worden,
in der tat nicht one berechtigung, denn die verstümmelungen,
welche von jener theorie erfordert werden, setzen bereits
für die indogermanische urzeit lautzerstörungen im inneren
der wortstämme voraus, wie sie kaum in den entartetsten
idiomen der neuzeit sich nachweisen lassen. nirgends in den
älteren sprachen finden sich auch nur die geringsten spuren
solcher ausfälle von consonanten zwischen vocalen, wie sie
z. b. der wandlung des angeblich ursprünglichen *bharatati*
zu *bharata-i* d. i. *bhárraté* — $\varphi\acute{\varepsilon}\rho\varepsilon\tau\alpha\iota$ vorher gegangen sein
müssten. im griechischen fällt σ zwischen vocalen aus,
niemals τ, darum lässt man das gr. $\tau\acute{\upsilon}\pi\tau\varepsilon\iota$ jetzt lieber
nicht mer aus $\tau\acute{\upsilon}\pi\tau\varepsilon\tau\iota$ entstehen, sondern aus $\tau\acute{\upsilon}\pi\tau\varepsilon\iota\tau$ für
$\tau\acute{\upsilon}\pi\tau\varepsilon\iota\tau\iota$ (vgl. Curtius, Das griech. Verb. s. 60). im sanskrit
fällt nicht einmal das *s* aus, und die indogermanische ur-
sprache, der wir doch one frage eine vil grössere ausdauer

in der bewarung ursprünglicher laute und wortbestandteile
beilegen müssen als irgend einer späteren stufe, sollte derartiger consonantenverschweigungen fähig gewesen sein?
ich kann das nicht glauben und schliesse mich in disem
puncte denjenigen gelerten an, welche sich von der „verstümmelungstheorie" losgesagt haben. die positiven erklärungsversuche derselben überzeugen mich freilich eben so
wenig, weder die von Friedrich Müller und Westphal vertretene meinung, dass die secundären endungen die älteren
und die primären durch anfügung eines demonstrativen
i aus inen entstanden seien (vgl. dagegen Curtius, Studien IV,
212 ff.), noch die von Scherer versuchte erklärung, dass
activität und passivität ursprünglich durch den ton unterschiden gewesen wären (vgl. dagegen Kuhn, Zeitschr. f.
vgl. sprachf. XVIII, 341 f.). fabelhaft und beispillos sind
die lautvorgänge, welche in der I. sing. medii statt gefunden
haben sollen, wo z. b. *bhárê* = φέρομαι auf *bharamami*
zurück gefürt wird. ich stimme Müller bei, wenn er (Wiener
sitzungsberichte 67, s. 646) dagegen energisch protestirt
und z. b. über die angebliche verstümmelung von *dvishmé
junjmé* zu *dvishé junjé* sagt, dass sie „in einer so gut conservirten Sprache, wie es das altindische ist, vollkommen
unerhört wäre", oder wenn er (s. 647) die entstehung von
čakré bibhré aus *čakarmé bibharmé* „lautliche Unmöglichkeiten" nennt. wenn dise formen jemals eine personalendung
gehabt haben, woran man mit grund zweifeln kann, so ist
dieselbe sicherlich am ende abgefallen, wie dis für die
I. III. sing. perf. act. one umstände zugegeben wird. Ludwig
(Der infinitiv im veda, s. 88 f.) hat vollkommen recht, wenn

er das *ê âi* der ersten person mit demjenigen *ê âi* identi-
ficirt, welches vor den dualendungen *-thê -tê -thâm -tâm*
erscheint; das *â* der zweiten hauptconjugation ist ebenfalls
von disen endungen zu trennen, wie wir aus den formen
im precativ oder benedictiv lernen können (vgl. Präteritum,
s. 96 anm.). ich bin nicht abgeneigt, das griechische *-μαι*
für eine speciell griechische bildung zu halten, da in der
arischen familie nirgends eine spur davon zu entdecken
ist. zuerst könnte es in der *μι*-conjugation entstanden sein
und zwar zu einer zeit, als im activum unversert noch
τίϑη-μι τίϑη-σι τίϑη-τι galten und daneben im medium
τίϑε-σαι τίϑε-ται; als reine analogiebildung trat *τίϑε-μαι*
hinzu und ging dann auch in die *ω*-conjugation mit über.
ganz sicher für eine junge form halte ich *-μην*, welches gewönlich grade als besonders altertümlich hingestellt und
als hauptstütze für die verdoppelungstheorie benutzt wird.
im sanskrit erscheint sogar nicht einmal mer eine spur des
hypothetischen *-ma* für *-mama*, und im griechischen, wo man
-μο erwarten müsste, sollte das schon durch sein *η* ver-
dächtige *-μην* gar in die indogermanische urzeit zurück
reichen? und noch dazu in den secundärformen, welche
sonst grade besondere neigung zur kürze zeigen? dazu gehört ein starker glaube, den ich für meine person leider
nicht besitze. villeicht haben wir einfach *ἐτιϑέ-μ-ην* zu
teilen und *-ην* als später angetreten zu betrachten, das *μ*
wäre natürlich dasselbe wie in *τίϑεμαι*. oder es könnte
-μην dem participium entnommen sein, so dass *ἐφερόμην*
mit *φερόμενος* zusammenfallen würde, das *η* erklärte sich
aus dem *â* im skr. *-mânas;* eine derartige specielle persön-

liche verwendung des participiums wäre im griechischen
nicht auffallender als im lat. *amamini*. ein skr. *-mai* neben
-sai -tai -ntai vermisst man ungern, indessen in den secundärformen felt ausser *-ma* auch das zu erwartende *-sa* der
zweiten person, wo im griechischen ein *-σο* neben *-το*
wirklich vorhanden ist; im sanskrit gilt für den imperativ
-sva (griechisch ebenfalls *-σο*), für imperfectum potentialis usw.
das auffallende *-thâs*, welches widerum als besonders altertümlich angestaunt wird, obwol doch seine eigenschaft als
secundärform bedenken erregen muss. da das altbactrische
eine solche form nicht kennt, wol aber ein zum gr. *-σο* stim-
mendes *-ha (-ûha, -ûûha)*, so ist skr. *-thâs* als eine specielle
sanskritendung anzusehen und daher nichts weniger als
altertümlich. man siht also bei näherer betrachtung, dass es
mit den beiden hauptstützen der verdoppelungstheorie *(-μην,
-thâs)* ser bedenklich steht. will man meine vermutung
über das gr. *-μαι* nicht gelten lassen, sondern dasselbe für
indogermanisch halten, trotz des gänzlichen felens diser
endung in der arischen familie, so wird dadurch für die
beurteilung von *-μην* nichts geändert; wir haben dann einfach das vollständige schema *-mi -si -ti -nti* und *-mai -sai
-tai -ntai*. wie verhalten sich nun dise formen unter einander?
wir haben gesehen, dass activität reflexivität und passivität
unendlich oft in denselben bildungen, ja in denselben wörtern
vereinigt sind, one dass eine unterscheidung der form irgend
wie erforderlich wäre. beim nomen ist diser vorgang regel,
beim verbum finden wir ebenfalls die bedeutung unendlich
oft von der form unabhängig, konnte dis nicht in indo-
germanischer zeit ursprünglich eben so gut möglich sein?

ich vermute also, dass ursprünglich activum und medium äusserlich gar nicht geschiden waren, sondern dass erst allmählich eine sonderung der formen eingetreten ist; demnach betrachte ich *-mi -si -ti -nti* als kürzungen aus *-mai -sai -tai -ntai.* die secundären medialen endungen *-i -vahi -mahi* lässt man unbedenklich aus den primären *-ê -vahê -mahê* entstehen, denselben einfachen vorgang neme ich für die activen primärendungen in anspruch. neben *-ê -vahê -mahê* gelten im imperativ *-âi -vahâi -mahâi* (im vedischen conjunctiv auch *-tâi -ntâi),* welche Kuhn mit zustimmung von Curtius als die älteren ansiht, gewiss mit recht, denn es war natürlich, dass im modus der grösseren nachdrücklichkeit vollere formen besser bewart wurden. ausserdem glaube ich, dass sich aus dem *âi* auch die secundärformen *-ta -nta* besser erklären lassen: aus *-tâi -ntâi* wurden zunächst *-tâ -ntâ* und dann *-ta -nta*; im griechischen wurden *-tâ -ntâ* zu *-τω -ντω* und weiter zu *-το -ντο*; so erklären sich auch die *-tâ -ntâ* im altbactrischen und altpersischen ganz ungezwungen. die secundärformen des activums verloren endlich auch das *a* und es bliben nur *-m -s -t -n(t).* ich denke, man kann mit disen bescheidenen lautwandlungen ganz einverstanden sein, und da von seiten der bedeutung nichts im wege steht, so ziehe ich die gegebene erklärung den bisher versuchten vor. freilich stimmen *-vas(i) -mas(i)* schlecht zu *-vahê -vahâi -mahê -mahâi,* aber hier ist die verdoppelungstheorie one frage weit schlimmer daran, denn behufs der erklärung der medialformen werden warhaft schrecken erregende lautwandlungen erfordert. man hat zwar Misteli mit zustimmung von Curtius angenommen, die sprache habe zur erleichterung statt mit 4 nur mit 3 pronominalstämmen operirt, aber das ist natürlich wider nur eine völlig in der luft schwebende hypothese: wer an der verdoppelung fest halten will, der muss eben der consĕquenz wegen auch grundformen wie *matva-matva* gelten lassen oder — er verurteilt seine eigene ansicht. aber selbst von einem *ma-tva-tva* bis zu *-mahê* oder älterem *-madhê* ist eine solche fülle von beispillosen lautveränderungen erforderlich, dass es jedem gestattet bleiben muss, nicht daran zu glauben.

Der andere punct, den ich berüren will, betrifft die zweiten personen auf *-sai -si (-sa) -s*. hier wird one weiteres behauptet, das *s* sei aus *t* entstanden und repräsentire den pronominalstamm *tva* der zweiten person. wo ist nun aber ein übergang dises *tv* in *s* sonst nachzuweisen? das pronomen behält durch alle indogermanischen sprachen seinen *t*-laut unversert, abgesehen natürlich von den verschidenen modificationen innerhalb der germanischen sprachen und von dem übergange des *tv* in *thw* im altbactrischen. und da soll schon in uralter zeit *t* zu *s* geworden sein? das griechische σέ kann man mit einiger warscheinlichkeit auf τέ zurück füren, der wandel von τ zu σ würde sich dann aber unzweifelhaft erst auf griechischem boden vollzogen haben und darf für die indogermanische urzeit nicht in betracht gezogen werden. überdis ist die entstehung des σέ aus τέ gar nicht so sicher wie es scheint, dasselbe kann eben so gut zu dem stamme *sva* gehören, welcher in den übrigen sprachen der dritten person verbliben ist; eine unzweifelhafte herübernaune in die zweite person finden wir ja in den dualformen σφῶι σφώ etc., so dass meine anname nichts bedenkliches hat. im sanskrit treffen wir *sva* in der II. sing. imperat. med., auch hier ist die zurückfürung auf *tva* eine blosse hypothese. muss denn überhaupt das pronomen der zweiten person in den endungen diser person enthalten sein? ich glaube das nicht und vermute vilmer, die endung *-si* ist nur eine modification von *-ti*, d. h. beide waren demonstrative elemente one ursprüngliche beziehung auf eine bestimmte person, die unterscheidung zwischen zweiter und dritter person halte ich überhaupt für jünger als die ersten anfänge der verbalbildung. als grundstock der verbalflexion scheint mir aber die dritte person gedient zu haben und zwar in dem sinne eines participiums oder nomen agentis. Scherer ist (Zur Geschichte, s. 344) auf einen änlichen gedanken gekommen, doch hat ihn seine schwärmerei für den ablativ und locativ von der einfachsten und natürlichsten auffassung zurück gehalten, so dass Kuhn ihn leicht widerlegen konnte. es kann — darin stelle ich mich mit beibehaltung der bisherigen anname Scherer gegenüber — keinem zweifel unterligen, dass in den *t*-endungen der dritten person der pronominalstamm *ta* enthalten ist, aber ursprünglich jedesfalls nur in allgemein hinweisendem sinne wie in den nominalbildungen mit *t*, mit anderen worten: *bhâ-ti* (um das oben s. 21 anm. gewälte beispil wider aufzunemen) hiess eigentlich gar nicht *glanz-er* sondern *glanz-da* d. i. ganz allgemein *glänzen-d*, so dass der einfache satz *sûras bhâ-ti* bedeuten würde: *die sonne glänzen-d*, one copula, welche natürlich in alter zeit ganz überflüssig war (vgl. auch Curtius, Das gr. Ve.

s. 13). nomina agentis mit *ti* wie *játis (bändiger) pátis (herscher)* sind unzweifelhaft uralt, mit inen dürfen wir die dritte singularperson identificiren: *bhá-ti* für *bhá-tê bhá-tâi* ist ein unflectirter *ti*-stamm, auch *pá-ti-s* ist aus *pa-tê-s pa-tâi-s* gekürzt, wie man aus dem voc. sing. *pá-tê* und nom. plur. *pá-taj-as* entnemen kann; guna hier und in änlichen fällen hat gar keinen sinn. Kuhn (Zs. XVIII, s. 404 f.) hat gegen Scherer's zusammenstellung der III. sing. mit dem *t*-participium geltend gemacht, dass die form nicht stimme, änliches könnte man mir entgegen halten, aber diser einwurf will wenig besagen, da die beiden bildungen nach und nach natürlich aus einander gehen mussten, weil sie ganz verschidene functionen zu erfüllen hatten: nachdem *bhá-ti* verbalform geworden war, entwickelte es sich selbständig weiter. ein weiterer schritt war der, dass die spaltung in *bhá-ti* und *bhá-si* vollzogen wurde, denn obwol die stämme *ta* und *sa* sonst gleichbedeutend d. h. beide demonstrativa sind, so war doch eine verschidene verwendung zu bestimmten zwecken nicht ausgeschlossen: nachdem *bhá-ti — glänzend-der* geworden war, konnte *bhá-si* leicht die bedeutung *glänzend-diser* annemen. dass überhaupt aus dem gegensatze *der-da* und *der-hier* allein der unterschid zwischer *er* und *du* sich entwickelt haben kann, scheint mir nicht zweifelhaft, man denke nur an das lat. *iste*, welches dem *ille* gegenüber vorzugsweise auf die zweite person bezogen wird; auf die deutschen *er sie — du* und *Sie = Ir* habe ich schon oben hingewisen (s. 22 anm.).

Im höchsten grade auffallend ist die durch alle sprachen gehende identität der III. plur. mit dem präsensparticipium,

deshalb sagt auch Kuhn (a. o. s. 405): „Der zusammenhang zwischen beiden formen ist wohl unläugbar". ich neme
keinen anstand die III. plur. als den unflectirten participialstamm zu betrachten, so dass der satz *die vögel singen* ursprünglich geheissen haben würde: *die vögel singend.* die sache ist
so einfach und natürlich, dass man nichts vermissen kann.

Nun gewinnen auch die zum grössten teile ganz rätselhaften dual- und pluralendungen der zweiten person ein
ganz anderes ansehen: wenn wir sie als alte nominalformen
betrachten, so wird sich manche dunkle form begreifen lassen.
die ausfürung im einzelnen muss hier unterbleiben, aber man
erwäge z. b. das vedische suffix der II. plur. *-thana -tana*
u. ä. ausserdem brauchen wir das pronomen *tvam* dann
nicht mer als chamäleon fungiren zu lassen, bei den bisherigen erklärungen ist es bald *t* bald *th* bald *dhv* bald *dh*
bald *h* bald *sv* bald *s.* das arme *tvam!*

Dise ketzerischen ansichten über die personalendungen
hege ich schon seit jaren, sie haben sich mir bei fortge-
setzter prüfung immer wider aufgedrängt. die allgemeine
verurteilung, welche Ludwig (Der infinitiv im veda, Prag
1871) wegen seiner infinitivhypothese erfaren hat, schreckte
mich vor der veröffentlichung zurück, da meine erklärung
der seinigen verwant ist, obwol es immer noch ein grosser
unterschid ist, ob man das verbum finitum aus participien
oder aus infinitiven entstehen lässt.